常 芳/著

激励
与中国农村教育

PAY FOR PERFORMANCE AND
EDUCATION IN RURAL CHINA

社会科学文献出版社
SOCIAL SCIENCES ACADEMIC PRESS (CHINA)

目　　录

第一章 导论

一 研究背景

实现中华民族伟大复兴是中华民族近代以来最伟大的梦想。"中国梦"的核心目标可以概括为"两个一百年",即到中国共产党成立 100 周年时全面建成小康社会,到中华人民共和国成立 100 周年时建成社会主义现代化国家。"中国梦"的主要动力有两大来源:第一,追求经济腾飞、生活改善、物质进步、环境提升;第二,追求公平正义、民主法制、公民成长、文化繁荣、教育进步、科技创新。当前和未来很长一段时间,我国最根本的需要还是追求经济腾飞和公平正义,即实现经济的持续稳定增长和社会的公平发展(中共中央对外联络部研究室,2013)。

我国过去 40 年在追求经济腾飞和公平正义方面取得了巨大成就。经济高速增长的主要原因是选择了符合自身要素禀赋的发展路径,并发展出了符合自身要素禀赋的产业结构(赵秀忠,2014)。我国经济总量的世界排名从 1978 年的第 15 位跃居到 2010 年的第 2 位;经济总量增长了 130 倍,经济增长速度是同期全球平均经济增长速度的 3 倍(隋福民等,2018)。改革开放 40 年来,我国经济的快速增长在相当程度上得益于充分发挥劳动密集型产业的优势,劳动密集型产业对中国经济增长的贡献率超过了 90%(张华荣,2010)。除了经济方面的成就,我国在公平正义方面也取得了长足进展,是全球最早实现千年发展目标中减贫目标的发展中国家，为全球减贫事业做出了重大贡献。我国的贫困人口占比从 1978 年的 63% 降低到 2014 年的不到 10%，累计脱贫人口达 6.6 亿人，同期全球累计脱贫人口为 7.3 亿人，也就是说中国对全球减贫事业的贡献超过了 90%（人民网，2014）。然而，当前我国的要素禀赋和所处的国际环境已经发生了变化，我国在实现经济的持续稳定增长和社会的公平发展方面面临新的挑战。随着要素禀赋从资本不足而劳动力过剩转向劳动力供给逐年下降，我国经济进入了"新常态"阶段。在"新常态"下，经济增长从高速增长转为中高速增长，经济结构不断优化升级，增长模式从要素驱动、投资驱动转向创新驱动，以往的经济增长方式已经难以适应新的形势（吴敬琏等，2017）。

为应对"新常态"下的挑战，实现经济的持续稳定增长和社会的公平发展，政府制定了一些完善的措施，涉及人口政策、土地制度、金融体制、创新驱动战略、简政放权、构建社会服务体系等方面，但最根本的手段和途径是持续不断地提高人力资本的整体质量（国务院，2017）。在"新常态"的背景下，传统的经济增长方式面临巨大挑战。要转变经济发展方式，实现经济社会的可持续发展。现阶段，我国经济的可持续发展迫切需要转变传统粗放型的经济增长方式，调整产业结构（金碚，2015；逄锦聚，2016；李扬等，2015；张秀生等，2015）。经济转型的核心是经济增长方式的转变。经济增长将更多依靠人力资本和技术进步，归根到底是靠人的发展（李唐宁等，2014）。而高素质的人力资源储备是实现上述转变和调整的必要条件，因此需要提高人力资本整体质量，改善劳动力市场结构，为经济结构的升级和创新驱动提供持续动力。这客观上要求教育对我国经济社会发展起到越来越重要的作用。发展经济学指出，劳动生产率的提高依赖于人力资本的不断积累，而人力资本又包括劳动力健康的身体以及知识和技能的发展（Schultz，1961；Becker，1964）。伴随着近年来工资的快速上涨，我国在提供廉价劳动力方面已经没有优势，因此必须要将我国的工业从产业链的低端向高端提升。中国要从"产业链竞争"中取胜，必须有高素质的人才储备，考虑到未来一半以上的劳动力来自农村，因此通过教育提高农村人口的整体素质是未来我国提供高素质人力资源储备的核心手段。此外，一国的人力资本投资政策对未来收入分配差距的缩小具有重要意义，有助于消除不平等，促进社会公平发展（王从军等，2005）。

政府、企业和社会组织在缩小城乡人力资本差距方面都有自己的贡献。政府为应对"新常态"的挑战，提出供给侧改革，旨在从提高供给质量出发，用改革的办法推进结构调整，矫正要素配置扭曲，提高全要素生产率，促进经济社会持续健康发展（新华网，2016）。供给侧改革的根本目的是通过技术进步和创新来提高社会生产力水平，而人力资本水平的提高在其中起到关键的作用（贾康等，2016；李翀，2016）。为此，政府制定了一系列新的体制机制和政策制度来提升人力资本，陆续部署落实教育领域的改革措施。我国在教育方面的投入持续增加，从1978 年占 GDP 的 2.1% 上升到 2013 年占 GDP 的 4.3%（教育部，2017）。近年来，中国更加重视农村教育投入，将教育经费向农村倾斜，特别是将农村义务教育全面纳入财政保障范围，推动农村地区教育事业加快发展，以求缩小城乡教育差距（中国教育新闻网，2013）。此外，加大教育投入还从扶贫角度促进了中国经济的持续稳定增长和社会的公平发展。在短期内，扶贫最主要的目的不是提高当前贫困人口的人力资本，而是通过改善其生活水平来回应对社会公平正义的迫切需求。但从长远来看，教育是最根本的精准扶贫（央视网，2017）。教育可以提升贫困人口子女的人力资本，缩小未来城乡人力资本差距，阻断贫困代际传递，促进社会公平正义的最终实现。

1996 年，国际 21 世纪教育委员会在报告《教育——财富蕴藏其中》的序言中强调："教育在任何社会的持续发展中起着重要作用"，并将教育作为"人的持续协调发展"的条件（联合国教科文组织总部，1996）。自 20 世纪 60 年代以来，教育可以改变个人命运和促进国家经济发展已经在研究者中成了共识。舒尔茨在《教育的经济价值》一书中写道："人们通过对自身的投资来提高其作为生产者和消费者的能力，教育的经济价值就是这样体现的"（王善迈，1996）。

教育对人力资本形成与发展的作用可以通过教育生产函数表示出来。在教育经济学中，把学校或整个教育系统看作一个企业，把学生成绩、学生人数、学生未来的收入等看作教育的产出，把师资水平、学校的设施、课程设置、学杂费和学生的质量（包括学校教育质量和学生营养状况）看作影响人力资本培育和发展的五个要素（Hansen，1970）。通过经济学的方法建立教育生产函数，分析各种投入对教育产出的影响。

（一）关于农村学生营养健康水平的激励研究背景（学生营养健康）

农村教育行动计划（Rural Education Action Program，简称 REAP）①于 2007～2010 年在西部地区的研究项目发现，农村贫困地区儿童缺铁性贫血是导致其身体发育滞后的重要因素，对他们的身体健康构成严重威胁。由于贫血会导致学生大脑供氧不足，身体、智力发育受到影响，因而学生学习成绩受到影响，与城市和发达农村地区的学生相比，农村贫困地区贫血学生对新知识的学习明显要慢。长久如此，他们不仅在学习成绩上落后于别人，而且以后会因此辍学或者上完初中就外出务工，只能从事一些简单的体力劳动，而无法满足国家经济社会转型对高素质合格人才的需求。经过笔者所在项目组几年的项目实施和倡导，陕西省实施了"蛋奶工程"，宁夏也实施了"一天一个鸡蛋工程"，这说明政府决策层已经意识到了农村学生营养健康存在的问题，并且开始重视。2012 年，在各方的关注下，学生营养问题引起国家管理层的高度关注，国务院为贯彻落实《国家中长期教育改革和发展规划纲要（2010～

---

① 农村教育行动计划（REAP）由中国科学院农业政策研究中心、陕西师范大学教育实验经济研究所和斯坦福大学等发起成立，是一个从事项目影响评估的组织。目标是为中国教育、健康和营养政策制定提供决策依据。旨在帮助中国贫困地区的学生获得优质教育，促进人力资本积累，帮助他们摆脱贫困，推动中国经济的可持续增长。

2020年)》，提高农村学生尤其是贫困地区和家庭经济困难学生的健康水平，决定从2011年秋季学期起，启动实施农村义务教育学生营养改善计划。中央财政按照每生每天3元的标准为试点地区农村义务教育阶段学生提供营养膳食补助。初步试点范围包括680个县（市）、约2600万名在校生。初步测算，国家试点每年需资金160多亿元，由中央财政负担。鼓励各地因地制宜开展营养改善试点，中央财政给予奖补。将学生食堂列为重点建设内容，切实改善学生就餐条件。将家庭经济困难寄宿学生生活费补助标准每生每天提高1元，达到小学生每人每天4元、初中生每人每天5元。中央财政按一定比例补贴。补助资金严格用于为学生提供食品，严禁直接发放给学生和家长，严防虚报冒领。全面公开学校食堂和学生营养经费账目及配餐标准，接受学生、家长和社会监督（教育部，2011）。

改善农村孩子的营养健康有多种方式，政府提供相应数量的补贴给学校，对于贫困地区的农村学生无疑是一个利好消息。但是，补贴款的使用是否得当、是否能够真正用于改善农村孩子的营养健康以及效果如何都与学校的管理方，尤其是校长有密切的关系。校长改善农村学生营养的动力是什么？以何种方式激励校长积极地、合理地使用补贴以更有效地促进农村小学生的营养健康？

鉴于此，REAP自2011年9月起在陕西、甘肃和青海三地开展学龄儿童营养健康项目——营养改善与校长激励项目，项目由陕西师范大学教育实验经济研究所、中国科学院农业政策研究中心、兰州大学、青海民族大学以及三地教育厅、市教育局和县教育、卫生部门等合作开展，以促进学生营养健康与贫困地区有益知识的传播为目的，通过科学严谨的实证研究，采用随机干预实验的方法进行公共政策的评估，从而推动我国西部贫困地区逐步实施学生营养干预项目。此项目的调查分为基线调查和评估调查两个部分，在基线调查完成后项目团队根据基线测量的结果评价样本学校，随机分配干预组和控制组，并对干预组学校实施校长激励，项目干预结束一年后进行评估调查，评估干预措施对研究项目的效果。

（二）关于农村学生学业表现和教师绩效的激励研究背景（教师绩效激励）

虽然基本普及九年制义务教育为提高全体劳动者素质奠定了一定基础，然而我国义务教育在办学水平和教学质量等方面仍然存在明显差距，特别是城乡差距（全国人大常委会执法检查组，2013）。占全国义务教育学校和教师总数80%左右的农村（教育部，2013），仍然是义务教育的短板，这至少体现在以下两个方面。首先，农村义务教育阶段教师队伍还存在结构性短缺和队伍不稳等问题（全国人大常委会检查组，2013）。一些农村地区面临中小学教师流失的严峻现实，且流失的大多是优秀年轻教师或骨干教师（国家教育督导团，2008；付卫东等，2013）。其次，在学生的学业表现这一衡量教师教学努力程度和教学质量的重要指标（安雪慧等，2009）方面，农村学校学生显著落后于城市学校学生（Liu et al.，2010）。

已有研究表明，上述问题在西北农村相对更为严峻。与我国农村的总体情况相比，西北农村义务教育阶段教师队伍的结构性短缺和队伍不稳等问题更严重（王璐，2013）；面临的中小学教师流失问题更严峻（席小涛，2010）；学生的学业表现更让人担忧（史耀疆等，2013）。可以说，西北农村是我国义务教育短板中的短板。鉴于西北农村将是相当一段时期内我国劳动力的主要来源地之一，扎实推进西北农村义务教育发展，成为我国全面建成小康社会和实现经济社会持续稳定发展的必然要求。

事实上，如何促进义务教育发展的问题并不仅仅限于中国，同样也困扰着世界上其他国家。国内外通常将学生的学业表现作为衡量义务教育质量的一个重要指标（Glewwe et al.，2004）。从改善学生学业表现出发，传统的方法是单纯增加学校的投入，但是大量研究表明学校支出与学生的学业表现之间相关性很低（Hanushek，2006）。近年来，更多的国家将政策重点转向教师待遇，将教师工资直接与学生的学业表现挂钩。从人事管理的理论来讲，教师待遇的提高主要起到以下两个方面的作用。一方面，待遇的提高增加教师教学的努力程度；另一方面，教师待遇的提高有助于吸引和留住教师，稳定和强化教师队伍（Lazear，2003）。

"发展农村义务教育，办好农村学校，关键在教师"（教师〔2012〕9号）（教育部等，2012）。我国政府部门和社会各界已经认识到教师状况特别是教师待遇的改善在发展农村义务教育中的作用并采取了一些政策措施。2015年5月，国务院印发《关于乡村教师支持计划（2015～2020）的通知》，提出四个方面的举措来切实提高乡村教师的生活待遇。一是全面落实集中连片特困地区乡村教师生活补助政策，二是要求各地依法依规落实乡村教师工资待遇政策，三是做好乡村教师重大疾病救助工作，四是加快实施边远艰苦地区乡村教师周转宿舍建设（教育部，2016）。2016年，国务院印发《关于统筹推进县域内城乡义务教育一体化改革发展的若干意见》（以下简称《意见》）。《意见》要求，改革乡村教师待遇保障机制，按照越往基层、越往艰苦地区补助水平越高的原则，使乡村教师实际工资收入水平不低于同职级县镇教师工资收入水平（国务院，2016）。

关于改善乡村教师待遇的政策近年才颁布，关于乡村教师待遇的研究还主要停留在对政策的解读和理论分析上（范先佐，2015），目前还很少有关于改善乡村教师待遇的实证研究。事实上，对于我国义务教育阶段教师待遇现状及其带来的影响，还有一系列重要的问题亟待回答。例如，农村义务教育阶段教师待遇的现状如何？到底采取什么样的考核方案和标准？它们对教师的满意度有什么影响？对教师的努力程度（教学行为、出勤和留岗情况、学生学业表现等）有什么影响？影响是否存在群体差异性？等等。针对以上研究中尚未回答的问题和数据资料的严格要求，本书研究将以西北农村为重点，基于有西北农村代表性的、涵盖小学教师及其对应学生的数据，全面、系统地分析我国西北农村义务教育阶段教师待遇的现状及其对教师的影响，通过计量经济模型定量评估教师待遇对教师满意度和努力程度（如教学行为、出勤和留岗情况、学生学业表现等）的影响。

全面、深入地分析西北农村教师待遇的实际状况及其对教师的影响，不仅具有很强的现实意义和政策含义，而且具有深远的科学意义。2018年中共中央和国务院出台的《关于全面深化新时代教师队伍建设改革的意见》提出，要全面深化新时代教师队伍建设改革，努力造就党和人民满意的高素质专业化创新型教师队伍。强调"全面提高中小学教师质量，建设一支高素质专业化的教师队伍"（国务院，2018）。因此，揭示义务教育阶段教师待遇对教师的影响及其途径和机理，有助于国家制定各项政策进一步完善义务教育阶段教师待遇政策和管理措施，促进农村教育事业发展。

二 数据来源

（一）学生营养健康项目的数据来源

本项目的样本来自西北三个省份，根据甘肃、青海和陕西各个县的人均收入水平，将所有县分成富裕、中等和贫困三个等级。在贫困县中随机抽取27个县。从这些县的教育局获得该县所有农村小学的名单、总人数和寄宿学生人数。总人数超过200人，寄宿学生超过50人的"完小"入选学校样本框。最终获得300所农村小学样本。对所有样本学校的四年级和五年级学生进行基线调查，随机抽取50%的学生由专业护士检测他们的血红蛋白水平。以调查问卷的形式获得学生的基本情况、标准化数学考试和语文考试成绩、饮食习惯等信息，同时，访谈学校的校长和班主任，收集学校的基本信息、校长和老师的营养知识水平。

本项目是一项随机干预实验的研究。基于研究项目的实验设计，进行关于学生、学校和校长的基线调查，基线调查结束后，对干预组校长进行营养知识和激励方式干预，半年后进行评估调查，测量干预对学生身体健康的影响。

（二）教师绩效激励项目的数据来源

教师绩效激励项目的样本来自甘肃和陕西。从两省的 16 个县教育局获得 435 所小学的名单及学校规模、班级数量和规模等信息。剔除县城的小学，总人数小于 150 人，六年级班级规模大于 50 人的完全小学入选学校样本框。最后，每个乡镇随机抽取 1 所学校，该校的所有六年级班级进入样本。最终获得 16 个县的 216 所学校 237 名数学老师、7373 名学生样本。

根据实验设计的要求，将样本随机分配为干预组和控制组，通过基线调查收集学生的基本情况、标准化数学考试成绩和数学学习的兴趣及态度等信息。此外，访谈学校的数学老师和校长，收集学校的基本信息、学校的绩效工资情况、老师的基本信息、老师的绩效工资情况和老师对绩效工资的态度等。开发干预激励协议、激励协议指南，培训激励协议指南讲解员。在具体过程中，对干预组老师进行激励协议指南的讲解，针对不同的干预方式，项目组与干预组老师签订激励协议。评估调查结束后，计算不同干预组老师的激励奖金，发放奖金。

三 研究方法

本书主要运用实证分析的研究方法，并且基于以随机干预实验为主的规范分析方法进行理论方面的研究，分析激励与学生教育成果的关系，以及激励对校长和教师行为的影响机理。

在统计分析的过程中，建立模型，运用统计软件进行数据处理，从而验证理论研究中提出的假设。在研究具体问题时拟采用以下研究方法。

（1）随机干预实验方法（Randomized Controlled Trial，简称 RCT）。采用随机干预实验方法分析、评估对校长的不同干预措施对西部贫困农村小学生健康和成绩的影响、对教师的不同激励方式对学生学业表现的影响。这是国内首次采用这种方法系统评估校长激励对农村学生身体健康和学业表现的影响、教师激励对学生学业表现的影响。虽然在农村教育中很多想法和办法似乎都符合逻辑，且有一定的合理性，但是其具体作用尚不明确，实际作用结果也不确定。因此我们"像自然科学家一样进行实验，实验的地点不在实验室，而是现实社会"。

（2）问卷调查和测试的方法。校长激励项目涉及的问卷调查包括：学生膳食情况、学生基本情况调查表、学生家庭情况调查表、老师调查表、学校调查表、校长调查表。相关的测试工具包括：学生成绩的测试（标准化数学和语文考试）、学生身体健康检测。教师激励项目涉及的问卷调查包括：学生的基本情况、标准化数学考试成绩和数学学习的兴趣及态度等信息；数学老师的基本信息、老师的绩效工资情况以及老师对绩效工资的态度等。

（3）定性与定量分析相结合的方法。运用计量经济学模型和数据统计分析（STATA）软件进行定量研究，以验证不同测评指标的有效性，并在此基础上结合定性访谈研究的结果。

（4）比较分析的方法。比较分析的方法是本书的研究视角，也是本书的研究方法。设计和安排基于比较分析的方法，部分结论也是通过比较分析的方法获得。通过比较分析测试哪种干预措施能够最有效地激励校长改善学生健康和学习成绩状况、激励老师提高学生的学业表现。

随机干预实验方法是在医学、心理学、教育学、社会学和经济学中针对某种实验干预的效果进行检验的被广泛使用的手段（Freiman et al.，1978；Concato，2000）。该方法早期在医学、药学和护理学的研究中使用较多，主要用于对药物或者某种疗法的效果进行评测（Auvert，2005；Bartelink，2007）。近年来，随机干预实验已经成为发展经济学研究中的重要工具，比如劳动力经济学和健康经济学（Robertson，

2001；Morrell，2000）。为了分析实验效果，随机干预实验通常在某一个时间改变一个因素，最终验证和评价实验中的因果效用。随机干预实验的一个最基本特征是将研究对象随机分组，对不同的组实施不同的干预措施或者不实施任何干预而形成控制组，最终通过对比不同组别的特性差异验证分析干预手段的效果。在经济研究中，随机干预实验法是度量因果关系的有效方法。按照该方法的原理，处理水平是随机分配的，独立分布于残差项中的遗漏因素，可以克服内生性的问题，实现因果效应的测度（詹姆斯·H. 斯托克等，2005）。

尽管目前已有多种针对干预效果评估的方法，但是随机干预实验法被认为具有其他干预效果评估方法不具备的多项优势，是进行影响评估的"黄金准则"。现今已有的经济学评估方法包括传统经济学研究中使用的非实验或拟实验的评估方法，比如事前事后评估比较法（Wagner，2007）、倾向得分匹配法（Fu，2008）、倍差分析法（赵峦等，2010）和断点回归法（武增海等，2013）等。事前事后评估比较方法假设项目干预因素是影响被试实验前后变化的唯一因素。该方法通过测量参与个体在参与项目前后的指标变化评估干预效果。该方法实施简单，但是前提假设要求太高，无法评估实验过程中其他因素的影响。比如无法排除对儿童进行贫血研究中自然因素的影响。倍差分析方法引入了控制组。该方法假设如果不进行干预，干预组和控制组的个体具有相同的变化。通过测量干预组和控制组指标的前后变化，将两者进行比较，从而去除两者间共性因素的影响，比如自然增长。项目需要测量干预组和控制组的前后两期数据。倾向得分匹配方法假设没有用作匹配的变量（因为不可观测或不可测量）不会造成结果有所偏差。通过在控制组中找到一个或多个与干预组个体具有相似特征的个体，然后对比参与项目的个体同没有参与项目但具有相似特征的被试个体。需要测量的数据包括参与个体和非参与个体的"匹配变量"和最终结果变量。该方法可以保证干预组和控制组之间具有较高的统计特性。断点回归方法假设在执行准入标准的前提下，接近准入标准但又不满足要求的个体同那些刚好达到标准的个体之间没有显著差异。项目实施过程中,将全体被试个体依据特定的变量和可测量的标准进行排序,按照设定的个体参与项目的准入条件,将参与项目的被试个体与没有参与项目的个体进行比较。项目实施需要获得最终结果变量,设定准入标准与其他控制变量。上述方法具有不同的优点和应用场合,但是在具体实施中如何保证干预组和控制组的统计特性一致,并避免外界因素的影响,从而更加真实地反映干预因素的效果均是项目设计的关键和核心问题。而随机干预实验法通过随机安排干预组和控制组,实现干预组和控制组在统计意义上的同质,以解决干预组和控制组的选择问题,该方法可以保证明确是不是干预本身导致观测到的结果,而排除其他因素的作用。但是该方法需要获得干预组和控制组在干预前后的数据。同时要求有足够的样本量,从而保证对干预效应的检测。

事实上,要获得干预组和控制组样本的平均差异,需要研究四个部分的数据:对干预组进行干预的数据、未对干预组进行干预的数据、控制组的数据和如果对控制组进行干预的数据。但是在实际研究中,只能获得两部分的数据,即对干预组进行干预的数据和控制组的数据。无法同时观测到对干预组进行干预和未对干预组进行干预(反事实)的数据。因此,如图 1-1 所示,假设干预组和控制组分别为 T 和 C,首先对干预组和控制组进行基线调查,在干预实施之前对干预组和控制组进行评价,使 T 和 C 成为具有统计意义的"双胞胎",具有可比性,从而构建反事实的样本。对 T 实施干预,增加了 I1,I1 既包括干预的影响,也涵盖自然增长的部分。与此同时,虽然未对 C 进行干预,但是 C 有自然增长的成分 I2。就统计意义来讲,I2 对应于 T 自然变化的部分。因此,I1 与 I2 的差异才是干预的净影响,也就是干预的效果(Kenneth et al., 2009;Peduzzi et al., 2002;Schulz et al., 2002;Duflo et al., 2007)。

在随机干预实验的实施中也存在一些问题。第一,实验对外部环境的依赖,外界因素的改变,比如政策的改变,导致样本被外界环境变化

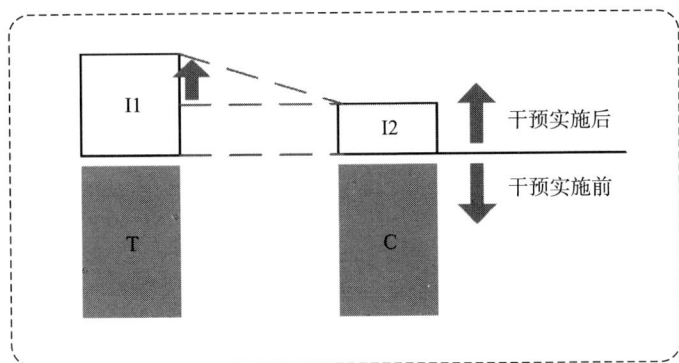

图1-1 随机干预实验原理

所影响，需要在干预过程中进行监测和记录。但是 Rodrik（2008）认为对于在较大范围内进行的实验，外部环境的影响相对较低。第二，干预者的干预措施可能对控制组形成交叉感染，比如对干预组进行营养知识的信息干预，相关营养知识扩散到控制组；或者控制组模仿干预组的行为。这点需要在实验设计中予以充分考虑。第三，干预对象对干预措施的落实程度，部分干预对象可能由于知识不足或者环境因素限制对干预措施的落实不充分，这会直接影响干预的效果评估，而这些只有在评估调查中才能发现。因此，需要在基线调查和评估调查中间，采取一定措施增强干预效果。比如，定期发短信提醒被干预对象注意干预措施。第四，在干预过程中，部分样本可能离开实施干预的地区，从而造成实验样本的流失。因此，在实验设计时，应该考虑到这一点，增加干预样本的数量，预留部分样本余量。

鉴于上述问题，基于随机干预实验法的干预效果研究通常包含以下步骤。（1）设计合理的指标以建立干预与结果变量之间的因果联系，寻找合适的干预措施。项目设计者要确认干预措施与结果变量之间存在明确的因果关系。例如，一个项目研究目的是改善儿童的营养健康状态，那么结果变量可以选用体重身高指数等指标。（2）明确干预实施的单位。干预可以针对个体，如学生、农户等，也可以针对一个团体进行，如学校和社区等。比如进行营养知识信息干预以学生为干预单位，同一所学校干预组的学生和控制组的学生可能存在交叉感染。但是选择以学校为干预单位，只要学校之间的距离足够大，那么可能产生的交叉感染程度较小。（3）对样本采取随机选择的方法。包括摇奖抽取法、轮流干预法和逐步推进法等。摇奖抽取法只对部分参与者进行干预；逐步推进法在一开始只对干预组进行干预，过一段时间后再对控制组进行干预。（4）确定可能的影响因素。比如项目是否存在溢出效应和交叉效应，干预组与控制组是否存在交叉感染等。（5）确定项目样本对象和样本数目。明确随机干预实验的规模，保证随机干预效应检测的统计力度。

四 研究思路及研究内容

为了实现本书的研究目标，将着重从以下六个方面开展研究。

第一，提出本书的研究问题，并对已有研究进行文献的梳理。

第二，构建和明确本书研究的基本逻辑框架和理论依据。

第三，介绍研究设计和实验过程，并进行数据收集。对调查样本及其分布进行解释和基本的描述。

第四，对调查的数据进行描述性统计。（1）分析西北地区农村小学学生贫血的现状，统计描述贫血和学生学习成绩的基本情况，西北地区校长的基本情况，校长对学校、学生以及营养知识的了解情况等。就针对校长的不同激励与学生贫血和成绩进行相关分析。（2）分析西北地区教师绩效工资的现状，描述学生学业表现的现状，探讨对教师实施不同方式的激励与学生学业表现之间的关系。

第五，通过计量回归模型分析不同程度和方式的校长激励对学生贫血率和平均学习成绩的影响及其差异、教师绩效激励对学生学业表现的影响，并探究其作用机制。

第六，根据以上的研究结论，总结激励的方式对于农村教育质量提升的经验。为进一步促进农村小学生教育质量的提升提出可操作的政策建议。

　　总之，本书试图通过激励的方式探索解决农村教育质量偏低的问题。以随机干预实验的方法系统评估校长激励对农村小学生身体健康和学业表现的影响、教师激励对农村小学生学业表现的影响。基于大样本的随机抽样实证调查数据，系统地探讨在西部农村哪种干预措施能够最有效地激励校长改善小学生的贫血状况和学习成绩、激励教师改善学生的学业表现。

第二章 激励在改善农村学生
营养健康中的应用

本章的总体目标是评价对校长的不同激励方式是否会降低农村学生的贫血率，提高学生的学习成绩，以期为改善农村小学生的营养健康提供政策建议。具体而言，本章评估的对象是对校长的激励措施是否有效，即校长是否积极改善贫困地区农村小学生的营养和身体状况以及学习成绩，尤其是缺铁性贫血的问题，从而给政策制定者提供客观的研究结果和政策建议。具体的研究思路：针对现实中存在的问题提出研究目标，对已有文献进行梳理并提出假设，在此基础上用随机干预实验的方法和相关的理论，通过数据验证假设，从而为现实中存在问题找出解决的办法，并提出政策建议。

为了更好地实现目标，将主要从以下几个方面进行研究：第一，全面了解我国西北地区农村小学生的健康和学习情况；第二，获悉目前农村小学校长的主要特征及其对学生营养健康状况的了解情况；第三，评价对校长的不同激励方式对农村小学生健康和学业表现的影响；第四，根据以上研究结论，探索适合提高农村小学生营养健康水平的方法以及据此提出政策建议。

一 人力资本和健康

从经济学角度来看，人体健康属于人力资本积累的重要方面。针对中小学生身体健康的干预活动不仅仅具有社会意义，更具有潜在的经济影响和价值。因此，针对学生身体健康的干预活动，不仅属于社会学研究层面，而且属于经济学研究范畴。要想彻底揭示学生身体健康干预活动的原理及效果，有必要从经济学角度对其进行理论分析，并从经济学研究中获得理论支持。

人力资本理论可以追溯到亚当·斯密和马歇尔，他们都认为在各种资本投资中，对人本身的投资是最有价值的。到了 20 世纪 50 年代，西奥多·舒尔茨从长期的农业问题的研究中发现，促使美国农业生产产量迅速增加和农业生产率提高的重要原因已经不再是土地、劳动力数量或资本存量的增加，而是人的知识、能力和技术水平的提高（Schultz，1961）。由此，逐渐形成了人力资本研究的热潮。其中，贝克尔在人力资本方面进行了很多的研究，分析了人力资本对经济增长和国民收入增加所起的重要作用，同时用经验证据说明了高等教育的收益率，并比较了不同教育等级之间的收益差距。贝克尔认为，"人力资本是通过对人力资源投资形成的。对于人力的投资是多方面的，其中主要是教育支出、保健支出"，这些支出不是消费，而是投资，对于长期内提高劳动生产率有重要的意义。并且人力资本的内涵不仅是个人知识、技能和才干，还包括人的健康和寿命（贝克尔，2007）。

健康是一种良好的生活和身体状态，是人们普遍追求并力图实现的最终目标之一。同时，健康也被认为是人类一项具有深刻内在价值的能力（阿玛蒂亚·森，2002）。健康的工具性价值表现为健康作为一种重要的人力资本，在社会各个领域发挥着积极的促进作用，包括提高劳动生产率、增加个人收入、增加教育机会、促进经济增长等（Alderman，2007）。营养健康不仅对经济发展具有重要作用，而且对社会整体发展水平的提升具有重要意义。对于一个国家，国民营养与健康状况是经济与社会发展、卫生保健水平和人口素质的重要指标。

在过去的 20 多年中，大量研究针对健康与经济的关系进行了探讨，并且形成了健康经济学分支。Blundell 等（1999）的实证研究显示，英国

1790～1980 年 50% 的经济增长可以被归结为健康的作用。Arora（2001）利用发达国家最近 100 年增长的历史数据进行分析，结果发现改善营养健康对经济长期增长具有 30%～40% 的贡献。Mayer（2001）的研究提供了健康与经济增长存在时间跨度为 30 年的因果关联的有力证据。蒋萍等（2008）研究发现，在中国过去的 50 多年里，健康水平的改善不仅仅是经济增长的主要副产品，更是长期经济增长的动力。王小鲁等（2009）对中国 1952～1999 年经济发展与人力资本的关系进行了探讨。结果发现，在中国，人力资源的积累非常迅速，并且对经济和社会福利的增长具有显著的贡献。改革开放后，考虑到人力资本因素，生产力在 GDP 发展上仍然发挥着积极的正向作用。该研究认为，为了保证中国经济继续增长，应该优先考虑人力资本的积累和生产力的提高。上述研究从不同方面论证了健康对人力资本积累和经济发展具有重要的意义。

事实上，对于经济水平较低的地区，健康的作用同样意义非凡。针对低收入国家的一些研究表明，使用当地食品消费价格、健康和公共卫生服务作为营养摄入、健康状态和体重别身高的工具变量，可获得健康与薪金之间直接的函数关系（Deolalikar，1988；Strauss and Thomas，1995）。Thomas 和 Strauss（1997）利用 1974～1975 年巴西 53000 户家庭预算的截面调查数据，分别估计了身高、身体质量指数、卡路里摄入量和蛋白质摄入量对巴西男性和女性劳动者收入的影响，发现四个维度的健康对工资收入都有显著性的影响。Hoddinott 等（2008）对在 1969～1977 年参加过营养干预的 1424 名危地马拉人（25～42 岁）进行了近 20 年的跟踪调查，分析样本群体在 2002～2004 年的经济数据。结果显示，3 岁前接受过营养干预的男性样本长大后具有较高的小时工资。张车伟（2003）通过分析中国贫困农村地区的资料发现，营养和疾病显著地影响了农村的劳动生产率。魏众（2004）利用 1993 年中国营养调查数据（CHNS）从微观角度揭示了健康在非农就业机会以及增加家庭收入方面具有重要的作用。刘国恩等（2004）的研究显示，个人健康状况是中国家庭人均收入的重要决定因素，而且健康的不同维度对劳动生产率和收入的影响有很大差异。因此，在经济研究中评估健康的效应时，也需要特别注重对健康的测量。张银等（2010）构建了中国情景下农民人力资本、农民学习与农民绩效的结构方程模型。结果表明，农民健康资本不仅对农民绩效有显著作用，而且在农民知识资本与农民绩效中具有调节作用。该研究显示了中国实施新农村建设、提高农民绩效需要同时提升农民知识资本和健康资本，以最终实现农民自身收入水平、生活水平的提高。上述研究进一步肯定了在不同经济发展水平下，健康对人力资本的积累和经济的发展均具有重要的促进作用。

关于健康对人力资本的具体作用方式，Galenson 和 Leibenstein（1955）最早进行了有关健康与劳动生产率之间关系的研究。结果发现，与营养不良的劳动者相比，消费了更多卡路里的劳动者生产率更高。Becker（1964，2009）指出人力资本是个人教育水平、健康状况、食物和营养摄取的产物，对个人健康资本的投资和对教育的投资一样，都可以提升人力资本水平。因此，Becker 将健康这一维度引入人力资本范畴。1972年，普林斯顿大学的 Grossman 教授提出了将健康作为长期的资本投入，以及产生健康生命时间的产出效应。他指出，个体拥有与年龄相关的健康，此外还可以增加投资来增加健康。而健康的成本更多依赖于医疗看护的成本（Grossman，1972）。Grossman 教授提出了健康生产函数模型，该模型假设个体可以继承一些初始健康存量。而该健康存量随年龄增长减少。但是，该存量可以通过投资而增加。在该函数模型框架中，健康的决定因素包括医疗价格、工资、教育、营养摄入和环境条件等。该模型分析了年龄和教育等变量对健康资本的成本或边际效益的影响。该模型的主要贡献是消除了健康分析中理论与经验之间的差异，解释了个人在健康资本供需曲线上表现出的差异。按照该模型，随着健康折旧率在生命周期的某一特定时间之后的增长，健康资本水平将下降。个体对健康和医疗服务的需求与其工资率呈正向相关关系。教育水平更高的人将需求更大的健康存量（Grossman，1972；Grossman，2000；Grossman，1999）。其后续研究主要从微观领域来分析经济发展条件下对健康服务的供给问题。Bliss 和 Stern（1978）提出了营养与劳动生产率之间，以及收入和营养开销之间存在重要关系的假设，并使用该假设解释了印度农村劳动力生产率水平低下的原因。Strauss（1986）使用当地的食物价格作为家庭可能获得的食物热量的工具变量，估计了劳动力摄入的能量与农业产出的函数关系。Ehrlich 和 Lui（1991）以及 Bloom 和 Williamson（1998）从宏观经济学层面研究了健康人力资本与经济发展之间的相互作用。Barro（1996）认为使用生活期望和其他综合指标度量的健康状态对后续经济增长具有重要的贡献。而且初始的健康状态相比初始的教育水平可以更好地预测经济增长。Muysken 等（1999）将健康积累函数加入 Ramsey-Cass-Koopmans 模型研究了健康人力资本对经济的宏观影响。大量研究表明，某一时点上的健康水平通常是之后一段时间里经济增长的重要促进因素，并且健康对经济的这种促进作用似乎比教育对经济的促进作用更有预测性（Morris et al.，1999，Ziegler and Filer，1996；Loevinsohn and Harding，2005）。van Zon 和 Muysken（2001）进一步指出在健康消退、健康产出下降的时候，经济增长会长期停滞。进而，他们指出，健康投资会随着人均收入水平的提高而提高，个人健康水平的提高会带来人口老龄化。所以，从长期角度看，健康人力资本可能会导致经济增长速度变缓，即长期的经济增长可能会因为不断增加的健康人力资本投资逐渐消失（van Zon and Muysken，2003）。在微观经济学研究中，工作经验和健康被认为是人力资本中的两个基本因素。Bloom 等（2004）使用产能函数模型将工作经验和健康纳入经济总量增长的因素分析当中。结果显示，即使在控制了工作经验后，健康仍然对经济输出具有正向、显著的作用。该研究进一步说明预期寿命在回归中是真实的劳动力产出效应，而非工作经验的结果。综上所述，与教育相同，健康也是人力资本积累中的重要因素，是经济增长的必要保证。

二　绩效激励在健康中的应用

本章中的绩效激励（Pay for Performance）以实验经济学和行为经济

学的研究为基础。2002 年，丹尼尔·卡曼尼和弗农·史密斯因在行为经济学和实验经济学的开创性研究而获得诺贝尔经济学奖。行为经济学认为，人的思维能力并不是无穷无尽的，人具有有限理性，所以人们在行为上并不总是追求效用最大，而是会根据对周围环境的认知和自己有限的思维，做出令自己满意的选择。根据丹尼尔·卡曼尼的研究，行为经济学是把心理学与经济学有机结合在一起的，通过可控实验和调查等方式考察人们在不完全理性的市场中参与各种经济活动的行为模式，分析影响行为的内外部因素，理解并解释经济现象，以检验并修正先验理论。实验经济学与行为经济学总是结合在一起，二者之间并没有清晰的界限。实验经济学是利用受控实验发现经济规律，对已有的经济理论进行检验，通过设计被试对象、实验规模以及报酬支付来进行实验，最终分析结果、得出结论。本章正是基于实验经济学的方法论，研究绩效激励对校长改善农村学生营养健康行为的影响。

　　国外学者已经做了很多关于绩效激励的研究，尤其是它在医疗健康上的应用。Doran 等（2006）对英国的国家卫生服务机构进行了旨在改善国民护理质量的家庭医生绩效激励实验。通过比较慢性病相关指标的改善情况和护理病人改善的比例，即根据家庭医生照顾慢性病人的效果，给家庭医生收入增加 25% 的激励。该研究发现财政激励措施影响了医生的行为，家庭医生雇用了更多的护士和行政人员从事慢性病的诊疗并增加了电子病历的使用记录。结果发现，83.4% 的慢性病人症状得到缓解，平均每个家庭医生参与此项目获得额外收入约 40000 美元。在美国，超过 100 多个针对医疗健康的绩效激励项目正在实施。目前，一些早期开展的研究项目已经为提升医疗服务行业的质量提供了依据。通过雇主，政府和健康项目共同构建的绩效激励计划，可以提升临床治疗的质量、有效性和病人的满意程度（Rowe，2006）。Lindenauer 等（2007）对 613 所医院的服务质量进行了跟踪评估。在两年间，进行了 10 次独立和 4 次复合的测量。在这些医院中，已经有 207 所实施了绩效激励计划。通过与其余 406 所医院对比，发现实施了绩效激励计划的医院服务质量的复合测量得分显著优于控制组。进一步肯定了实施绩效激励对提高医疗水平的必要性。但是，Ryan 等（2012）的研究认为使用绩效激励并不能很快地提升一些原先服务水平较低的医院的服务质量。Wang 等（2011）针对中国农村医生收入的激励研究发现，提高医生收入可以减少一些不必要的治疗措施，但是并不能整体降低医疗成本。综上所述，尽管目前大部分研究肯定了使用绩效激励提升医疗服务的可行性，为使用绩效激励提升儿童的营养健康水平提供了思路。但是，该策略的适用条件以及对不同基础水平客体的作用效果尚不清楚，需要进一步研究（van Herck et al.，2010）。

发展中国家也开展了绩效激励改进服务质量的研究。在非洲卢旺达，消费者对医疗的需要超过了政府提供公共卫生服务的能力。针对这种情况，政府允许医疗部门自主设定医疗设施的使用费用和支配他们的收入。因此，很多医院在提高医疗服务质量的同时，也增加服务成本。导致诸多的穷人看不起病，医院的医疗设施使用率反而下降。为了改变这种状况，非政府组织 Cordaid 在卢旺达发起改善医疗状况的绩效激励项目。根据医院的就诊率和病人就医的满意度，给予医院一定数量奖励。同时，进行第三方独立监测和评估。这项激励措施实施后，医院的成本减少了 62%，患者用于支付就诊的费用比重从 2.5% 下降到 0.7%，妇女就诊率从 25% 增加到 60%。Soeters 等（2006）开展的研究发现，激励促使医院为了提高就医质量和环境，多雇用了 120 个工作人员，提供了更多的就业机会。除此以外，亚洲一些低收入国家的经验表明，绩效激励比传统仅"增加投入"的方式更能提高健康服务的质量，比如只对工资、药品和医疗设施集中计划和配置（Loevinsohn and Harding，2005；Soeters and Griffiths，2003）。已有的 10 个研究项目表明，绩效激励能够有效、快速地促进基本医疗状况的改善，并且有 7/9 的实验项目效果仍在持续和扩展（Loevinsohn，2008）。上述研究为在收入水平较低的国家使用绩效激励方法开展医疗健康改善项目提供了新的证据。

按照已有研究结果，绩效激励的实施需要考虑多维度的信息。Rosenthal 和 Dudley（2007）指出在绩效激励设计中要着重考虑五个维度。第一，绩效激励的对象是个人还是团队。因为针对个人具有清晰的目标，但是针对团队须有承担风险的能力。一般认为对个人的激励效果要优于团队。第二，绩效激励的支付适度。被激励者获得的补偿净增量能否促使他们履行承诺，并付诸行动。第三，设计有效的测量指标，对绩效进行评价。第四，针对高质量的绩效给予适当的奖励。第五，在实施中，应该关注弱势群体的绩效改进。

三 国内外关于激励及学生营养健康的研究

（一）学生营养健康及行为改善的文献综述

世界银行在 2006 年发表的报告《对发展至关重要的营养的重新定位》强调营养健康是被遗忘的千年发展目标（Palermo et al. , 2011；Escobar, 2011）。报告进一步指出，减少营养不良和保持身体健康，将直接降低贫困，对促进人的健康发展和人力资本的形成具有重要的作用。目前，多项研究显示，在世界范围内存在普遍的营养不良，在发展中国家更为严重。其中，典型的代表是普遍存在较高的贫血患病率。在中国农村，也存在普遍的营养不良。特别是现阶段我国存在大量留守儿童，这对农村儿童的营养健康产生了新的挑战。本节针对农村儿童营养健康状况及相关干预措施进行综述，力图较为全面地给出对儿童营养健康水平现状、预防手段和干预效果等多个方面的描述。

1. 健康的定义与度量

1946 年，国际健康大会对健康做了如下定义："健康不仅是身体没有疾病，还包括完整的生理、心理状态和社会的适应能力"（WHO，1946）。1948 年，该定义被写入了世界卫生组织官方记录。具体包括以下四方面。（1）身体没有疾病：这是健康的最基本条件。（2）心理健康：良好的心理是一切的保证。（3）身体健康：维持机体各器官组织功能协调，作用完善。（4）具备适应社会的能力。具体而言，由世界卫生组织规定的对健康的评判标准包括：第一，是否具有足够充沛的精力，是否可以从容不迫地应付日常生活和工作的压力；第二，是否处事乐观，态度积极，是否乐于承担责任，是否对事情不挑剔；第三，是否善于休息，睡眠良好；第四，应变能力是否足够强，可以适应外界环境的各种变化；第五，是否能够抵抗一般性感冒和传染病；第六，体重是否得当，身材是否均匀，站立时，头肩、臂位置是否协调；第七，眼睛是否明亮，反应是否敏锐；第八，牙齿是否清洁，无空洞，无痛感，齿龈颜色正常，无出血现象；第九，头发是否光泽、无头屑；第十，肌肉、皮肤是否有弹性（WHO，1948）。在上述定义中，不仅包含身体健康，而且包括心理健康。第三届国际心理卫生大会也提出，心理健康是指："在身体上、智能上以及情感上与他人的心理健康不相矛盾的范围内，将个人心境发展为最佳的状态"（WHO，1948）。1951 年，马洛斯和米特尔曼提出评判心理健康的十条标准：是否具有较充分的自我安全感；是否充分了解自己，并且恰当评估自己的能力；对生活的理解是否符合实际情况；是否没有脱离周围的现实环境；是否可以保持人格的完整与和谐；是否善于从经验中学习；是否能够保持良好的人际关系；是否可以适度宣泄情绪和控制情绪；在符合团体要求的前提下，是否可以有限地发挥个性；在不违背社会规范的前提下，是否适当地满足个人的基本需求（Ferraro and Farmer，1999；马芝心，2000）。

为了应对工业化社会对人体健康的最新要求，促进人类生活更加健康，第一届世界健康促进会议于 1986 年 11 月 21 日在渥太华举行。该会议主要是响应世界范围内的公共健康运动召开的。会议主要讨论了工业化国家对人体健康的需求，将健康促进提上日程。健康促进是引导人们控制或者改善自身健康的过程。为了达到完全的身体、心理和社会交往的良好状态，个人或者团体必须确认和实现愿望来满足需求，并且改变和适应环境。因此，健康被看成日常生活的来源，而不是生存的目标。相应的，健康被认为是一种积极的观念。这种观念强调社会和个人资源，以及身体能力的协调发展。健康促进不仅涉及身体健康本身，而且涉及健康的生活方式和良好的生活状态。健康促进活动的目标是将生活中属于不同维度的各个因素水平综合改善，来提升健康，强调生活的平衡性。健康促进需要各级政府、卫生部门和其他社会经济部门共同的努力来实现。由整个社会构建公共健康政策，提供社会、经济支持环境。同时，通过加强社区和团体的活动，提升健康促进。此外，需要提供健康信息和教育，加强生活技巧；面向未来社会发展的需求重新定位健康服务的目的（WHO，1986）。

2. 营养健康的定义与度量

营养是指生物从外界摄取食物，然后在体内进行消化、吸收、代谢，从而满足生物的机体功能需要和从事各项活动需求的生理过程（Fang et al.，2002）。营养成分是身体从外界摄取、获得的用于维持生命活动的物质成分。营养成分主要分为六大类：糖类（碳水化合物）、脂肪、蛋白质、矿物质、维生素和水（王光慈，2001）。合理的饮食是维持人体能量代谢所必需的，健康的饮食可以显著提高人的智力、体力、学习能力、运动能力、防病能力、康复能力和生殖能力。此外，人体寿命、身高、体重也都与营养饮食具有不可分割的联系。营养不良是指进食中营养成分过少、过剩，或者营养成分比例失调。长期营养素摄入不平衡会引起多种疾病。对于儿童，营养不良会直接影响身体的生长、降低身体素质和免疫力（Kalantar-Zadeh and McAllister，2003；Ashworth et al.，2004）。此外，营养不良还会制约儿童智力的发育，降低他们学习中的注意力（王光慈，2001；Koscik et al.，2004）。

目前，国际上对营养不良的评价，主要是通过进行体格测量实现的。具体包括以下三个方面。（1）体重是否偏低：儿童的年龄性别体重与同年龄同性别参照人群标准相比，如低于参照人群的中位数减3个标准差，则为重度体重低下；如低于中位数减2个标准差，但高于或等于中位数减3个标准差，则为中度体重低下。（2）生长是否迟缓：儿童的年龄性别身高与同年龄同性别参照人群的标准相比，如低于参照人群的中位数减3个标准差，则为重度生长迟缓；如低于中位数减2个标准差，但高于或等于中位数减 3 个标准差，则为中度生长迟缓。该指标可以反映过去较长一段时间内存在的慢性营养不良。（3）消瘦程度：消瘦儿童的身高和体重与同年龄、同性别参照人群标准相比，如果低于参照人群的中位数减 3 个标准差，则为重度消瘦；如果低了中位数减 2 个标准差，但高于或等于中位数减 3 个标准差，则为中度消瘦。该指标主要说明了儿童急性营养不良的状况（Bryce et al.，2006）。

3. 国内外关于中小学生营养健康的研究

按照世界卫生组织的估计，在发展中国家，大约有 33% 的儿童发育不良，即低于美国国家健康统计中心提供的身高参考值的 2 倍均方差（Bryce et al.，2006；WHO，2005）。我国政府历来注重学生的营养健康状况，我国在 1985 年、1991 年、1995 年、2000 年、2005 年和 2010 年开展了 6 次全国范围内的学生体质与健康状况调查。其中，均将学生的营养健康水平作为重点调查内容。2010 年调查结果显示，我国学生营养状况不断改善，体重偏低和营养不良的检出率进一步下降。农村男生 7 ~ 22 岁年龄组轻度营养不良检出率为 2.69%，农村女生 7 ~ 22 岁年龄组轻度营养不良检出率为 5.45%，均比 2005 年降低 0.27 个百分点。另外，农村学生血红蛋白浓度偏低的检出率也继续下降，对于 7 岁年龄组的农村男生和农村女生，低浓度血红蛋白检出率分别为 16.85% 和 20.50%，比 2005 年分别下降 3.19 个和 3.86 个百分点（教育部，2010）。

尽管我国经济水平进步较大，上述调查也确认了儿童营养健康水平的提升，但是我国儿童的营养健康状况并不乐观。贺容所在团队于 2005 年对重庆市 7 ~ 18 岁中小学生体质健康调研资料进行比较分析，通过身高、体重、胸围等指标，发现男生优于女生，农村学生的发育水平相对落后于城市学生（贺容，2007）。陈玲（2011）在 2005 ~ 2006 年对北海市 39 所农村中小学生的营养状况进行了调查，结果显示：北海市农村中小学生存在营养不均衡问题。其中以营养不良问题最为突出，学生营养不良检出率为 47.23%。刘峥等（2012）对 2009 ~ 2010 年北京市 1024471 名在校中小学生的营养状况进行了监测，结果发现

2009～2010 年北京市中小学生营养不良检出率为 13.78%。而且，市区营养不良检出率（14.13%）高于郊区（13.27%）。上述研究均说明了我国儿童的身体健康存在营养不良状况，这种状况不仅仅存在于经济水平较好的城市，在欠发达的农村地区更是普遍存在。因此，学生的营养健康问题需要我们足够重视。

4. 中国中小学生营养知识水平的研究

已有研究认为营养行为是多种因素共同作用的结果。Rothschild 等（1999）将行为的决定因素分为两类，即个人因素和环境因素；二者相互联系又相互作用。青少年如果具备摄取健康食物的愿望和动机，那么他们可能会养成良好的饮食习惯。当然，在健康的饮食环境中，儿童需要较小的努力就可以形成良好的饮食习惯。如果处于不利于健康饮食习惯形成的环境中，只要儿童的意愿足够强大，他们也可能会形成健康的饮食习惯。心理学上的社会认知理论认为，进食与自我调节和自我功效有关。Anderson 等（2007）认为对于成人选择更为健康的食物，自我调节发挥着重要的作用。获得家庭支持的干预可以有效地增加营养相关的自我功效，并且克服进食期望的负向影响。Wind（2006）的研究结果显示，儿童蔬菜水果类食物摄入水平与其父母在该方面的营养知识水平有关。

在中国，多项研究显示目前国内青少年的营养知识水平普遍较低，这对儿童进食行为产生了重要影响。贵州省食品卫生研究所的汪思顺等（2002）对贵阳市、都匀市和毕节市小学 4 年级和中学 3 年级 639 人的调研发现，贵州省中小学生及家长缺乏基本的营养知识，对合理的营养及营养缺乏病症缺乏认识，说明在中小学生中开展营养教育有迫切性和必要性。张小强等（2008）按照农村、城市对 14～17 岁青少年的进食情况进行了统计分析，结果发现，我国青少年的膳食结构不尽合理，摄入的营养成分比例不科学，豆类、奶类、蔬菜和水果摄入量不足；并建议增强营养知识的普及。袁加俊等（2013）采用调查问卷的形式，对上海区县、西藏自治区白朗中学和云南玉龙县石鼓镇中学的中学生开展整群随机抽样调查。结果显示，西藏和云南部分区县青少年营养知识知晓率普遍偏低，膳食营养知识尤其缺乏，并建议有关部门加强我国西部地区青少年营养膳食意识，以促进青少年健康饮食行为的形成。肖辉等（2011）对乌鲁木齐市4所高中、6所初中汉族中学生的调研发现学生和家长的营养知识水平偏低；建议应结合当地的实际情况进行健康教育，提高中学生和家长的营养知识水平。尽管上述研究均在局部地区开展，涉及多个不同地区，但是研究结果仍然说明目前我国青少年和家长的营养知识水平普遍不高，需要进一步加强，以形成良好的饮食习惯和膳食结构。

5. 中国农村儿童的营养健康面临的挑战

中国处于城镇化的过程中，出现了大批外出务工的农民工，这对农村儿童的营养健康构成了新的挑战。在目前城乡二元结构的中国，农村地区存在大量劳动力进城务工。由此，中国农村存在大量留守儿童，而这一定程度上加剧了农村儿童的营养健康问题。据人力资源和社会保障部统计，2010年农民工总量已经达到了15335万人，其组成主要是青壮年（人力资源和社会保障部，2011）。这些人员外出打工，往往将孩子留给父母或者亲戚照顾，由此产生了农村小学生的留守儿童群体。中华全国妇女联合会根据《中国2010年第六次人口普查资料》中抽取的126万人口样本推算出，我国目前有6103万名农村留守儿童，全国每五个孩子中，就有一个农村留守儿童。留守儿童占农村儿童的37.7%，占全国儿童的21.88%。留守儿童广泛分布于中西部地区（全国妇联课题组，2013）。围绕留守儿童的营养健康问题，国内外研究得到了不同的结论。Carletto等（2011）在北美洲的研究发现，父母有一方外出打工能获得更高的工资，从而有助于改善孩子的营养状况。另外一些国外学者研究发现，父母外出打工对孩子的营养健康具有负面的影响（Langworthy，2011；Cameron et al.，2007）。国内学者主要从患病概率和身体质量指数的角度进行了研究，结果发现父母外出打工对留守儿童身体健康存在负面影响（李强等，2010；陈在余，2009）。国内现有研究采用了实证和定量的方法分析了父母外出对留守儿童身体健康的负面影响，但是并未确定采取何种措施能够有效地缓解这一问题。因此，需要进一步针对留守儿童开展相关营养健康的调研，并研究采取何种措施提高留守儿童的营养水平。

随着计划生育政策效果的显著，适龄入学儿童有所减少。为此国家在全国范围内进行农村小学的布局结构调整，目的在于一方面整合教育资源，提高政府的管理效率；另一方面集中力量办学，集中教育投入和提升资源的利用效率，为农村小学的孩子提供更为完善的教育环境和设施。2001 年，《国务院关于基础教育改革与发展的决定》将农村义务教育学校布局调整列为一项重要工作，并指出应因地制宜调整农村义务教育学校布局（国务院，2001）；2002 年和 2003 年，国务院和财政部分别下达《关于完善农村义务教育管理体制的通知》和《中小学布局调整转向资金管理办法》（国务院，2002；财政部，2003），进一步推动了农村中小学布局调整工作，各地政府也都大规模地加快了布局调整工作的步伐。随着布局调整后各种弊端的凸显，2012 年这一执行了十年的政策被叫停。据调查显示，十年间学校共减少 37 万所，并且大部分是农村学校。全国基础教育阶段共有 3276 万名寄宿学生，其中小学寄宿生为 1100 万人，初中为 2200 万人，约 60% 为留守儿童；学校布局调整的直接后果是，大量村小被撤并，很多小学生不得不到离家较远的中心小学上学，小学生上学的平均距离为 5.42 公里，初中生上学的平均距离为 17.46 公里，45% 的寄宿制学校里存在 1 年级和 2 年级的住校生（歌路营，2013）。研究发现，寄宿生的年龄别身高显著低于非寄宿生 0.5 个标准差（相当于 3 厘米）（Luo, et al., 2009）。2012 年之前笔者所在项目组的调查走访发现，在西北贫困地区的很多农村小学，大部分寄宿生在学校的三餐都是面条和土豆，很少能够吃到肉和新鲜的蔬菜。

（二）国内外关于贫血的相关研究

1. 国内外贫血发生率的调查

国际上的多项研究已经证明，贫血发生率是衡量群体身体健康的综合性指标（Kraemer et al., 2007）。全世界人口中，有 66% ~ 80%（40

亿~50亿）的人存在铁元素缺乏。其中，超过20亿人（约占世界总人口的30%以上）由于铁缺乏而导致血红蛋白浓度偏低，从而患有缺铁性贫血（WHO，2001）。世界卫生组织的全球贫血数据库和国际研究都表明，收入水平高的国家缺铁性贫血患病率一般比较低。1997年美国第三次全国健康和营养普查（NHANES）显示，12~15岁和16~19岁的铁缺乏发生率分别为9%和11%（Looker et al.，1997）。越南于2000年进行的全国营养调查显示，婴幼儿的贫血患病率高达28.2%~61.0%，育龄妇女和孕妇的贫血患病率高达40.2%~52.7%（Aikawa et al.，2006）。印度尼西亚2001年的调查揭示，儿童、青春期少女、育龄妇女、孕妇的贫血患病率分别为56%、50%、40%、64%（West，2002）。在菲律宾，有30.6%的学龄前儿童患有贫血（沈新，2003）。

虽然改革开放以来我国人均收入水平不断提升，但是有研究表明我国农村还有相当一部分儿童患有贫血。2002年8~12月，中国开展关于营养与健康的第四次调查，此次调查是中国国内开展的第一次关于营养与健康的全民调查。调查结果显示中国平均贫血患病率是15.2%，其中婴儿和儿童的贫血患病率是24.2%（李立明等，2005）。北京、上海、福建、深圳、山西等地1999~2004年调查显示隐性铁缺乏贫血患病率在17.9%~52.5%。其中，缺铁性贫血患者占全部贫血患者的80.0%~92.5%，轻度缺铁性贫血占绝大多数（宁小春，2008；王莉等，2007；刘卓刚等，2008）。常素英等（2007）在1992~2005年对中国儿童的贫血患病率进行了调查，结果发现1992~2005年，中国城市、农村5岁以下儿童贫血患病率在16%~20%；2~5岁的儿童贫血与母亲贫血以及自身生长迟缓有关。2002年，安徽省妇幼保健所对7个县的3648名0~12岁儿童进行贫血筛查，发现贫血总患病率高达44.71%，其中轻、中、重度贫血患病率分别为37.15%、7.5%和0.06%（任路忠，2004）。四川达州市的数据表明，2005年达州市中小学生贫血率达到31.3%（常虹，2008）。在陕西省开展的一项研究显示，某农村中学初一学生的贫血患病率高达40%（Wang，2007）。对贵州的研究也发现，中小学生的贫血患病率高达 50% ~ 60% （薛婧等，2007）。张俊等（2013）的研究发现，截至 2013 年，新疆贫困地区农村儿童贫血患病率仍然为 19.5%。虽然上述研究是小范围和小规模进行的，但是仍然为我们提供了较为全面的证据，说明贫血在中国农村的普遍存在已经是一个不争的事实，特别是在经济欠发达地区。因此，积极有效地防治农村学龄儿童贫血已经刻不容缓。值得深思，在这样的营养水平和身体健康状况下，学生质量如何保障，他们又如何能够成为符合未来产业结构调整需求的合格劳动力和人力资本储备？

2. 贫血的危害与干预的意义

营养不良衍生的贫血问题，从微观角度来说，影响个人的身体状况和整体素质；从宏观角度来看，不仅关系国家和民族物质财富的增长，而且关系国家经济结构的调整、全民健康的改善和人类自身的发展。并且缺铁性贫血会降低个人乃至整个社会人群的劳动能力，给国家发展造成严重的经济后果和障碍。长期贫血会导致嗜睡、疲劳、注意力差和身体受损害。胚胎期或者婴幼儿期的营养不良，包括缺铁性贫血已经被证明对成年后健康和人力资本具有显著的影响。已有研究表明，对于学龄儿童而言，贫血不仅影响人体的健康，还影响学习成绩和出勤率等（Halterman et al.，2001）。事实上，缺铁性贫血已经被证明与教育成效有关，比如，与成绩和出勤率呈负相关关系（Verma et al.，1998）。贫血对学龄儿童的智商和学习能力也会产生不良影响，学生的智力、语言能力和算术能力均会因之下降（Locatelli et al.，2001）。国内学者也进行了贫血危害的相关研究，孙建琴和沈秀华等就贫血对中小学生学习能力的影响开展病例对照研究，结果发现，贫血组儿童注意力分散、学习困难的比例显著高于控制组（孙建琴，2003；沈秀华等，2004；孙建琴等，2005）。已有研究显示贫血幼儿的智商会下降 5 ~ 7 分，同时也会导致成人尤其是妇女的体力活动降低 30% ~ 40%（Olivares et al.，2001）。REAP 研究团队在田野调查和分析研究中也发现了类似的现象：缺铁性贫血对学生身体健康的危害是多方面的。贫血学生的学业表现显著比正常学生的学业表现差。与正常学生相比，贫血学生存在发育迟缓的问题。可见，因为膳食不平衡，铁元素摄入量和吸收不足所导致的贫血，短期内对学生的身心健康产生了不利的影响。长期来看，对学生人力资本的形成和发展也极为不利，进而影响到未来合格劳动者的供给和社会经济的发展。因此，贫血可能是导致教育水平低下和最终限制社会和经济流动性的因素之一。相反，对缺铁性贫血进行有效干预，不仅有助于提高农村学生的人力资本水平，而且对于缩小城乡差距具有重要的意义。

3. 国内外改善学生身体健康的研究

对缺铁性贫血最敏感的高危人群，也是有效干预措施的最大受益者。对于如何改善儿童营养健康的问题，国内外学者已经进行了较多的尝试（Mora，2002；王如文等，2005；袁加俊等，2013；Stoltzfus et al.，1998）。目前，主要的干预方式包括以下三种，分别为直接提供食物干预、营养知识信息干预和补充微量元素片剂干预（Stoltzfus et al.，1998；White and Phillips，2012）。

直接提供食物具有操作简便、效果直接的特点，但是具有较高的经济成本。对于直接提供食物的长期效果，目前研究尚无定论。早在20世纪90年代，北京市、上海市、天津市就开始为学生提供营养午餐。近年来，西部农村贫困地区中小学生的营养不良和贫血等问题已经严重制约着青少年儿童的健康成长。为了解决学生的营养不良、不均衡以及贫血的问题，确保青少年的健康成长，政府部门和研究机构也已经积极尝试了各种方式。随着我国经济水平的不断提升，中央政府和多个省市也开展了通过直接提供食物来提升学生营养健康水平的项目。例如，自2009年秋季开始，由陕西省政府、教育厅、财政厅联合各市教育部门开展的义务教育阶段学生营养餐项目，按照每人每天2元的标准，为每个学生每天提供一个鸡蛋和一杯牛奶，被称为"蛋奶工程"（张鹏等，2013）。由于人力和精力有限，无法对每一个地区的每一所学校营养项目的实施过程进行监测，因而出现如陕西"蛋奶工程"实施过程中的食品安全等问题（陈国琴，2010；贾党全，2010）。2011 年 11 月，中国"农村义务教育学生营养改善计划"正式启动，按照《国务院办公厅关于实施农村义务教育学生营养改善计划的意见》，全国 22 个省（区、市）的在集中连片特殊困难地区的 699 个县，按照每人每天 3 元的标准，由中央财政每年投入 160 亿元的专款实施营养改善计划，惠及近 2600 万名农村学生。该项计划主要面向中国农村贫困地区，是目前中国覆盖面最为广泛的、专门面向学生营养健康的项目。中国科学院农业政策研究中心和陕西师范大学教育实验经济研究所 2006～2012 年一直从事农村地区小学生营养健康的随机干预实验研究项目。此项目主要在陕西、青海、宁夏、甘肃、贵州和四川等 6 个省份实施，涉及的学生约 60000 名。干预方式包括：在学生午餐中增加肉类、豆腐和蔬菜，提供添加了多种微量元素的营养粥，每天为学生提供一粒多维元素片，对学校和家长进行营养健康知识的培训等。上述项目为我国使用直接提供食物的干预方法改善学生营养健康积累了宝贵的经验，也对提高我国——特别是农村贫困地区儿童的身体素质具有重要的意义。

营养知识信息干预是通过提高干预对象或者其监护人的营养知识水平，实现改善被干预群体的进食行为，从而提高干预对象身体健康的方法。营养知识信息干预具有低成本、易操作和可推广等优点，国外学者对此已经进行了大量研究（Milman et al.，2012；Zlotkin，2012；Marks，2011；Young et al.，2010；van Cauwenberghe et al.，2010）。

国际上，广被引用的例子是世界银行 20 世纪 70 年代第一次贷款给印尼的社区营养项目。该项目仅通过营养教育而没有其他形式的资源转移，就改善了 40% 儿童的营养健康状况。虽然当时使用的技术以及信息内容非常广泛，但是最近关于营养信息的评估报告显示它仍然具有积极的影响（张浩淼，2013；王曲等，2005）。1998 年世界卫生组织在发布的关于学生健康的指导信息中，明确指出家庭营养指南能够为政府或者非政府组织提供指导信息，激励人们采用健康的饮食行为和生活方式。家庭营养指南既可以帮助需要了解家庭营养知识的个人或者组织，也能够帮助学校建立有效的营养计划。Caulfield 等（1999）发现使用进食相关的信息干预，可以显著提高 6～12 个月的婴幼儿的生长率，而婴幼儿的生长率正是营养水平的直接体现。Hoelscher 等（2002）对 20 世纪 90 年代在全球进行的 17 个营养知识信息干预项目做了回顾研究，这些项目都针对 8～12 岁小学生的身体健康状况。所有项目均涉及营养知识信息干预对青少年饮食习惯和膳食平衡的影响，干预的方式主要是对学生家长进行营养知识培训以及学校老师对学生进行营养知识培训，以此来影响学生的饮食行为习惯。研究结果发现，营养知识信息干预对改善学生的膳食行为有显著的积极作用。Müller 和 Krawinkel（2005）的研究指出微量元素的补充不一定能达到令人满意的效果。为了达到目的，所有的干预行动需要配套营养教育和健康活动。针对当地富含蛋白质和微量元素食物的相关营养教育是非常有效和必要的。Block、Kiess 和 Webb（2004）认为对孩子进行营养干预的价值在于增加母亲们的营养知识。这个结论，也是近年来多项研究公认的基本结论。上述国外研究说明信息干预对改善儿童营养健康是行之有效的，而且为具体使用信息干预改善儿童身体健康积累了经验。

在国内，关于信息干预对改善农村学生身体健康的研究仍处于起步阶段，信息干预的实施方式和干预效果的评估研究得尚不充分。孙思飞等（2012）使用简单随机和整群抽样相结合的方法评价了上海市嘉定区中小学生营养知识健康教育的干预效果。通过专题培训、讲座、健康教育大课堂、发放宣传资料、版面巡展、知识竞赛等办法对中小学生的膳食习惯进行了干预，结果发现干预显著提高了小学生的合理营养相关知识知晓率，在数值上提高了中学生对合理营养相关知识的知晓率。但是，对中学生的干预效果相对小学生来说较差。方志峰等于 2009 年在广西国家级贫困县平果县、融水县、天等县开展 6～24 月龄婴幼儿营养健康状况调查。研究人员在平果县开展营养教育，在融水县提供营养包补充剂，在天等县实施营养教育并提供营养包，从而实现对 6～24 月龄婴幼儿的营养干预。结果显示，在贫困农村地区进行婴幼儿营养教育可以改善儿童营养不良及健康状况（方志峰等，2010）。叶青等（2004）调研了合肥市学龄前儿童营养状况，并采用随机分层方法划分干预组和控制组，开展了为期1年的营养教学活动。通过对干预组儿童和控制组儿童身体指标的比较，发现营养教育可以保证儿童获得更好的营养成分，改善其健康状况。王玲等（2004）对广州城区8所小学及幼儿园家长营养知识、态度、行为进行调查，并对其中4所幼儿园家长进行针对性营养教育。研究结果发现，接受营养教育后，家长营养知识得到提高，家庭食物选择和饮食行为趋于合理，说明营养教育能提高家长的营养认知水平，改善家庭膳食和营养水平。

营养知识信息干预不仅对改善儿童身体健康具有显著效果，而且对贫血病的防治具有重要意义。研究显示贫血的产生受到生活环境和营养知识水平等多种因素的共同影响。生活环境限制导致的生活水平低下，影响了正常食物的获取和摄入。而不健康的饮食习惯和缺乏的营养知识则影响了人体必需的营养成分的获取。主要原因是家长普遍缺乏铁营养知识，不善于为青少年选择富铁膳食。针对营养健康学生家长的问卷调查表明，70%以上的家长不知道富铁食物是什么；56%的家长不能正确选择富铁食物；62%的家长不知道饮食行为对膳食铁吸收的促进/阻抑作用（汝骅，2007）。Ahluwalia（2002）证明预防性的补充营养和营养教育可能是预防铁缺乏更有效的策略，也是改善身体健康的更有效方法。Kapur Mehta 和 Shah（2003）在印度进行了为期4个月的以社区为基础的随机干预实验，比较营养教育和补充铁元素对印度城市贫民儿童铁营养状况的影响。结果发现，营养教育可以通过改善铁元素的摄入量，对学生的缺铁性贫血产生积极的影响。新疆维吾尔自治区疾病预防控制中心的研究人员芭丽泽·买买提等（2009）针对小学二年级至高中三年级学生，分别于营养教育前、后进行问卷调查和测定血红蛋白浓度。结果显示，营养教育组所有年龄段学生营养知识、营养相关态度、良好膳食行为和血红蛋白浓度与控制组或自身相比均有显著提高（P值 <0.05）。不过，营养教育对初中生和高中女生缺铁性贫血患病率的

降低没有统计学意义。说明营养教育干预可以提高儿童血红蛋白浓度，降低缺铁性贫血患病率。强化营养教育，积极推广食物强化和学生营养餐，是降低儿童少年缺铁性贫血患病率的必要措施。上述研究均肯定了营养知识信息干预对贫血的防治具有重要的积极作用。

国外已经开展了多项以强化微量元素补充进行营养健康干预的研究（UNICEF，2002；Brown et al.，1998）。Sunil 等对 1 ~ 4 岁的儿童喂食包含多种微量元素的牛奶（每天包含：铁，9.6mg；锌，7.8mg；硒，4.2mg；铜，0.27mg；维生素 A，156mg；维生素 C，40.2mg；维生素 E，7.5mg）。对比喂食普通牛奶的儿童，结果发现，喂食包含多种微量元素牛奶的儿童比控制组儿童显著增加了体重、血红蛋白浓度，并且患铁缺乏性贫血的风险比控制组儿童降低 88%（Sazawal et al.，2007）。同时，由于贫血对身体健康具有重要的影响，国外也开展了多项研究讨论强化铁元素摄入对改善身体健康的作用。2002 年 5 月，联合国大会儿童特别会议提出：到 2010 年的总目标是全球的铁缺乏和缺铁性贫血患病率降低 30 个百分点（UNICEF，2002）。Ballot 等（1989）和 van Thuy 等（2003）的研究发现，使用铁元素作为唯一微量元素的干预措施，可以增加生产阶段孕妇的血红蛋白浓度。在瑞典，由饮食摄入的铁含量中约有 40% 是通过铁强化小麦粉而获得的（Dewey et al.，2002；Domellöf et al.，2002），在美国和英国这一比例分别为 20% 和 10%（Stoltzfus et al.，1998）。此外，还有 3 项研究均针对学龄儿童开展了只使用铁元素进行营养强化的效果评价，结果显示进行铁元素强化可以提高血红蛋白浓度 7.36（2.88 ~ 11.84）g/L，并且可以降低 70 个百分点的贫血患病率（Nadiger et al.，1980；van Stuijvenberg et al.，2006；Walter et al.，1993）。越南已经开发了铁强化鱼露，印尼和菲律宾分别开发了硫酸亚铁和铁元素强化面粉，泰国在素食面调料和鱼露中加入强化铁（NaFeEDTA）等微量元素，其他如铁强化木薯粉、铁强化肉制品、铁强化橙汁等的开发和使用，都对预防和控制儿童铁缺乏和缺铁性贫血起到了很好的效果（van Thuy et al.，2003；van Thuy et al.，2005）。研究发现补充铁、锌、叶酸和维生素，可以显著提高血红蛋白浓度，降低铁缺乏诱发贫血的风险（Giovannini et al., 2006；Menon et al., 2007）。但是，Ra-makrishnan 等（2009）的分析发现，对于 5 岁以下的儿童，铁元素补充和维生素 A 补充对生长没有显著的促进作用。上述研究说明，补充铁元素对预防和治疗铁缺乏性贫血具有一定的效果，但是可能会受到应用条件的影响。

在国内，林晓明等（2003）在北京房山区对 1012 名 7 到 13 岁的学生进行的随机干预实验同样显示：铁元素的补充可以有效地降低缺铁性贫血患病率。黄运坤等（2006）在广西柳州对 6000 名幼儿园、小学和中学学生进行的铁和钙强化酱油干预实验发现，经过 6 个月的铁强化酱油干预，干预组学生的缺铁性贫血患病率平均降低到 68.75%，而控制组学生没有明显的变化。因此，可以说铁强化酱油对学生的缺铁性贫血有积极的作用。王茵等（2005）在研究中明确指出长期给儿童补充适量的多种微量营养素，能显著改善儿童的营养、健康状况和学习认知能力，即便是停止补充 1 年后，部分效果仍然存在。翟凤英等（2007）在研究中同样发现儿童型营养补充剂可以有效改善儿童贫血的情况。崔大伟等（2006）在长春进行了为期 1 年的营养餐干预实验，研究发现获得干预的学生贫血和营养不良程度明显低于控制组学生。营养餐可以为学生提供足够且均衡的营养，能够为学生身体健康状况的改善提供帮助。Wang 等（2004）对缺铁性贫血的学生进行了关于铁和钙强化米饭的实验，干预组每天食用的铁和钙分别为 9.41mg 和 283.1mg，而控制组学生每天食用铁和钙分别为 6.41mg 和 83.1mg，结果发现钙和铁强化米饭对于改善缺铁性贫血有积极的作用（肖延风等，2009）。上述研究表明，微量元素补充，特别是铁元素的强化对于预防儿童贫血具有重要的意义。

4. 基于实验经济学对营养健康的研究

对于营养摄入和身体健康之间的联系，有大量实证研究应用蛋白质、铁、其他主要维生素等一系列营养摄入来衡量健康的投入。因为绝大多数种类营养摄入可以按照研究目的进行控制，所以在这一领域已经开展了大量的相关实验。已有文献表明，营养摄入在很大程度上决定了个人的体力和精力，从而间接对个人的经济收入和工资增加产生影响。实验经济学按照一定的规则选择被试，依据实际规则给以相应的物质报酬，以仿真方法创造与实际经济相似的环境，对得到的实验数据进行分析整理加工，用以检验已有的理论或者其前提假设，或者探索新的理论，或者从理论上分析一些决策制定的依据（张林秀，2013）。而基于随机干预实验的实验经济学研究，可以避免非实验性评估的选择误差。国内外多个国家的研究团队使用实验经济学的方法开展了改善营养健康的尝试。

Bhatia 和 Seshadi（1993）对患有贫血和发育正常的 3～5 岁儿童进行了为期 6 个月的铁元素补充，结果发现，干预后两组儿童的血红蛋白水平相比各自控制组均有显著提高（分别提高 1.6g/L 和 0.8g/L），肯定了铁元素的补充有利于血红蛋白水平提高。Gertler 和 Boyce（2001）对比分析了墨西哥反贫困计划对健康的影响，该计划将传统的现金转移和对家庭的经济激励计划相结合。其中，激励主要针对增加儿童健康、教育和营养等人力资本因素的投资。为了获得更多的资金转移，家庭必须获得一定程度的医疗健康服务，参加生长监控、营养补充项目，以及相关的关于健康的教育计划。该研究发现经济激励计划显著地改善了儿童和成人的健康水平，其中对于儿童，降低了 23% 的患病率，提高了 1～4 厘米的身高，同时降低了 18 个百分点的贫血患病率。Bobonis 等使用随机化的实验设计评估了铁元素补充和驱虫药施用对印度学龄前儿童的影响，结果发现干预组儿童体重增加了 0.51 个标准差，但是与发达国家相比较，发展中国家以学校为单位的营养促进效果仍然较差（Bobonis et al.，2006；Shi et al.，2012）。史耀疆等（2013）对陕西省 8 个贫困县 54 个样本小学的四年级学生进行了营养健康的随机干预实验。分析了微量营养素补充对贫困农村学生营养健康和学习成绩的影响。结果发现中国贫困农村地区学生存在严重的微量营养素缺乏问题。在调研的学生样本中，贫血患病率高达 38.8%。让干预组学生每天服用一片多维元素片，服用时间为半年。相对于控制组学生而言，干预组学生的血红蛋白水平和标准化数学测试得分均有显著提高，同时贫血患病率显著下降，学生的营养、健康和学业表现均获得不同程度的改善。Luo 等（2012）研究了针对中国农村贫困地区使用健康教育计划解决儿童贫血问题的可行性。面向学生父母进行多次或者单次面对面的营养健康知识培训和发放教育材料。通过将上述研究结果与简单的维生素发放方式相比较发现，健康教育并不对贫血状态改善或者血红蛋白浓度提高存在显著的效果。相反，提供多元维生素的干预方法可以显著降低贫血患病率。这些研究为解决我国农村贫困地区儿童的营养问题提供了直接的参考依据，也为本章研究的开展提供了理论上的参考。

5. 国内外绩效激励与学生身体健康相关研究评价

目前较少有研究直接分析绩效激励对改善学生身体健康和学生学习成绩的效果。拉丁美洲多个国家开展了针对儿童健康、教育和营养状态的福利激励计划，这些国家包括阿根廷、巴西、哥伦比亚、洪都拉斯和尼加拉瓜等（Gertler and Boyce，2001）。Glewwe 等（2010）使用随机方法对面向肯尼亚农村小学教师的激励项目进行了评估，该项目的评估指标是学生的测试成绩。结果发现，进行了激励项目学校的学生具有更高的测试成绩。但是，没有较多的证据表明教师付出了更多的努力以实现学生学习成绩的长久提高，相反教师更关注在短期内提高学生测试成绩。印度非政府组织的 Seva Mandir、Banerjee 和 Duflo 开展针对教师出勤率进行的激励项目。在项目中使用能在照片上注上日期和时间标记的照相机对老师进行拍照。项目实施中，教师和学生每天进行 2 次拍照，教师的工资按照参加拍照次数进行计算。该研究显示，通过该激励项目，教师的缺勤率从 40% 降低到 20%。为了进一步提升教师内在的驱动力，这些组织在上述激励项目实施的学校，安排学生写日记记录每天的学校生活，如果老师和学生缺勤，那么当天的日记为空，要求家长每周检查日记情况。但是该举措并没有改变教师的出勤率。Berry（2008）研究了对儿童和对家长进行激励的效果差异。该研究依据阅读能力的提高向学生提供玩具或者对家长进行金钱奖励。结果发现，对于一开始成绩较差的学生，对学生进行奖励比对父母进行奖励具有更好的阅读能力改善效果。

针对中国农村地区学生营养健康与学习成绩较差的状况，部分学者也开始对使用绩效激励改善学生身体健康和学习成绩的研究，Miller 等（2012）研究了使用绩效激励的方法在中国农村地区降低贫血的行动。相关行动涉及对小学校长进行信息干预、为学校提供补贴和对校长进行绩效激励 3 种方式。结果显示，对于使用信息干预的学校，学生血红蛋白水平平均提高了 1.5g/L；对于提供补贴的学校，学生血红蛋白水平平均提高了 0.8g/L；对于进行绩效激励的学校，学生血红蛋白水平均提高了 2.4g/L。对于绩效激励的学校，绩效激励有效降低了 24% 的贫血患病率。该研究为使用绩效激励进行贫血治疗提供了直接的证据，也为本章研究的开展提供了前期理论支持。但是该研究并未回答不同激励额度的效果是否存在差异。Sylvia 等（2013）使用随机干预实验法对比分析了在中国农村小学，学生健康改善对其学习成绩的影响。针对健康改善，共使用了两种干预方法：信息干预和对校长进行绩效激励。结果显示，贫血学生的考试成绩在两种干预方式下均有显著提高。但是对于激励组的正常被试儿童，他们的成绩相比控制组的正常被试儿童显著下降。该结果说明了基于学校的绩效激励计划改善了学生的健康状态，但是可能导致学校资源的重新分配，暗示了绩效激励可能对条件依然有限的中国农村中小学存在多方面的影响，也说明了需要进一步研究论证采用绩效激励对中国农村中小学生身体健康和学习成绩的影响。该研究没有分析不同补贴和激励形式改善儿童营养健康的效应差异。

综上所述，近期研究证明了绩效激励对改善中国农村地区儿童身体健康和学习成绩是有效的，但是目前尚无直接证据说明绩效激励与其他干预方式的效果差异，比如与补贴的差异。另外，对于不同程度的绩效激励改善学生身体健康水平的效果，我们也尚不清楚。国外关于绩效激励的研究，多数是与医疗服务和保障相关的。但是都是评估一种绩效激励措施的影响，没有研究将不同的干预措施相比较，也没有与儿童营养健康相结合。国内的相关研究更加缺乏，几乎没有研究基于大样本的随机干预实验方法实证、系统地探讨并回答校长绩效激励与学生贫血患病率、营养问题和学习成绩的关系。因此，本章采用随机干预实验的方法通过大样本的调查数据在对贫困地区学生贫血现状做基本了解的前提下，探讨以校长激励的方式来改善农村儿童健康、保障学生健康成长，以最终提升人力资本。

四　校长激励方案设计

随机干预实验法是影响评估的前沿方法，最早开始于医学的研究，目前已经被广泛应用于社会科学研究。国际上有很多组织支持对该影响评估方法的探索并鼓励将其用于相关项目的实施效果及影响评估，如麻省理工学院贾米尔贫困行动实验室（J-PAL）、贫困行动创新（IPA）组织、世界银行发展影响评估项目（DIME）、国际影响评估基金（3ie）等。本章针对该方法在农村儿童营养健康状况研究项目中设计、实施的过程以及具体的分析进行介绍。为了保证研究目标的实现，研究团队对调查过程做了精心的准备。包括预调查、调查表的设计和修改以及调查人员的培训等。

在本章的研究中以血红蛋白水平（g/L）（测量是否贫血的指标）作为衡量学生身体健康的主要指标（WHO，2001），比较干预组和控制组学生血红蛋白水平在干预前后的变化，干预的影响表示如方程（2-1）和方程（2-2）所示：用 T 表示干预组，用 C 表示控制组，y 表示学生平均的血红蛋白水平，d_T 是虚拟变量。β_0 表示截距项，系数 β_1 表示干预前干预组与控制组之间的差异；d 是干预前后的时间虚拟变量（$d=1$ 表示干预后，$d=0$ 表示干预前）。δ_0 表示干预前后的差异；δ_1 是交互项 $d \cdot d_T$ 的系数，表示干预组在干预前后的变化与控制组在干预前后变化的差异，也就是实施干预的影响；$\hat{\delta}_1$ 是倍差估计量；y 上方的短横线表示平均，第一个下标表示时间，第二个下标表示组别；$\overline{y}_{1,T}$ - $\overline{y}_{1,C}$ 表示评估调查的时候，干预组与控制组的差异；$\overline{y}_{0,T}$ - $\overline{y}_{0,C}$ 表示基线调查的时候，干预组与控制组的差异；μ 是残差项（Wooldridge，2010）。

$$y = \beta_0 + \delta_0 d + \beta_1 d_T + \delta_1 d \cdot d_T + u \qquad (2-1)$$

$$\hat{\delta}_1 = (\overline{y}_{1,T} - \overline{y}_{1,C}) - (\overline{y}_{0,T} - \overline{y}_{0,C}) \qquad (2-2)$$

具体到本章的研究中，随机干预实验把随机选取的样本再随机分成两组，一组进行干预，作为干预组；另一组不做任何操作，作为控制组。然后比较两组的结果是否有差异。该方法要求干预组和控制组同质，即使存在差异也不影响分析结果。在随机干预实验中，总的期望是：

$$E(Y^T - Y^C) = E(Y_1^T - Y_1^C)q + E(Y_0^T - Y_0^C)(1-q) \qquad (2-3)$$

这是平均的干预因果模型。假设干预组与控制组学生血红蛋白水平的平均差异是 $E(Y^T - Y^C)$，它可以被分解为两个部分：一部分是 $E(Y_1^T - Y_1^C)q$，即干预组学生和若他们不被进行干预相比血红蛋白水平的差异；另一部分是 $E(Y_0^T - Y_0^C)(1-q)$，控制组学生和若他们被进行干预相比，血红蛋白水平的差异。q 为干预样本在总样本中的比例。如果要获得干预组和控制组样本学生血红蛋白水平的平均差异，需要研究四个部分的数据：干预组学生的血红蛋白水平、干预组学生若未被进行干预的血红蛋白水平、控制组学生的血红蛋白水平和控制组学生若被进行干预的血红蛋白水平。但是在实际研究中，只能获得两部分的数据，即干预组学生的血红蛋白水平和控制组学生的血红蛋白水平。无法同时观测到干预组学生的血红蛋白水平和干预组学生未被进行干预的血红蛋白水平（反事实）。因此只有两部分数据，需要引进如下假设。

假设一：干预组学生若未被进行干预，则血红蛋白水平与控制组学生相当，没有显著性差异。

假设二：控制组学生若被进行干预，则血红蛋白水平与干预组学生相当，没有显著性差异。

基于上述假设，总期望为：

$$E(Y^T - Y^C) = E(Y_1^T - Y_1^C)q + E(Y_0^T - Y_0^C)(1 - q)$$
$$= E(Y_1^T - Y_0^C)(1 - q) + E(Y_1^T - Y_0^C)q$$
$$= E(Y_1^T - Y_0^C) \qquad\qquad (2 - 4)$$

到目前为止，国内外已有研究进行了关于农村地区儿童营养健康状况和贫血问题的诸多尝试，但是我国学者还很少从学校和校长的层面针对农村儿童的营养健康不良问题提出以及进行一系列可行措施的尝试。为此，在本章的研究当中，提出如下假设。

研究假设一：基于学校和校长层面的补贴和激励可以部分地改善和解决农村学生的缺铁性贫血问题。城乡二元结构的存在促使大量劳动力外出流动，从家长的层面解决儿童贫血的问题几乎不可实现。另外，国家实施的"营养改善"项目将学校作为实施的主体，如何有效地配置国家补贴给每个学生每天的 3 元钱是项目可持续的关键，而校长作为这个主体的管理者，以何种方式激发其潜能从而使其合理使用补贴，并且有效改善学生的营养健康是亟待探索和解决的问题。

研究假设二：基于学校和校长层面的补贴和激励可以部分地改善和解决农村学生的缺铁性贫血问题，进而提高学生的学习成绩。农村地区的学生是未来人力资本的主体，他们的健康是基础，个人能力的发展是未来人力资本积累的重要保障，当前这主要体现在其学业表现和知识储备上。具体表现为，学生只有拥有健康的身体和饱满的精神状态，才有可能学习好，从而有良好的学业表现。

研究假设三：对校长的激励强度越大，他减少学生贫血患病率的动力和积极性越强。目前，农村地区学校的硬件设施已经得到了很大改善，但是学生的营养健康问题并没有引起足够的重视，相关人员也缺乏科学养育儿童的营养知识。更重要的是，上级往往以考试成绩和升学率作为对校长的考核指标，因而他们缺乏改善学生营养健康的动力。对校长进行一定强度的关于改善学生营养状况的激励，可能成为减少学生贫血患病率的可持续方法。

研究假设四：当对学校的补贴被用于改善学生的贫血问题时，补贴的力度越大，它克服学生贫血的作用越明显。虽然有些学校和校长已经意识到了农村学生的营养健康问题，但是巧妇难为无米之炊，更多的时候，学校和校长缺乏改善学生营养健康的自主性和资金。校长比较了解当地的生活习惯和生活资源，给予学校一定额度的补贴，将是改善学生营养健康状况的主要途径。

五　样本选择及数据收集

（一）样本选择与实验设计

对抽样中确定的 300 所小学的基线调查数据进行评价，首先将所有学校随机分为两组，确保二者能够成为统计意义上的"双胞胎"，以保证数据的内部有效性。根据基线调查数据中每所学校的贫血人数向各个学校提供补贴，向第一组学校提供 0.3 元/生/天的补贴，即为小补贴组，共 150 所学校；向第二组学校提供 0.7 元/生/天的补贴，即为大补贴组，共 150 所学校。在此基础上，再将所有学校随机分为 4 组实施不同的激励，分别是：贫血小激励，即评估调查时，该校每减少一个贫血学生，给校长奖励 12.5 元；贫血大激励，即评估调查时，该校每减少一个贫血学生，给校长奖励 125 元；考试激励，即评估调查时，该校学生综合平均分每提高 1 分，给校长 800 元的奖励；双重激励，综合了贫血大激励和考试激励。其中，贫血小激励组有 40 所学校、贫血大激励组有 65 所学校、考试激励组有 65 所学校、双重激励组有 65 所学校。其余的 65 所学校作为控制组，只提供补贴，不进行激励。

本研究中随机干预实验的实现分为以下几个步骤（如图 2-1 所示）。第一步，根据甘肃、青海和陕西各个县的人均收入水平，将所有县分成富裕、中等和贫困三个等级。在贫困县中随机抽取 27 个县。第二步，从 27 个县的教育局获得该县内所有农村小学的名单、总人数和寄宿学生人数。总人数超过 200 人、寄宿学生①超过 50 人的完小入选学校样本框。最终样本框包含 300 所农村小学。第三步，对所有学校的四年级和五年级学生进行基线调查，包括随机抽取 50% 的学生②由专业护士检测其血红蛋白水平。以调查问卷的形式获得学生的基本情况、标准化数学考试和语文考试成绩、饮食习惯等信息；同时，访谈学校的校长和班主任，收集学校的基本信息、校长和老师的营养知识水平。此外，通过家长调查表获得学生家庭基本情况、家长对学生饮食习惯和营养知识的了解情况。第四步，在对基线数据进行评价的基础上，将 300 所学校随机分成干预组和控制组，对其中一半学校提供小补贴，对另一半学校提供大补贴。在补贴的基础上，对 40 所学校进行贫血小激励干预，对 65 所学校进行贫血大激励干预，对 65 所学校进行考试激励干预，对 65 所学校进行双重激励干预；余下的 65 所学校不受任何激励干预，作为控制组。确保随机干预实验的外部有效性。第五步，开发营养干预手册、视频和宣传册，培训专业的营养知识宣传员。实施过程中，首先分地区对所有校长进行营养知识培训，其次与校长一对一编制补贴支出的预算；同时，按照干预的分组给校长讲解激励指南，并同校长签订激励合同。第六步，19991 名四年级和五年级学生最终接受观测（基线调查数据和评估调查数据中都包含这些学生），其中进行了血红蛋白水平检测的学生有 13975 名。为使干预组同控制组形成统计意义上的"双胞胎"，采用"优化设计软件"处理数据，保证干预组学校 80% 的 POWER 检验标准化规模效应为 0.2 个标准差，因变量在 5% 的置信区间上具有显著水平（双尾检验）。本实验设计假设内部相关性为 0.15，干预前后的相关性为 0.6，后续的跟踪调查中有 10% 的损失，以此保证随机

---

① 自 2001 年以来，全国农村小学进行大规模的撤并，由此产生了更多的农村寄宿制学生，在未来的若干年，寄宿学校和学生有普遍性。

② 每个学生的体检成本大约是 10 元，由于资金的限制，所以只抽取其中的 50%，而这能够代表样本总体的情况。

甘肃、青海和陕西27个县的所有符合下列情况的农村小学入选样本框：
学校有1~6年级且学生总数大于200、寄宿生大于50人

随机抽取300所农村小学的21103名四年级和五年级学生进行基线调查，对其中的13980名学生进行体检

在对基线数据进行评价的基础上，将300所学校随机分成干预组和控制组，对其中一半学校提供小补贴，对另一半学校提供大补贴。在补贴的基础上，对40所学校进行贫血小激励干预，对65所学校进行贫血大激励干预，对65所学校进行考试激励干预，对65所学校进行双重激励干预；余下的65所学校不受任何激励干预，作为控制组

开发营养校长激励手册、海报和视频资料；对校长进行营养知识的培训；对校长进行一对一的激励干预和补贴支出预算编制

| 40所学校进行校长贫血小激励（2983名学生，其中体检学生1867名） | 65所学校进行校长贫血大激励（4678名学生，其中体检学生3076名） | 65所学校进行考试激励（4400名学生，其中体检学生2990名） | 65所学校进行考试激励（4607名学生，其中体检学生3045名） | 65所学校作为控制组，不对其进行任何干预（4435名学生，其中体检学生3002名） |

减去865名学生

在项目进行期间，因为学生请假、转学或者辍学的原因而丢失1112个学生样本，其中体检学生样本5个

减去247名学生

评估调查，收集与基线调查同样的指标数据（最终调查样本19991名学生，其中体检学生13975名）
贫血小激励的最终样本是：40所学校的2846名学生，其中体检学生1687名
贫血大激励的最终样本是：65所学校的4456名学生，其中体检学生3074名
考试激励的最终样本是：65所学校的4108名学生，其中体检学生2989名
双重激励的最终样本是：65所学校的4393名学生，其中体检学生3045名
控制组的最终样本是：65所学校的4188名学生，其中体检学生3000名

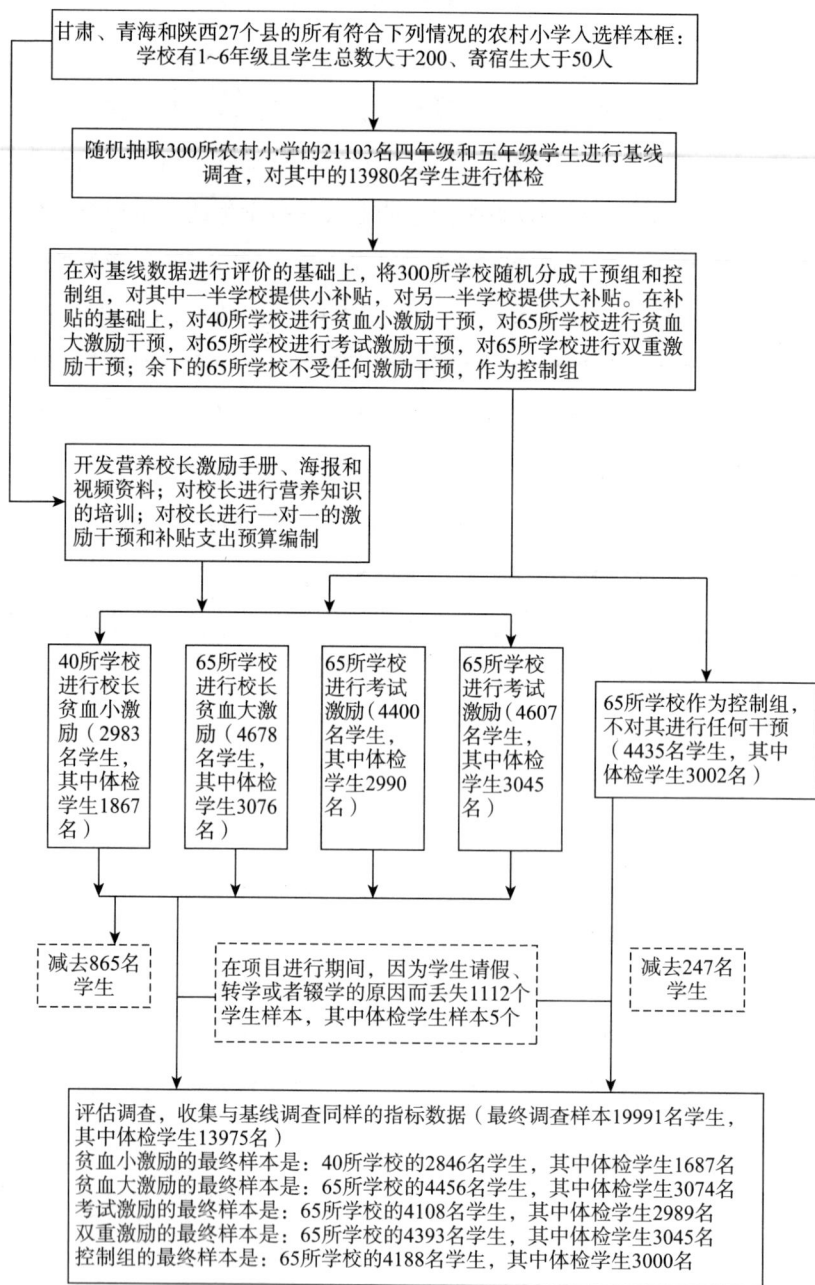

图2-1　随机干预实验流程

干预实验的内部有效性。第七步，评估调查，收集与基线调查相应的指

标数据。

（二）调查准备工作

鉴于国内相关的研究较少，为了尽量避免出现不应有的偏误，正式调查前，我们进行了两周的预调查。预调查时走访了陕西和甘肃的多所农村小学。白天，我们到学校对校长、老师和学生进行访谈，实验我们的调查表；晚上，回到办公室共同讨论在访谈中遇到的问题，以及解决的办法。同时，在预调查时，我们也特别注意校长和老师们提出的一些建议，以使我们的调查问卷更简洁、易懂和准确。

在调查问卷设计时，我们注意到调查的对象主要是小学四年级和五年级的学生，标准化考试的难度系数、问卷的长度、问题的提出方式、问题的逻辑顺序等细节都会对调查产生影响。鉴于学生的问卷部分采用集体填答的方式，因此在预调查时，我们特别模拟给学生讲解填写问题答案的方式，以控制集体自填问卷的质量。对于针对校长和老师的问卷，注意通过不同的提问方式、不同的访谈场景来观察被访谈者的反馈，从而得到组织访谈时需要注意的一些重要问题的答复。

我们将预调查中出现的问题和根据以往调查经验证明是比较好的解决方案一一记录下来，形成调查员培训手册。我们从西北地区高校相关专业的大学生中选取一些对这方面研究特别感兴趣的同学来协助调查，在调查前一个星期内对调查员们进行集中培训。培训的内容包括此次调查的目的及意义、如何实施调查、调查时需要注意的问题等。具体来说包含以下步骤。第一，由项目负责人向所有调查员介绍此次调查研究项目的背景、目的和意义。第二，由问卷设计专家为调查员逐个讲解调查表的内容、每个问题的含义、调查时需要注意的细节等；同时对于招募的护士团队，进行血红蛋白水平检测的专业技术培训和练习。第三，讲解调查的设计安排，包括如何事先联系学校、与校长和老师沟通安排调查员进班，如何安排学生的标准化考试、对校长和老师访谈的组织以及在各个步骤中需要注意的细节。第四，检查和反馈调查表。要求每位调查员当场检查每位学生填写的问卷，在所有问卷检查无误后才可以离开教室。晚上回来后要互相交换检查调查表，遇到不清楚的回答时，打电话回访，以保证问卷调查的质量。第五，培训结束后，分组模拟练习调查。第六，在一次集中讨论和交流后，完成培训。第七，到达当地后在开始正式调查的前一晚，所有调查人员一起再熟悉调查问卷和需要注意的问题。第八，开始正式调查。第九，每天的调查工作结束后，各个调查小组开会总结当天经验和教训，归档当天已经完成的问卷，并且准备第二天的问卷和工具。

（三）基线调查

2011 年 9 月，研究团队分为 15 个小组，每组 9 名调查员，分别前往 27 个县的 300 所农村小学，开始为期 10 天的基线调查。具体工作包括以下四个部分。第一部分，对样本学校 50% 的学生进行体检①。由西安交通大学医学院的专业护士团队对学生进行血红蛋白水平检测，使用仪器为"HemoCue HB 201 + 测试仪"。第二部分，对样本学校的四年级、五年级学生进行数学和语文的标准化考试成绩、学生个人基本情况和日常饮食习惯的问卷调查。第三部分，调查员对学校的校长和班主任进行访谈，了解学校的基本情况以及校长、老师对学生身体健康和营养知识的了解程度。第四部分，安排学生将家庭问卷带回家给家长填写，待调查员检查确认后回收家庭问卷。基线调查结束后清理数据，共获得 300 所农村小学的 21103 名四年级和五年级学生的基本信息，对其中的 13980 名学生进行了体检。

（四）干预方案及干预过程

在具体的校长激励中干预流程如下。

（1）在了解当地饮食习惯和农产品供应的基础上，开发营养知识

---

① 体检学生按照随机数表抽取。

手册，制作均衡饮食、预防和克服贫血的海报，以及相关视频资料，使校长可以有效而全面地了解营养方面的知识。

（2）从研究团队内部选拔 4 名有丰富项目执行经验的研究人员作为校长营养知识培训的会场讲师，同时招募校长激励一对一志愿者 40 名，负责与校长一道编制补贴支出预算、向校长讲解激励指南并签订激励合同。我们的团队首先对讲师培训项目的背景、营养知识以及校长培训现场需要组织的工作。再对所有的志愿者进行如何编制预算、如何向校长讲解激励指南以及如何与校长签订激励合同的培训。之后，所有的讲师和志愿者被分为 4 组，再对干预资料进行为期一周的练习，并模拟现场反复试讲，制定标准化的干预资料和操作流程。

（3）将 300 所学校按照地区分为 4 个培训地点，其中青海 1 个、甘肃 2 个、陕西 1 个。邀请所有校长在其所在省份的会场参加培训。首先是组织所有校长集体在大会场参加项目的背景介绍和营养知识培训会，并给所有参与校长配发营养知识手册、海报和视频等资料。会议结束后，与每一个校长一对一地进行支出预算编制，让每一个校长根据拿到的补贴自行制定花费计划，志愿者只是记录花费的情况，不发表任何个人意见和建议。根据校长的激励方式和补贴额度，志愿者向校长介绍激励指南，在征得校长同意的情况下，签订激励合同，一式三份。保证每一位校长仅知道自己所在学校的补贴金额和激励额度。因为其他原因不能参加的校长，志愿者和讲师前往他们所在学校对其完成干预。

（4）对校长的补贴发放分两次进行，一次是一对一培训现场，即 2011 年 11 月发放第一期的补贴；2012 年 3 月发放第二期补贴，并回访校长。

（五）评估调查

2012 年 6 月，采用相同的指标，收集与基线调查样本对应的数据。项目执行期间，部分学生有请假、转学等行为，导致部分样本丢失。最终获得的学生样本量是 19991 人，有体检记录的学生样本 13975 人（见

图 2 - 1)。

六　校长激励对学生营养健康的影响效果

（一）实证分析方法

与本章具体的研究内容相结合，建立 DID 模型（Difference-In-Differences），即倍差分析模型。其中，T 表示干预组，C 则表示控制组，Y_1、Y_2 分别为干预实施前后学生的平均血红蛋白水平。干预的真正影响如方程（2 - 5）所示：

$$DID = E(Y_{2,T} - Y_{1,T}) - E(Y_{2,C} - Y_{1,C}) \qquad (2-5)$$

在方程（2 - 5）中，比较干预组和控制组学生在干预实施前后平均血红蛋白水平的变化，差分掉观测期间干预组和控制组学生平均血红蛋白水平变化的共同趋势（伍德里奇，2010）。DID 模型的原理，也是随机干预实验分析方法的基本原理。按照伍德里奇在《计量经济学导论》中的介绍，DID 模型主要是做了两次差分，第一次差分是干预组干预前后的差异，第二次差分是控制组干预前后的差异，二者之间的差就是倍差，也就是 DID 的分析结果。如下模型一到模型四的因变量都是干预前后的差分（第一次差分），按照由此建立的线性模型进行回归则是第二次差分，从而反映出式（2 - 5）中的 DID 原理。

$$模型一：\Delta HBdif_i = \beta_0 + \beta_1 treat\_incentive_i + \beta_2 HBbaseline_i$$
$$+ County_i + ZX_i + \varepsilon_i \qquad (2-6)$$

$$模型二：\Delta HBdif_i = \beta_0 + \beta_1 treat\_incentive_i + \beta_2 HBbaseline_i$$
$$+ \beta_3 treat\_subsidy + County_i + ZX_i + \varepsilon_i \qquad (2-7)$$

$$模型三：\Delta Scoredif_i = \beta_0 + \beta_1 treat\_incentive_i + \beta_2 HBbaseline_i$$
$$+ ZX_i + \varepsilon_i \qquad (2-8)$$

$$模型四：\Delta Scoredif_i = \beta_0 + \beta_1 treat\_incentive_i + \beta_2 HBbaseline_i$$
$$+ \beta_3 treat\_subsidy + County_i + ZX_i + \varepsilon_i \qquad (2-9)$$

其中 i 表示学生个体，$\Delta HBdif_i = HBevaluation_i - HBbaseline_i$ 表示干预前后学生血红蛋白水平的变化；$\Delta Scoredif_i = Scoreevaluation_i - Scorebaseline_i$ 表示干预前后学生成绩的变化；β_1 是激励方式的影响；$treatment\_incentive_i$ 为虚拟变量，1 = 贫血小激励，2 = 贫血大激励，3 = 考试激励，4 = 双重激励，0 = 控制组；β_3 是大补贴和小补贴对学生血红蛋白水平影响的差异；$HBbaseline_i$ 是学生基线的血红蛋白水平，引入这个变量是为了控制干预前学生的身体状况；$County_i$ 是县的虚拟变量，控制地理层面的影响；X_i 为多维列向量，包括学生的性别、年龄、是否寄宿、父母的受教育水平、校长年龄和教龄等特征，用于控制可能影响学生血红蛋白水平的其他因素。

本章的研究目标是评价对校长的不同激励方式和对学校的不同补贴额度对学生身体健康和学习成绩的影响。鉴于激励组和控制组内既有小补贴，又有大补贴，为了获得更准确的分析，按照是否进行激励和补贴的大小，样本可以被分为激励组大补贴、激励组小补贴、控制组大补贴和控制组小补贴四类。

因此，在上文随机干预实验设计的基础上，本章采用倍差分析方法的改进形式 DDD（Difference-In-Difference-In-Differences）方法（Wooldridge，2010）进行模型的设定，模型具体如下：

$$y = \beta_0 + \beta_1 d_T + \beta_2 d_L + \beta_3 d_T \cdot d_L + \delta_0 d_2 + \delta_1 d_2 \cdot d_T$$
$$+ \delta_2 d_2 \cdot d_L + \delta_3 d_2 \cdot d_T \cdot d_L + u \tag{2-10}$$

$$\hat{\delta}_3 = [(\hat{y}_{T,L,2} - \hat{y}_{T,L,1}) - (\hat{y}_{T,N,2} - \hat{y}_{T,N,1})] -$$
$$[(\hat{y}_{C,L,2} - \hat{y}_{C,L,1}) - (\hat{y}_{C,N,2} - \hat{y}_{C,N,1})] \tag{2-11}$$

d_T 是虚拟变量，$d_T = 1$ 时表示激励组，$d_T = 0$ 时表示控制组；系数 β_1 表示干预前激励组与控制组之间的差异；d_2 是干预前后的时间虚拟变量（$d_2 = 1$ 表示干预后，$d_2 = 0$ 表示干预前），d_L 是补贴额度的虚拟变量（$d_L = 1$ 表示大补贴，$d_L = 0$ 表示小补贴）。系数 δ_0 表示控制组小补贴干预前后的变化，δ_1 是交互项 $d_2 \cdot d_T$ 的系数，即激励小补贴对学生血红蛋白水平或者成绩的影响；δ_2 是交互项 $d_2 \cdot d_L$ 的系数，即控制组受大补贴与小补贴激励在干预前后的差异；δ_3 是交互项 $d_2 \cdot d_T \cdot d_L$ 的系数，激励方式下大补贴和小补贴之间的影响差异。$\hat{y}_{T,L,2} - \hat{y}_{T,L,1}$ 表示干预组大补贴基线调查时和评估调查时的差异，$\hat{y}_{T,N,2} - \hat{y}_{T,N,1}$ 表示干预组小补贴基线调查时和评估调查时的差异，$\hat{y}_{C,L,2} - \hat{y}_{C,L,1}$ 表示控制组大补贴基线调查时和评估调查时的差异，$\hat{y}_{C,N,2} - \hat{y}_{C,N,1}$ 表示控制组大补贴基线调查时和评估调查时的差异。基于上述原理，本章研究校长激励方式对农村小学生营养健康影响的基本模型如下：

$$模型五：\Delta HBdif_i = \beta_0 + \beta_1 treat\_incentive_i + \beta_2 HBbaseline_i + \beta_3 treat\_subsidy$$
$$+ \beta_4 treat\_incentive_i \times treat\_subsidy + County_i + ZX_i + \varepsilon_i \quad (2-12)$$

$$模型六：\Delta Scoredif_i = \beta_0 + \beta_1 treat\_incentive_i + \beta_2 HBbaseline_i + \beta_3 treat\_subsidy$$
$$+ \beta_4 treat\_incentive_i \times treat\_subsidy + County_i + ZX_i + \varepsilon_i (2-13)$$

方程（2-12）中系数 β_1 是激励小补贴对学生血红蛋白水平的影响；β_3 表示控制组大补贴和小补贴对学生血红蛋白水平影响的差异；交互项系数 β_4 表示与控制组大补贴和小补贴对学生血红蛋白水平影响差异相比，激励组大补贴和小补贴对学生血红蛋白水平影响的差异。方程（2-13）中的因变量是学生成绩的变化，其系数和变量的意义类似模型五。其他变量的含义同方程（2-6）、方程（2-7）、方程（2-8）和方程（2-9）。

（二）描述性统计结果

在两期数据的收集后，在此主要对样本数据进行具体的描述，包括总体上样本地区所处的宏观环境、研究对象的基本特征、主要自变量和因变量的选择，并且在不同干预类别下，因变量即学生的血红蛋白水平和学习成绩的变化。

1. 样本地区的主要特征

本章研究的样本分布在西北地区的 3 个省份，分别是甘肃、青海和陕西。其中，甘肃的样本分布在定西、陇南和天水地区；青海的样本主要分布在海东地区；陕西的样本主要分布在安康地区。虽然西北地区的国土面积约占全国土地总面积的30%，拥有辽阔的土地及丰富的光热、风能和矿产资源，并且适合发展农业、特色矿业和旅游业，但是经济总体上比较落后，2012年西北地区的人均生产总值为32782.6元，低于全国平均水平38420元（中国统计年鉴，2012）。不可忽视的是，西北地区是中国少数民族较多的地区之一，少数民族人口聚居的地区仍然存在很多的贫困人口。

甘肃省位于中国西北部，处于黄河上游，与陕西、宁夏、四川、青海、新疆和内蒙古邻接。省内地形包括高原、山地、平川、沙漠、河谷、戈壁。截至2012年，甘肃省总人口为2578万人。其中，城镇人口999万人，乡村人口1579万人。按照人口年龄结构划分，0～14岁人口共444.89万人，占总人口的17.26%；15～64岁人口共1915.89万人，占总人口的74.33%；65周岁及以上人口共216.77万人，占总人口的8.41%。2012年，甘肃省地区生产总值5650.20亿元，人均地区生产总值21978元，人均地区生产总值排名是全国第30位；第一产业占全部经济的13.8%，第二产业占全部经济的46.0%，第三产业占全部经济的40.2%；农业总产值984.24亿元，农村居民家庭平均每人消费支出4563元（甘肃省统计局，2013）。

定西位于甘肃省中部，总面积19609平方千米，主要包括北部黄土丘陵沟壑区和南部高寒阴湿区地形。截至2012年，定西市常住人口276.92万人。其中，城镇人口71.53万人，占25.83%；乡村人口205.39万人，占74.17%。2012年，定西市地区生产总值224.12亿元，人均地区生产总值8305.05元；人均地区生产总值省内排名第13位（定西市统计局，2012）。陇南位于甘肃省中部，总面积27923平方千米。截至2012年，陇南市常住人口256.95万人。其中，城镇人口60.05万人，占23.37%；乡村人口196.9万人，占76.63%。2012年，陇南市地区生产总值226.0亿元，人均地区生产总值8700.39元；人均地区生产总值省内排名第12位（陇南市统计局，2013）。天水位于甘肃东南部，处于陕西、甘肃、四川交界位置，位于西安和兰州两大城市的中点；总面积 14392 平方千米（天水市政府网站，2012）。2012 年，天水市常住人口 328.22 万人，其中城镇人口 102.11 万人，占 31.11%；乡村人口 226.11 万人，占 68.89%（甘肃省统计局，2013）。2012 年，天水市地区生产总值 413.9 亿元，人均地区生产总值 12750.96 元，人均地区生产总值省内排名第 11 位（天水市统计局，2013）。

青海省位于中国西北部，与甘肃省、四川省、西藏自治区、新疆维吾尔自治区相邻，是连接西藏、新疆与内地的重要纽带。青海省全域均属高原地区，平均海拔 3000 米以上，地形复杂，地貌多样。截至 2012 年，青海省总人口为 573.17 万人，出生人口 8.16 万人。其中，城镇人口 271.92 万人，乡村人口 301.25 万人。青海是多民族地区，少数民族包括藏族、土族、回族、撒拉族和蒙古族等，少数民族的人口占到了46.98%。按照人口年龄结构划分，0~14 岁人口共 116.75 万人，占常住人口的 20.3%；15~64 岁人口共 418.13 万人，占 73.0%；65 岁及以上人口共 38.29 万人，占 6.7%。2012 年，青海省地区生产总值1893.54 亿元，人均地区生产总值 33181 元，人均地区生产总值排在全国第 21 位；第一产业生产总值为 176.91 亿元，第二产业生产总值为1092.34 亿元，第三产业生产总值为 624.29 亿元。农村居民家庭人均消费支出 5338.9 元。海东地区位于青海省东部，总面积 1.31 万平方千米。截至 2012 年，海东市常住人口 167.76 万人。2012 年，海东地区生产总值 274.13 亿元；人均地区生产总值 19625.57 元，省内排名第 6 位（青海省统计局，2013）。

陕西省位于中国西北地区东部，与甘肃省、宁夏回族自治区、内蒙古自治区、四川省、重庆市、湖北省、河南省和山西省相邻。陕西省主要有风沙过渡区、黄土高原区、关中平原区、秦岭山地区、汉江盆地区和大巴山地区等地貌区域。截至 2012 年，陕西省总人口为 3753 万人，其中城镇人口 1877 万人，乡村人口 1876 万人。按照人口年龄结构划分，0~14 岁人口共 541 万人，占常住人口的 14.42%；15~64 岁人口共 2875 万人，占 76.61%；65 岁及以上人口共 337 万人，占 8.97%。2012 年，陕西省地区生产总值 14453.68 亿元；人均地区生产总值 38564 元，在全国排名第 14 位。第一产业经济占全部经济的 6.8%，第二产业经济占全部经济的 56.1%，第三产业经济占 37.0%；农村居民家庭平均每人消费支出 5114.7 元。安康位于陕西省东南部，面积 23391 平方千米，安康市地貌可分为亚高山、中山、低山、宽谷盆地、岩溶、山地古冰川 6 种类型。截至 2012 年，安康市常住人口 310 万人。其中，城镇人口 100 万人，占 32.25%；乡村人口 210 万人，占 67.75%。2012 年，安康市地区生产总值 49691 亿元，人均地区生产总值 18878 元，人均地区生产总值省内排名第 8 位（陕西省统计局，2013）。

2. 样本学校及校长的基本特征

随机抽取的 300 所样本学校分布在 3 省份 27 个县。其中 21 个县分布在甘肃，4 个县分布在青海，还有 2 个县在陕西。根据抽样的原理和规则，最终的样本学校构成为：甘肃 229 所小学、青海 39 所小学和陕西 32 所小学（详见表 2 - 1）。

表 2 - 1 样本学校的分布

单位：所

省份	县	数量	各省份总计
甘肃	县 1	7	229
	县 2	6	
	县 3	11	
	县 4	7	
	县 5	7	
	县 6	20	
	县 7	12	
	县 8	11	
	县 9	15	
	县 10	10	

续表

省份	县	数量	各省份总计
甘肃	县 11	15	229
	县 12	1	
	县 13	12	
	县 14	10	
	县 15	11	
	县 16	11	
	县 17	14	
	县 18	8	
	县 19	13	
	县 20	15	
	县 21	13	
陕西	县 22	24	32
	县 23	8	
青海	县 24	13	39
	县 25	9	
	县 26	13	
	县 27	4	
总计			300

具体到学校的基本情况，我们也收集了相关的数据（如表 2-2）。样本学校（1~6 年级都有，但包括九年制学校）的平均规模在 200 人左右，这与我们项目的设计初衷一致。学校规模太大，干预的经费和干预的效果都很难达到预期的；学校规模太小，将影响项目推广的可行性。从学校的师资水平来看，3 省份平均的师生比在 1：15 以上。从学校的服务半径来看，平均每 4 个村对应 1 所样本学校。随着学校布局调整的进行，小学阶段已经出现了寄宿的学生，但是样本学校中有食堂的学校比例仅为 22%。

表 2 - 2　样本学校的基本情况

指标	总样本	甘肃	青海	陕西	控制组	干预组
学校平均规模（人）	210	214	191	199	204	211
学校平均教师数（人）	13	14	11	13	14	13
学校平均寄宿生数（人）	15	15	19	11	14	15
学校平均服务半径（村）	4	5	3	5	4.2	4.6
2011 年上学期学校平均收入（元）	53940.87	54531.96	53223.16	50581.67	46360.99	56055.44
2011 年下学期学校平均支出（元）	55207.22	57545.94	44295.12	52281.44	60605.01	53698.66
有食堂的学校比例（%）	22.00	21.83	15.38	31.25	23.98	21.70

校长激励作为一个行动得到研究，主要是通过评价对校长的激励促进他们改善学生的身体健康状况和学业表现的影响实现的。因此我们也对校长进行了访谈，收集了校长的基本信息和对营养知识的了解情况，其中后者是我们实施干预的关键信息。

具体而言，样本学校校长的年龄在 40 岁左右，正处于青壮年阶段，他们的平均学历为 15 年，相当于大专的水平。并且拥有丰富的教学经验（平均教龄为 20 年）。在这些样本中，有 11% 的校长是少数民族，主要集中在青海，分别为回族、撒拉族和藏族（见表 2 - 3）。从校长对营养知识的了解情况来看，将近 63% 的校长认为学生的营养健康是他们学校最大的问题，但是仅有 37% 的校长认为营养健康会影响学生的成绩。关于贫血的问题，平均来说，98% 的校长都听说过贫血，然而承认贫血在其学校普遍存在的校长仅有 6.3%。能够正确回答儿童贫血主要原因的校长不足 50%，至于能够正确回答如何治疗贫血的校长比例仅为 5%（如表 2 - 4 所示）。从调查数据可见，样本学校校长普遍缺乏营养方面的知识，同时更为关键的是校长们不认为贫血是普遍存在的问题，以及由此导致的营养缺乏会影响到学生的学业表现。

表 2-3　校长的基本情况

指标	总样本	甘肃	青海	陕西	控制组	干预组
校长平均年龄（岁）	41.13	41.20	42.56	38.88	40.40	41.33
少数民族校长的比例（%）	11.00	5.68	48.72	3.13	12.31	10.64
校长的平均学历（年）	14.80	14.70	14.90	15.44	14.91	14.77
校长的平均教龄（年）	20.72	20.74	21.87	19.13	19.95	20.93

表 2-4　校长对学生营养健康知识的了解程度

单位：%

指标	总样本	甘肃	青海	陕西	控制组	干预组
校长认为营养健康是学校最大问题的比例	62.63	64.03	54.21	62.65	59.94	63.38
校长认为营养健康影响学生成绩的比例	36.67	33.62	53.85	37.50	36.92	36.60
校长听说过贫血的比例	97.64	97.80	94.74	100	98.41	97.44
校长认为贫血在该校是普遍现象的比例	6.30	5.79	8.02	8.73	11.49	4.93
校长能够正确回答儿童贫血主要原因的比例	42.34	39.86	57.07	42.82	51.03	40.19
校长能够正确如何回答治疗贫血的比例	4.84	3.46	12.51	6.52	7.27	4.19

3. 样本学生及其家庭的基本特征

评估调查在基线调查的基础上追踪到 19991 名学生样本，其中包括甘肃 15714 名学生样本、青海 2493 名学生样本、陕西 1784 名学生样本（详细见表 2-5）。

在进行问卷调查的过程中，我们选取的样本为四年级和五年级的学生，他们的平均年龄为 11 岁。平均而言有 12.05% 的学生为少数民族，这些学生主要来自青海和甘肃，其中青海的少数民族学生多为回族、撒拉族和藏族，甘肃的少数民族学生则主要是回族。女生的比例略少于男生，这与国家统计局 2012 年公布的男女性别比例一致，也反映了本研究项目的样本具有代表性。平均而言，样本学校还存在 7.40% 的寄宿

表 2 – 5 样本学生的分布

单位：人

省份	县	数量	各省份总计
甘肃	县 1	448	15714
	县 2	364	
	县 3	802	
	县 4	451	
	县 5	460	
	县 6	1402	
	县 7	936	
	县 8	761	
	县 9	914	
	县 10	652	
	县 11	1097	
	县 12	120	
	县 13	828	
	县 14	637	
	县 15	897	
	县 16	710	
	县 17	1146	
	县 18	491	
	县 19	687	
	县 20	994	
	县 21	917	
陕西	县 22	1242	1784
	县 23	542	
青海	县 24	886	2493
	县 25	450	
	县 26	941	
	县 27	216	
总计			19991

生。此外，存在留守儿童也是目前农村学生的重要特征，本章讨论的留守儿童是指父母至少有一方全年外出务工6个月以上的儿童，样本数据显示有一半以上的学生是留守儿童，陕西留守儿童的比例更是达到了62.22%（见表2-6）。

表2-6 学生的基本特征

指标	总样本	甘肃	青海	陕西	控制组	干预组
学生的平均年龄（月）	130.93	131.08	131.41	128.90	131.22	130.85
少数民族学生的比例（%）	12.05	6.29	56.48	0.73	14.59	11.38
女生的比例（%）	48.96	49.23	47.37	48.82	48.90	48.98
寄宿生的比例（%）	7.40	7.11	9.55	6.89	5.92	7.79
留守儿童的比例（%）	54.71	53.82	54.99	62.22	53.92	54.93

从学生家庭的基本情况来看，样本学生家庭平均有5人，家庭平均资产在万元以上（需要注意的是，此处的家庭资产是家庭固定资产的折算，并不是家庭的收入）。父亲的平均受教育年限是7年，而母亲的仅为5年（见表2-7），相当于还没有小学毕业。事实上，我们在实地调研的过程中发现，很多学生的母亲甚至不识字。

表2-7 学生家庭基本情况

指标	总样本	甘肃	青海	陕西	控制组	干预组
家庭平均人口（人）	5.31	5.34	5.31	4.96	5.31	5.30
家庭平均资产（万元）	1.26	1.19	1.94	0.91	1.41	1.22
父亲的平均受教育年限（年）	7.28	7.30	6.96	7.58	7.25	7.29
母亲平均受教育年限（年）	5.10	5.06	4.44	6.37	5.09	5.10

4. 主要变量的选择

（1）血红蛋白水平。缺铁性贫血在世界范围内广泛存在，尤其是在发展中国家（Yip，2001）。血红蛋白是人体血液中红细胞生成的主要物质，人体红细胞更新的平均周期是120天，因此干预的时间要超过4

个月，如此干预措施才可能对人体的血红蛋白水平产生影响。测量贫血主要就是测量人体血液中血红细胞的数量，通过血红蛋白水平反映出来，正常人体的血红蛋白水平在 120 ~ 160g/L（Maclure et al.，1990）。按照世界卫生组织的标准，6 ~ 11 岁孩子的血红蛋白水平低于 115g/L，为贫血；12 ~ 14 岁孩子的血红蛋白水平低于 120g/L，即为贫血（Gleason et al.，2007）。本章的样本学生来自样本学校四年级和五年级，他们的年龄分布在 9 和 14 岁之间。按照保守估计，本章中统一以学生血红蛋白水平为 120g/L 作为评价他是否贫血的标准。

西安交通大学医学院作为合作方之一，首先培训专业的护士正确使用"HemoCue HB 201 + 测试仪"（这个仪器的优势在于比较轻便，能够在调查现场快速直接获取准确度相对较高的血红蛋白数据），经过一周理论培训和实际操作后，在干预前和干预后对学生进行血红蛋白水平的检测，通过学生体检表分别收集学生的血红蛋白水平数据。

（2）标准化数学和语文考试成绩。根据我们研究团队以往的营养健康项目经验，在收据数据的过程中，虽然从学校可以获得学生每个学期期中和期末考试的成绩，但是各个学校考试的难易程度不同，老师的评分标准也不统一。因此，依据各所学校现有的考试成绩作为因变量难以对样本学校学生的干预效果情况进行准确的比较和评估。

在国际数学与科学趋势研究项目（TIMSS）的基础上，研究团队建立农村小学生数学和语文能力测试标准化考试题库。国际数学与科学趋势研究项目是由国际教育成就评估协会发起和组织的研究项目，起始于 20 世纪 60 年代，70 年代、80 年代、90 年代以及 21 世纪初都曾组织十多个国家进行国际数学和科学测评，其中包括对四年级学生数学能力的测试（一帆，2011）。

为了检测标准化测试的准确性，调查开始前，我们会在一些与样本学校相似的农村小学进行试调查，测试学生考试使用的时间和成绩分布，并据此调整标准化考试的难易程度，以适应样本地区学生的能力。在实际操作过程中，学生考试的监考人员由经我们培训过的调查员担任。为了防止抄袭现象，我们分别设计了数学 A 卷和 B 卷，以及语文 A 卷和 B 卷，保证每一个学生与其周围最近学生考的试卷类型不同，目的是获得准确的学生学业表现信息。

我们将学生考试的答案录入 EXCEL，用 Stata 按照正确的答案对学生的考试结果进行阅卷。在对标准化数学和语文考试的成绩处理上，为了获得学生成绩相对准确和公平的变化，我们将原始考试分数转化为标准分，以便更合理地判定学生的学业表现。标准分也称为 Z 分数，以标准差为单位表示一个分数在整体中所处的相对位次。标准分等于原始分数与平均分之差除以标准差而获得的商数。标准分可正可负，亦可等于 0。大于 0 的标准分表明原始分数高于平均分，等于 0 意味着原始分数等于平均分，小于 0 说明原始分数低于平均分。例如，如果一个学生的数学标准分是 0.4，就是说这个学生的数学原始分数比平均分高出 0.4 个标准差。

（3）学生的性别和年龄是基本的控制变量。2010 年小学寄宿生人数达到 1038 万人，占小学生总数的 10.4%（教育部，2010）。Luo 等（2009）的研究表明，农村小学简陋的食堂设施和缺乏专职人员的宿舍管理方式无法满足学生身体发育的需求，致使寄宿生的年龄别身高显著低于非寄宿生，因此本章将学生寄宿与否也纳入控制变量的范围。在 300 个学校样本中，有 12.5% 的少数民族学生，他们在生活上尤其是在饮食习惯上有一些禁忌，所以营养干预方案的实施可能也会受到民族的影响。

各种研究中对留守儿童的界定不尽相同。叶敬忠等（2005）定义的留守儿童是指农村地区因父母双方或一方长期在外打工而被交由父母一方或长辈、他人来抚养、教育和管理的儿童。也有学者认为只有父母双方都外出打工的才算作留守儿童（周福林等，2006）。至于父母外出的时间长度，2000 年人口普查以及此后的有关调查都以半年为界定流动人口的时间参考长度（周福林等，2006）。因此，本章中的留守儿童被界定为父母全年外出时间至少半年的儿童。2009 年，在对陕西和宁夏的随机抽样调查中发现，学生父母都外出的比例是 6%，父母有一方外出的比例是 25%（陈欣欣等，2009）。2010 年，对陕西 10 个县 1623 名学生的调查显示，父母都外出的学生比例是 14.8%，父母有一方外出的比例是 30.4%（常芳等，2013）。本次调查数据显示（2011 年），父母都外出的学生比例为 19%，父母有一方外出的比例为 54.7%。这也预示着，未来农村学生父母外出的比例还将增加。因此这些学生的营养健康问题需要得到更多的关注。

在学生的家庭层面，鉴于 Cochrane 等（1982）的研究中提到受教育水平越高的父母越能养育出营养健康水平高的小孩，所以研究中控制了父母的教育程度对学生身体健康的影响。除此以外，家庭收入也可能影响到学生的健康，并且父母是否外出与家庭收入存在相关关系（李强等，2012），所以将学生家庭收入也作为控制变量。但是相对准确的收入数据很难获得，本章研究收集到了学生家庭资产构成，将其转换成学生家庭资产的货币形式，一定程度上反映了学生家庭的贫富程度。

干预活动的开展是通过对校长的激励，促使校长采取改善学生营养和身体健康的行动，从而获得干预的效果。因此本章中控制了校长的年龄、教龄和学历等个人基本信息（Sylvia et al.，2013）。鉴于有 11% 的校长是少数民族，因此将是否少数民族也作为一个校长层面的控制变量。

（三）不同干预类型下学生的血红蛋白水平及学业表现情况

作为一个行动干预项目，基线调查访问到的学生，在评估调查的阶段可能有生病、转学等行为，从而导致丢失一部分样本。详细的样本分布见表 2-8。

基线调查数据显示（见表 2-9），样本学生平均的血红蛋白水平为 127.07g/L，大补贴的样本学校学生和小补贴的样本学生平均的血红蛋白水平没有显著差异。按照干预的类型划分的结果显示，在考试激励的学生样本和双重激励的学生样本中，大补贴的学校学生平均血红蛋白水平显著高于小补贴的学校。控制组的小补贴学校学生平均血红蛋白水平

表 2 - 8　基线调查与评估调查时学生样本分布

单位：所，人

类型		学校数	基线调查学生数	基线调查体检学生数	评估调查学生数	评估调查体检学生数
总样本		300	21103	13980	19991	13975
按省份分类	甘肃	229	16550	10755	15714	10750
	青海	39	2668	1765	2493	1765
	陕西	32	1885	1460	1784	1460
按补贴大小分类	小补贴	150	10624	7012	10090	7009
	大补贴	150	10479	6968	9901	6966
按干预与否分类	贫血小激励	40	2983	1867	2846	1867
	贫血大激励	65	4678	3076	4456	3074
	考试激励	65	4400	2990	4108	2989
	双重激励	65	4607	3045	4393	3045
	控制组	65	4435	3002	4188	3000

表 2 - 9　干预组和控制组基线调查结果中大补贴组与小补贴组样本学校学生的贫血情况比较

单位：g/L，%，个百分点

类型			总样本	大补贴	小补贴	大补贴和小补贴之间的差异
血红蛋白水平	总样本		127.07	127.18	126.95	0.23 (1.11)
	按干预与否划分	贫血小激励	127.22	126.84	127.61	1.11 (−1.40)
		贫血大激励	126.44	126.56	126.33	0.23 (0.52)
		考试激励	126.80	127.46	126.12	1.34 *** (3.09)
		双重激励	127.24	127.66	126.83	0.84 * (1.86)
		控制组	127.70	127.26	128.14	−0.88 ** (−2.02)

类型		总样本	大补贴	小补贴	大补贴和小补贴之间的差异
	总样本	25.85	25.27	26.44	−1.17 （−1.58）
贫血率 按干预与否划分	贫血小激励	25.01	26.02	24.01	2.01 （1.00）
	贫血大激励	28.27	27.66	28.85	−1.19 （−0.73）
	考试激励	25.76	24.49	27.07	−2.59 （−1.61）
	双重激励	26.27	25.03	27.49	−2.45 （−1.54）
	控制组	23.57	23.40	23.74	−0.34 （−0.22）

注：括号内为 t 值；***、** 和 * 分别代表 1%、5% 和 10% 的显著性水平。

也显著高于大补贴学校学生平均血红蛋白水平。其他分组的学生血红蛋白水平在大补贴和小补贴之间并没有显著差异。300 所学校平均的贫血率为 25.85%，对于各个干预类型，在大补贴与小补贴之间，样本学校学生贫血率并没有显著差异。这也反映出了现阶段西北贫困地区农村小学生的贫血率比较高，他们的营养健康存在很大的问题。

此外，分别按照性别、民族、寄宿与否和是否留守儿童比较样本学校学生的血红蛋白水平和贫血率。

从性别的角度看，表 2 - 10 中的统计结果显示，样本学校女生的平均血红蛋白水平为 126.52g/L，显著低于男生平均的血红蛋白水平 127.60g/L（t 值 = 5.30）。从贫血率的角度来看，样本学校女生的平均贫血率为 27.47%，男生的平均贫血率为 24.29%，虽然男生的平均贫血率并不低，但是与女生相比，显著低于女生平均的贫血率 3.19 个百分点（t 值 = 4.31）。进一步印证了上述血红蛋白水平的分析结果。在干预和补贴类别的分组中也都显示无论是从血红蛋白水平还是从贫血率来看,女生的健康状况都要比男生更差一些,可见西北地区农村小学女生的营养健康状况更加严重。

表2—10 干预组和控制组基线调查结果中不同性别学生的贫血情况比较

单位:g/L,%,个百分点

类型			女生	男生	女生和男生之间的差异
血红蛋白水平	按干预与否和补贴大小划分	总体	126.52	127.60	−1.08 *** (5.30)
		贫血小激励小补贴	126.30	127.38	−1.08 (−1.38)
		贫血小激励大补贴	126.95	128.26	−1.31 * (−1.69)
		贫血大激励小补贴	125.76	127.34	−1.58 ** (−2.50)
		贫血大激励大补贴	125.88	126.76	−0.88 (−1.43)
		考试激励小补贴	127.00	127.88	−0.87 (−1.43)
		考试激励大补贴	125.69	126.50	−0.82 (−1.29)
		双重激励小补贴	127.61	127.71	−0.11 (−0.17)
		双重激励大补贴	126.15	127.52	−1.37 ** (2.17)
		控制组小补贴	126.34	128.14	−1.80 *** (−3.04)
		控制组大补贴	127.57	128.71	−1.14 * (−1.78)
贫血率	按干预与否和补贴大小划分	总体	27.47	24.29	3.19 *** (4.31)
		贫血小激励小补贴	26.89	25.11	1.78 (0.62)
		贫血小激励大补贴	25.00	23.03	1.97 (0.70)
		贫血大激励小补贴	30.66	24.74	5.92 ** (2.57)

类型			女生	男生	女生和男生之间的差异
贫血率	按干预与否和补贴大小划分	贫血大激励大补贴	29.71	28.04	1.68 (0.73)
		考试激励小补贴	25.52	23.55	1.97 * (0.89)
		考试激励大补贴	28.55	25.74	2.81 (1.21)
		双重激励小补贴	26.12	23.99	2.13 (0.95)
		双重激励大补贴	29.41	25.50	3.92 * (1.72)
		控制组小补贴	25.55	21.34	4.21 * (1.92)
		控制组大补贴	26.01	21.50	4.50 ** (2.05)

注：括号内为 t 值；*** 、** 和 * 分别代表 1%、5% 和 10% 的显著性水平。

从民族的角度来看，样本分布地区包含很多少数民族的学生，因此也对少数民族和汉族学生的营养状况进行对比。结果发现，少数民族学生的平均血红蛋白水平为 128.18g/L，高于汉族学生的平均血红蛋白水平 126.91g/L（如表 2－11 所示）。从样本学校贫血率的绝对值上看，少数民族学生的平均贫血率为 24.30%，汉族学生的平均贫血率为 26.07%，虽然在统计上并不显著，但是从数据分布的趋势可以看到，汉族学生的贫血率更高。从干预和补贴组的分类情况来看，仍然是少数民族学生的平均血红蛋白水平高于汉族学生。

从寄宿的角度来看，如表 2－12 所示，非寄宿生平均的血红蛋白水平为 127.02g/L，显著低于寄宿平均的血红蛋白水平 127.72g/L（t 值 ＝ －1.69）。从贫血率角度来看，寄宿生的平均贫血率为 26.03%，高于非寄宿生的平均贫血率 25.84%。从干预和补贴组的分类来看，虽然各个组寄宿生平均的血红蛋白水平普遍高于非寄宿生，但是从贫血率来看，寄宿生的贫血率更高一些。

表 2 – 11　干预组和控制组基线调查结果中不同民族学生的贫血情况比较

单位：g/L，％，个百分点

		类型	少数民族学生	汉族学生	少数民族学生和汉族学生之间的差异
血红蛋白水平		总体	128.18	126.91	1.27 *** (4.08)
	按干预与否和补贴大小划分	贫血小激励小补贴	130.15	126.47	3.68 *** (2.83)
		贫血小激励大补贴	131.32	127.47	3.86 * (1.86)
		贫血大激励小补贴	126.41	126.57	0.16 (0.14)
		贫血大激励大补贴	125.94	126.36	− 0.42 (− 0.33)
		考试激励小补贴	128.00	127.37	0.63 (0.75)
		考试激励大补贴	126.63	126.03	0.60 (0.67)
		双重激励小补贴	129.31	127.27	2.04 ** (2.53)
		双重激励大补贴	126.72	126.83	− 0.11 (− 0.10)
		控制组小补贴	127.37	127.23	0.14 (0.20)
		控制组大补贴	133.88	127.62	6.26 *** (5.48)
贫血率		总体	24.30	26.07	1.77 (1.57)
	按干预与否和补贴大小划分	贫血小激励小补贴	20.43	26.63	− 6.20 (− 1.29)
		贫血小激励大补贴	20.59	24.14	− 3.55 (− 0.48)
		贫血大激励小补贴	26.32	27.79	− 1.48 (− 0.36)
		贫血大激励大补贴	29.13	28.84	0.29 (0.06)
		考试激励小补贴	25.00	24.40	0.60 (0.19)

续表

类型			少数民族学生	汉族学生	少数民族学生和汉族学生之间的差异
贫血率	按干预与否和补贴大小划分	考试激励大补贴	28.50	26.83	1.67 (0.51)
		双重激励小补贴	22.22	25.70	3.48 (1.22)
		双重激励大补贴	33.08	26.96	6.13 (1.51)
		控制组小补贴	22.80	23.59	0.78 (0.31)
		控制组大补贴	13.49	24.67	11.18 *** (2.83)

注：括号内为 t 值；***、** 和 * 分别代表 1%、5% 和 10% 的显著性水平。

表 2 - 12　干预组和控制组基线调查结果中寄宿生与非寄宿生的贫血情况比较

单位：g/L，%，个百分点

类型			非寄宿生	寄宿生	非寄宿生和寄宿生之间的差异
血红蛋白水平		总体	127.02	127.72	- 0.70 * (- 1.69)
	按干预与否和补贴大小划分	贫血小激励小补贴	126.55	129.94	- 3.38 ** (- 2.40)
		贫血小激励大补贴	127.51	128.43	- 0.92 (0.73)
		贫血大激励小补贴	126.53	127.16	- 0.63 (- 0.44)
		贫血大激励大补贴	126.26	128.02	- 1.75 (- 1.11)
		考试激励小补贴	127.69	125.29	2.40 ** (2.40)
		考试激励大补贴	126.13	125.65	0.49 (0.27)
		双重激励小补贴	127.61	128.10	0.49 (0.46)
		双重激励大补贴	126.66	129.45	- 2.79 ** (- 2.06)

续表

	类型		非寄宿生	寄宿生	非寄宿生和 寄宿生之间的差异
血红蛋白水平	按干预与否和补贴大小划分	控制组小补贴	127.15	128.98	-1.83 (-1.45)
		控制组大补贴	128.23	126.66	1.57 (1.11)
贫血率		总体	25.84	26.03	-0.18 (0.12)
	按干预与否和补贴大小划分	贫血小激励小补贴	26.99	15.38	11.60** (2.24)
		贫血小激励大补贴	24.52	19.80	4.72 (1.05)
		贫血大激励小补贴	27.48	31.17	-3.69 (-0.71)
		贫血大激励大补贴	29.11	22.58	6.53 (1.11)
		考试激励小补贴	23.19	36.49	-13.29*** (-3.59)
		考试激励大补贴	27.00	29.17	-2.16 (-0.33)
		双重激励小补贴	25.11	24.34	0.77 (0.21)
		双重激励大补贴	28.00	19.10	8.90* (1.83)
		控制组小补贴	23.17	26.97	-3.80 (-0.82)
		控制组大补贴	23.35	30.49	-7.14 (-1.48)

注：括号内为 t 值；***、** 和 * 分别代表 1%、5% 和 10% 的显著性水平。

从留守的角度来看，如表 2 - 13 所示，留守儿童学生的平均血红蛋白水平为 126.85g/L，显著低于非留守儿童学生的平均水平 127.33g/L（t值 =2.30），二者的差异在学生的平均贫血率上也可以反映出来，留守儿童学生的平均贫血率是 26.79%，显著高于非留守儿童学生 2.06 个百分点

（t 值 = - 2.78）。干预和补贴的各组分类基线调查结果也显示，留守儿童学生无论是平均血红蛋白水平还是平均贫血率都比非留守儿童学生更差。

表 2 - 13 干预组和控制组基线调查结果中留守与
非留守儿童学生的贫血情况比较

单位：g/L，%，个百分点

类型			非留守儿童学生	留守儿童学生	非留守儿童学生和留守儿童学生之间的差异
血红蛋白水平	按干预与否和补贴大小划分	总体	127.33	126.85	0.47 ** （2.30）
		贫血小激励小补贴	127.59	126.26	1.34 * （1.69）
		贫血小激励大补贴	127.59	127.62	- 0.03 （- 0.04）
		贫血大激励小补贴	126.84	126.32	0.52 （0.81）
		贫血大激励大补贴	125.85	126.74	- 0.89 （- 1.45）
		考试激励小补贴	127.96	127.04	0.92 （1.54）
		考试激励大补贴	125.62	126.49	- 0.87 （- 1.36）
		双重激励小补贴	127.57	127.75	- 0.18 （- 0.28）
		双重激励大补贴	128.00	126.07	1.94 *** （3.00）
		控制组小补贴	128.29	126.28	2.01 *** （3.39）
		控制组大补贴	128.10	128.18	0.08 （0.12）
贫血率	按干预与否和补贴大小划分	总体	24.72	26.79	- 2.06 *** （- 2.78）
		贫血小激励小补贴	26.12	25.94	0.18 （0.06）
		贫血小激励大补贴	22.44	25.47	- 3.02 （- 1.08）

类型			非留守 儿童学生	留守儿童学生	非留守儿童学生和 留守儿童学生之间的差异
贫血率	按干预与否和补贴大小划分	贫血大激励小补贴	27.13	28.12	-0.99 (-0.43)
		贫血大激励大补贴	30.39	27.53	2.85 (1.24)
		考试激励小补贴	21.76	26.79	-5.03 ** (-2.27)
		考试激励大补贴	26.36	27.61	-1.25 (-0.53)
		双重激励小补贴	26.05	24.06	1.99 (0.89)
		双重激励大补贴	24.21	29.59	-5.38 ** (-2.31)
		控制组小补贴	20.19	26.47	-6.28 *** (-2.88)
		控制组大补贴	22.29	24.88	-2.59 (-1.17)

注：括号内为 t 值；*** 、** 和 * 分别代表 1%、5% 和 10% 的显著性水平。

表 2－14 显示了评估调查数据，其中样本学生平均的血红蛋白水平为 130.70g/L，大补贴的样本学校学生和小补贴的样本学生平均的血红蛋白水平有显著差异（t 值 = -2.32），获得大补贴学校的学生平均血红蛋白水平更高。按照干预类型划分的各组结果显示，大补贴学校学生的血红蛋白水平几乎都高于小补贴学校学生的血红蛋白水平。相应的，大补贴学校学生的平均贫血率显著低于小补贴学校学生的平均贫血率。基于表 2－14 的描述统计结果可以初步判断对学校进行大补贴相比给学校进行小补贴在提高学生的血红蛋白水平、降低贫血率方面效果更好。

按照样本学校的学生性别、民族、寄宿和留守情况基于评估调查的数据比较学生的血红蛋白水平和贫血率。

表 2 – 14　干预组和控制组评估调查结果中大补贴组与
小补贴组样本学校学生的贫血情况比较

单位：g/L，%，个百分点

类型			总样本	小补贴	大补贴	小补贴和大补贴之间的差异
血红蛋白水平		总样本	130.70	130.47	130.92	– 0.45 ** （– 2.32）
	按干预与否划分	贫血小激励	131.08	130.88	131.28	– 0.40 （0.74）
		贫血大激励	130.08	129.69	130.48	– 0.78 ** （– 1.99）
		考试激励	130.36	130.57	130.16	0.40 （0.93）
		双重激励	131.32	131.28	131.36	– 0.09 （– 0.20）
		控制组	130.79	130.11	131.48	– 1.37 *** （– 3.24）
贫血率		总样本	16.15	16.89	15.40	1.49 ** （2.39）
	按干预与否划分	贫血小激励	16.50	15.86	17.13	– 1.27 （0.74）
		贫血大激励	16.23	17.53	14.89	2.64 ** （1.99）
		考试激励	17.40	16.80	17.97	– 1.17 （– 0.84）
		双重激励	14.75	15.59	13.88	1.72 （1.34）
		控制组	16.03	18.28	13.77	4.51 *** （3.38）

注：括号内为 t 值；***、** 和 * 分别代表 1%、5% 和 10% 的显著性水平。

　　从性别角度看，表 2 – 15 中的统计结果显示，样本学校女生的平均血红蛋白水平为 129.96g/L，男生平均的血红蛋白水平为 131.41g/L，与基线调查时相比，二者都有所提高，但是男生的平均血红蛋白水平仍然显著高于女生的平均水平（t 值 = 7.39）。从贫血率的角度来看，男生的平均贫血率为 14.67%，女生的平均贫血率为 17.68%，二者比基

表2-15　干预组和控制组评估调查结果中不同性别学生贫血情况比较

单位：g/L，％，个百分点

类型			女生	男生	女生和男生之间的差异
血红蛋白水平		总体	129.96	131.41	-1.44 *** (7.39)
	按干预与否和补贴大小划分	贫血小激励小补贴	130.92	131.66	-0.74 (-0.94)
		贫血小激励大补贴	130.17	131.59	-1.42 * (-1.85)
		贫血大激励小补贴	129.72	131.22	-1.51 *** (-2.72)
		贫血大激励大补贴	128.92	130.43	-1.51 *** (-2.69)
		考试激励小补贴	128.91	131.31	-2.40 *** (-3.94)
		考试激励大补贴	130.08	131.00	-0.92 (-1.49)
		双重激励小补贴	130.79	131.92	-1.12 * (-1.91)
		双重激励大补贴	130.47	132.12	-1.65 *** (-2.81)
		控制组小补贴	130.79	132.15	-1.37 ** (-2.29)
		控制组大补贴	129.31	130.89	-1.58 *** (-2.62)
贫血率		总体	17.68	14.67	3.01 *** (4.84)
	按干预与否和补贴大小划分	贫血小激励小补贴	17.86	16.38	1.48 (0.60)
		贫血小激励大补贴	17.46	14.29	3.17 (1.33)
		贫血大激励小补贴	17.00	12.83	4.17 (2.28)
		贫血大激励大补贴	19.11	16.02	3.09 (1.61)
		考试激励小补贴	21.79	14.48	7.31 *** (3.72)

续表

类型		女生	男生	女生和男生之间的差异
	考试激励大补贴	17.50	16.17	1.33 (0.68)
	双重激励小补贴	15.02	12.78	2.24 (1.26)
贫血率 按干预与否和补贴大小划分	双重激励大补贴	16.11	15.06	1.05 (0.57)
	控制组小补贴	14.62	12.96	1.66 (0.93)
	控制组大补贴	20.38	16.23	4.15 ** (2.08)

注：括号内为 t 值；***、**和*分别代表 1%、5%和 10%的显著性水平。

线调查时都降低了近 10 个百分点。但是男生的平均贫血率仍然显著高于女生的平均贫血率 3.01 个百分点（t 值 = 4.84）。干预和补贴分组的结果也印证了女生健康的改善以及与男生健康状况的差距。从统计性描述分析的结果可见，给予学校一定的补贴，能够改善学生的贫血状况，但是女生的健康仍然需要关注。

从民族视角看，表 2 - 16 中的统计结果显示，少数民族学生的平均血红蛋白水平为 129.82g/L，汉族学生的平均血红蛋白水平为 130.82g/L，较基线调查都有所提高。虽然汉族学生的血红蛋白水平提高得更多，但是评估调查结果显示，少数民族学生的平均血红蛋白水平仍然显著高于汉族学生平均的血红蛋白水平（t 值 = - 3.35）。从样本学校学生贫血率来看，少数民族学生的平均贫血率为 17.86%，相比基线调查的结果减少了 6.44 个百分点；汉族学生的平均贫血率为 15.91%，比基线的贫血率减少了 10.16 个百分点。可见，评估调查的结果与基线调查有所不同，汉族学生的平均贫血率显著低于少数民族学生的平均贫血率（t 值 = 2.05）。

从寄宿角度看，如表 2 - 17 所示，非寄宿生和寄宿生评估调查时的平均血红蛋白水平都比基线调查时高。评估调查中非寄宿生平均的血红蛋白水平为 130.66g/L，寄宿生平均的血红蛋白水平为 131.27g/L，二

表 2 - 16 干预组和控制组评估调查结果中不同民族学生的贫血情况比较

单位：g/L，%，个百分点

类型		少数民族学生	汉族学生	少数民族学生和汉族学生之间的差异
血红蛋白水平	总体	129.82	130.82	- 1.00 *** (- 3.35)
	贫血小激励小补贴	129.14	131.52	- 2.38 * (- 1.82)
	贫血小激励大补贴	136.26	130.68	5.59 *** (2.73)
	贫血大激励小补贴	128.20	130.70	- 2.50 ** (- 2.56)
	贫血大激励大补贴	127.77	129.83	- 2.06 * (- 1.82)
	考试激励小补贴	128.66	130.42	- 1.75 ** (- 2.02)
	考试激励大补贴	130.08	130.65	- 0.57 (- 0.65)
	双重激励小补贴	130.91	131.47	- 0.57 (- 0.76)
	双重激励大补贴	129.40	131.46	- 2.06 * (- 1.97)
	控制组小补贴	129.43	132.14	- 2.71 *** (- 3.92)
	控制组大补贴	132.67	129.87	2.79 ** (2.57)
贫血率	总体	17.86	15.91	1.94 ** (2.05)
	贫血小激励小补贴	18.28	17.00	1.28 (0.31)
	贫血小激励大补贴	5.88	16.24	- 10.36 (- 1.62)
	贫血大激励小补贴	18.80	14.51	4.28 (1.32)
	贫血大激励大补贴	20.39	17.33	3.06 (0.79)
	考试激励小补贴	20.00	17.63	2.37 (0.85)

（血红蛋白水平行按干预与否和补贴大小划分；贫血率行按干预与否和补贴大小划分）

续表

	类型		少数民族学生	汉族学生	少数民族学生和汉族学生之间的差异
贫血率	按干预与否和补贴大小划分	考试激励大补贴	20.09	16.24	3.85* (1.89)
		双重激励小补贴	15.63	13.46	2.16 (0.95)
		双重激励大补贴	18.05	15.36	2.68 (0.81)
		控制组小补贴	18.13	12.37	5.76*** (2.78)
		控制组大补贴	14.29	18.65	-4.36 (-1.21)

注：括号内为 t 值；***、** 和 * 分别代表 1%、5% 和 10% 上的显著性水平。

者没有显著差异（t 值 = -1.57）。从贫血率角度来看，非寄宿生的平均贫血率为 16.36%，显著高于寄宿生的平均贫血率 13.17%，并且寄宿生的平均贫血率相比基线调查时降低了 12.86 个百分点。从干预和补贴的各分组情况来看，寄宿生贫血状况的改善好于非寄宿生。

表 2-17　干预组和控制组评估调查结果中寄宿与非寄宿生的贫血情况比较

单位：g/L，%，个百分点

	类型		非寄宿生	寄宿生	非寄宿生和寄宿生之间的差异
血红蛋白水平		总体	130.66	131.27	-0.62 (-1.57)
	按干预与否和补贴大小划分	贫血小激励小补贴	130.86	136.00	-5.14*** (-3.65)
		贫血小激励大补贴	131.09	129.17	1.92 (1.55)
		贫血大激励小补贴	130.46	130.75	-0.29 (-0.23)
		贫血大激励大补贴	129.59	132.19	2.60* (1.81)
		考试激励小补贴	130.21	129.74	0.47 (0.46)

	类型		非寄宿生	寄宿生	非寄宿生和 寄宿生之间的差异
血红蛋白水平	按干预与否和补贴大小划分	考试激励大补贴	130.58	130.23	0.35 (0.20)
		双重激励小补贴	131.09	133.82	2.73*** (2.80)
		双重激励大补贴	131.41	129.20	2.20* (1.75)
		控制组小补贴	131.50	131.28	0.21 (0.17)
		控制组大补贴	130.11	130.06	0.05 (0.04)
贫血率		总体	16.36	13.17	3.18** (2.55)
	按干预与否和补贴大小划分	贫血小激励小补贴	17.99	7.69	10.30** (2.32)
		贫血小激励大补贴	15.99	14.85	1.13 (0.29)
		贫血大激励小补贴	14.78	16.88	-2.10 (-0.50)
		贫血大激励大补贴	17.85	9.68	8.18* (1.66)
		考试激励小补贴	18.09	16.89	1.20 (0.36)
		考试激励大补贴	17.02	10.42	6.60 (1.20)
		双重激励小补贴	14.62	7.24	7.39** (2.50)
		双重激励大补贴	15.52	16.85	-1.34 (-0.34)
		控制组小补贴	13.93	11.24	2.69 (0.72)
		控制组大补贴	18.21	19.51	-1.30 (-0.30)

注：括号内为 t 值；***、** 和 * 分别代表 1%、5% 和 10% 的显著性水平。

　　从留守角度看，如表 2 - 18 所示，虽然留守儿童学生和非留守儿童学生的平均血红蛋白水平都比基线调查时有所增加，但是留守儿童学生的平均血红蛋白水平为 130.46g/L，仍然显著低于非留守儿童学生的平均水平 130.98g/L（t 值 = 2.63）。此外，二者在平均贫血率上的高低情况也与基线调查结果一致，评估调查结果显示，非留守儿童学生的平均贫血率为 14.86%，显著低于留守儿童学生的平均贫血率 17.22%（t 值 = 3.77）。干预和补贴的各组分类的结果也与上述分析类似。

表 2 - 18　干预组和控制组评估调查结果中留守与
非留守儿童学生的贫血情况比较

单位：g/L，%，个百分点

类型			非留守儿童学生	留守儿童学生	非留守儿童学生和留守儿童学生之间的差异
	总体		130.98	130.46	0.52 ***（2.63）
血红蛋白水平	按干预与否和补贴大小划分	贫血小激励小补贴	132.03	130.72	1.31 *（1.66）
		贫血小激励大补贴	131.04	130.74	0.30（0.39）
		贫血大激励小补贴	131.20	129.86	1.34 **（2.42）
		贫血大激励大补贴	128.61	130.62	- 2.01 ***（- 3.58）
		考试激励小补贴	130.04	130.26	- 0.22（- 0.36）
		考试激励大补贴	130.69	130.48	0.21（0.34）
		双重激励小补贴	132.01	130.74	1.27 **（2.51）
		双重激励大补贴	132.12	130.74	1.38 **（2.29）
		控制组小补贴	132.23	130.76	1.47 **（2.48）
		控制组大补贴	130.34	129.92	0.42（0.69）

续表

类型		非留守儿童学生	留守儿童学生	非留守儿童学生和留守儿童学生之间的差异
	总体	14.86	17.22	2.36 *** (3.77)
贫血率 按干预与否和补贴大小划分	贫血小激励小补贴	16.92	17.29	-0.38 (-0.15)
	贫血小激励大补贴	14.22	17.39	-3.17 (-1.32)
	贫血大激励小补贴	12.55	16.87	-4.32 *** (-2.35)
	贫血大激励大补贴	19.06	16.21	2.85 (1.48)
	考试激励小补贴	18.01	17.94	0.07 (0.04)
	考试激励大补贴	15.34	17.89	-2.56 (-1.30)
	双重激励小补贴	11.67	15.99	-4.33 ** (-2.43)
	双重激励大补贴	13.10	17.20	-4.10 ** (-2.17)
	控制组小补贴	10.37	17.04	-6.67 *** (3.76)
	控制组大补贴	18.22	18.33	-0.11 (0.05)

注：括号内为 t 值；*** 、** 和 * 分别代表 1%、5% 和 10% 的显著性水平。

上文分别根据基线调查和评估调查的数据对样本学生的血红蛋白水平和贫血率进行了统计描述。表 2-19 和表 2-20 所示显示了评估调查结果与基线调查结果的差异，对评估调查数据和基线调查数据进行差分，可以看到，无论是总体还是按照补贴、性别、民族、寄宿与否和是否留守儿童分类，样本学生平均的血红蛋白水平都提高了，贫血率都下降了。在总样本中，获得大补贴学校的学生平均血红蛋白水平提高了 3.74g/L，高于获得小补贴学校学生（3.52g/L）。同样，在总样本中，男生的平均血红蛋白水平提高的程度高于女生；汉族学生提高的程度高于少数民族学生；非寄宿生高于寄宿生；非留守儿童学生高于留守儿童

表 2 - 19　干预组和控制组基线和评估调查结果中的贫血情况比较（1）

单位：g/L，个百分点

类型			总样本之间的差异	小补贴的差异	大补贴的差异	女生的差异	男生的差异
血红蛋白水平		总样本	3.63	3.52	3.74	3.45	3.81
	按干预与否划分	贫血小激励	3.86	3.27	4.45	3.93	3.80
		贫血大激励	3.64	3.36	3.92	3.50	3.77
		考试激励	3.56	4.45	2.70	3.13	3.96
		双重激励	4.08	4.45	3.70	3.77	4.40
		控制组	3.09	1.97	4.22	3.08	3.10
贫血率		总样本	-9.70	-9.54	-9.86	-9.79	-9.62
	按干预与否划分	贫血小激励	-8.52	-8.15	-8.89	-8.30	-8.74
		贫血大激励	-12.04	-11.32	-12.77	-12.11	-11.96
		考试激励	-8.36	-10.27	-6.52	-7.31	-9.32
		双重激励	-11.53	-11.89	-11.16	-12.23	-10.83
		控制组	-7.53	-5.45	-9.63	-8.25	-6.83

学生。从贫血率来看，总样本的平均贫血率降低了近10%。获得大补贴的学校学生平均贫血率降低的幅度大于获得小补贴的学校；女生的平均贫血率减少的幅度大于男生；少数民族学生的降幅小于汉族学生；寄

表 2 - 20　干预组和控制组基线和评估调查结果中的贫血情况比较（2）

单位：g/L，个百分点

类型			少数民族基线和评估的差异	汉族基线和评估的差异	非寄宿生基线和评估的差异	寄宿生基线和评估的差异	非留守儿童基线和评估的差异	留守儿童基线和评估的差异
血红蛋白水平		总样本	1.64	3.91	3.64	3.56	3.65	3.61
	按干预与否划分	贫血小激励	1.22	3.46	3.11	2.83	3.14	3.05
		贫血大激励	1.94	4.43	4.13	3.52	4.29	3.92
		考试激励	0.58	4.10	3.95	3.06	3.91	3.82
		双重激励	2.04	3.82	3.50	4.48	3.50	3.61
		控制组	1.80	3.79	3.63	3.86	3.55	3.71

续表

类型		少数民族基线和评估的差异	汉族基线和评估的差异	非寄宿生基线和评估的差异	寄宿生基线和评估的差异	非留守儿童基线和评估的差异	留守儿童基线和评估的差异
贫血率（%）	总样本	-6.44	-10.16	-9.48	-12.85	-9.86	-9.57
	贫血小激励	-8.05	-12.37	-11.96	-13.67	-12.91	-11.29
按干预与否划分	贫血大激励	-3.27	-8.37	-7.18	-13.45	-7.09	-7.92
	考试激励	-9.26	-11.89	-11.52	-11.62	-12.91	-10.44
	双重激励	-5.51	-8.74	-8.77	-6.15	-8.69	-8.37
	控制组	-6.68	-8.65	-7.59	-19.39	-7.20	-9.29

宿生的降幅大于非寄宿生；留守儿童学生的降幅小于非留守儿童学生。各个干预组的情况虽与各种类别的分组略有差异，但是总体的趋势也是平均的血红蛋白水平普遍提高，平均贫血率呈现下降的趋势。

本章研究中评价干预效果的另一个指标是学生的学业表现，即学生标准化数学和语文考试成绩。基线调查的结果如表 2 - 21 所示，从给学

表 2 - 21　干预组和控制组基线调查结果中大补贴组和
小补贴组样本学校学生学业表现的比较

类型		总样本	小补贴	大补贴	小补贴和大补贴之间的差异
标准化数学考试成绩	总样本	0.00	0.03	-0.00	0.04 * (1.93)
	贫血小激励	-0.01	0.00	-0.02	0.02 (0.35)
按干预与否划分	贫血大激励	0.02	0.07	-0.02	0.09 (2.22)
	考试激励	0.03	0.07	-0.01	0.07 (1.64)
	双重激励	0.01	0.01	0.02	-0.02 (-0.43)
	控制组	0.00	0.01	-0.01	0.02 (0.42)

类型		总样本	小补贴	大补贴	小补贴和大补贴之间的差异
标准化语文考试成绩	总样本	0.00	0.03	0.01	0.02 (1.04)
	按干预与否划分　贫血小激励	− 0.03	− 0.04	− 0.02	− 0.03 (0.43)
	贫血大激励	0.01	0.05	− 0.03	0.08 ** (2.03)
	考试激励	0.03	0.05	0.01	0.04 (0.90)
	双重激励	0.05	0.03	0.06	− 0.03 (− 0.77)
	控制组	0.02	0.04	0.01	0.02 (0.54)

注：括号内为 t 值；***、** 和 * 分别代表 1%、5% 和 10% 的显著性水平。

校的小补贴和大补贴的情况来看，小补贴学校学生的学习成绩更好一些。按照干预情况分组的结果与上述结论一致。

按照学生的性别进行分组，如表 2 - 22 所示，男生数学成绩的标准分是 0.11，显著高于女生的标准分 − 0.09（t 值 = − 9.78），而在语文成绩方面，女生的标准分是 0.05，男生的标准分是 − 0.004，女生显著好于男生（t 值 = 2.54）。按照干预类型和补贴的分组结果也显示，男生擅长数学的学习，而女生则在语文方面的成绩上更突出。

表 2 - 22　干预组和控制组基线调查结果中不同性别学生学业表现的比较

类型		女生	男生	女生和男生之间的差异
标准化数学考试成绩	总体	− 0.09	0.11	− 0.21 *** (− 9.78)
	按干预与否和补贴大小划分　贫血小激励小补贴	− 0.07	0.03	− 0.10 (− 1.37)
	贫血小激励大补贴	− 0.13	0.13	− 0.26 *** (− 3.45)
	贫血大激励小补贴	− 0.18	0.14	− 0.32 *** (− 5.45)

续表

类型			女生	男生	女生和男生之间的差异
标准化数学考试成绩	按干预与否和补贴大小划分	贫血大激励大补贴	- 0.06	0.18	- 0.24 *** (- 4.05)
		考试激励小补贴	- 0.13	0.11	- 0.24 *** (- 3.85)
		考试激励大补贴	- 0.03	0.16	- 0.19 *** (- 3.02)
		双重激励小补贴	- 0.01	0.05	- 0.05 (- 0.89)
		双重激励大补贴	- 0.09	0.09	- 0.18 *** (- 3.02)
		控制组小补贴	- 0.08	0.06	- 0.14 ** (- 2.23)
		控制组大补贴	- 0.09	0.11	- 0.20 *** (- 3.35)
标准化语文考试成绩		总体	0.05	- 0.004	0.05 ** (2.54)
	按干预与否和补贴大小划分	贫血小激励小补贴	- 0.05	0.02	- 0.08 (- 1.06)
		贫血小激励大补贴	- 0.03	- 0.05	- 0.02 (- 0.24)
		贫血大激励小补贴	- 0.01	- 0.05	- 0.04 (- 0.65)
		贫血大激励大补贴	0.09	0.02	0.07 (1.09)
		考试激励小补贴	0.07	- 0.03	0.10 * (1.71)
		考试激励大补贴	0.12	- 0.01	0.13 ** (2.04)
		双重激励小补贴	0.09	0.04	0.05 (0.76)
		双重激励大补贴	0.08	- 0.02	0.11 * (1.80)
		控制组小补贴	0.00	0.03	- 0.03 (0.40)
		控制组大补贴	0.06	0.01	0.05 (0.85)

注：括号内为 t 值；*** 、** 和 * 分别代表 1%、5% 和 10% 的显著性水平。

不同民族学生的数学和语文成绩标准分，见表 2 - 23。少数民族学生的数学成绩标准分是 - 0.21、语文成绩标准分为 - 0.17；汉族学生的数学和语文成绩标准分都是 0.05。t 检验结果显示，汉族学生的数学和语文成绩都显著好于少数民族学生（t 值分别为 - 8.46、- 7.15）。按照干预类型和补贴额度分类的少数民族学生和汉族学生组的成绩差异印证了上述分析。

表 2 - 23　干预组和控制组基线调查结果中不同
民族学生学业表现的比较

类型			少数民族学生	汉族学生	少数民族学生和汉族学生之间的差异
标准化数学考试成绩		总体	- 0.21	0.05	- 0.26 *** (- 8.46)
	按干预与否和补贴大小划分	贫血小激励小补贴	- 0.16	0.00	- 0.16 (- 1.41)
		贫血小激励大补贴	- 0.05	0.01	- 0.05 (- 0.26)
		贫血大激励小补贴	- 0.27	0.00	- 0.27 ** (- 2.56)
		贫血大激励大补贴	- 0.13	0.08	- 0.21 * (- 1.73)
		考试激励小补贴	- 0.19	0.02	- 0.22 ** (- 2.38)
		考试激励大补贴	- 0.40	0.16	- 0.56 *** (- 6.54)
		双重激励小补贴	0.01	0.03	- 0.01 (- 0.18)
		双重激励大补贴	- 0.22	0.03	- 0.25 ** (- 2.37)
		控制组小补贴	- 0.37	0.10	- 0.47 *** (- 6.17)
		控制组大补贴	- 0.13	0.02	- 0.16 (- 1.37)

	类型	少数民族学生	汉族学生	少数民族学生和汉族学生之间的差异
	总体	- 0.17	0.05	- 0.22 *** (- 7.15)
标准化语文考试成绩	贫血小激励小补贴	- 0.09	- 0.01	- 0.08 (- 0.69)
	贫血小激励大补贴	- 0.77	- 0.01	- 0.76 *** (- 3.84)
	贫血大激励小补贴	- 0.14	- 0.02	- 0.12 (- 1.23)
	贫血大激励大补贴	- 0.13	0.07	- 0.20 * (- 1.70)
	考试激励小补贴	- 0.32	0.07	- 0.38 *** (- 4.44)
	考试激励大补贴	- 0.40	0.14	- 0.54 ** (- 6.39)
	双重激励小补贴	0.19	0.03	0.16 ** (2.08)
	双重激励大补贴	- 0.18	0.05	0.23 ** (2.15)
	控制组小补贴	- 0.31	0.10	- 0.41 *** (- 5.49)
	控制组大补贴	- 0.01	0.04	- 0.05 (- 0.45)

注：括号内为 t 值；*** 、** 和 * 分别代表 1% 、5% 和 10% 的显著性水平。

　　如表 2 - 24 所示，非寄宿生的数学和语文成绩都比寄宿生好。其中，非寄宿生的数学成绩标准分是 0.02，寄宿生的数学成绩标准分是 - 0.08，二者存在显著差异（t 值 = 2.78）。在语文成绩方面，非寄宿生的标准分是 0.03，显著高于寄宿生的标准分 - 0.10（t 值 = 3.63）。

　　对于留守儿童学生而言，如表 2 - 25 所示，数学成绩标准分是 0.00，与非留守儿童学生的数学成绩标准分 0.03 并没有显著差异。而在语文成绩方面，非留守儿童学生的标准分是 0.04，显著高于留守儿童学生的标准分 0.003（t 值 = 2.00）。

表 2 – 24　干预组和控制组基线调查结果中寄宿与
非寄宿生学业表现的比较

	类型		非寄宿生	寄宿生	非寄宿生和 寄宿生之间的差异
标准化数学考试成绩		总体	0.02	– 0.08	0.10 *** （2.78）
	按干预与否和补贴大小划分	贫血小激励小补贴	– 0.01	– 0.08	0.07 （0.60）
		贫血小激励大补贴	0.02	– 0.09	0.11 （0.98）
		贫血大激励小补贴	– 0.03	0.13	– 0.17 （ – 1.29）
		贫血大激励大补贴	0.07	0.00	0.07 （0.54）
		考试激励小补贴	0.04	– 0.44	0.49 *** （4.79）
		考试激励大补贴	0.08	– 0.19	0.26 （1.43）
		双重激励小补贴	0.00	0.18	– 0.17 * （ – 1.83）
		双重激励大补贴	0.01	– 0.02	0.03 （0.26）
		控制组小补贴	0.01	– 0.28	0.29 ** （2.19）
		控制组大补贴	0.02	– 0.09	0.11 （0.76）
标准化语文考试成绩		总体	0.03	– 0.10	0.13 *** （3.63）
	按干预与否和补贴大小划分	贫血小激励小补贴	– 0.02	– 0.01	– 0.01 （ – 0.05）
		贫血小激励大补贴	– 0.06	0.11	– 0.17 （ – 1.58）
		贫血大激励小补贴	– 0.04	0.15	– 0.19 （ – 1.57）
		贫血大激励大补贴	0.07	– 0.32	0.39 *** （2.63）

续表

类型			非寄宿生	寄宿生	非寄宿生和 寄宿生之间的差异
标准化语文考试成绩	按干预与否和补贴大小划分	考试激励小补贴	0.08	-0.53	0.61 *** (6.43)
		考试激励大补贴	0.06	-0.02	0.08 (0.45)
		双重激励小补贴	0.08	-0.05	0.12 (1.24)
		双重激励大补贴	0.04	-0.06	0.09 (0.72)
		控制组小补贴	0.02	-0.09	0.11 (0.92)
		控制组大补贴	0.04	-0.10	0.15 (1.15)

注：括号内为 t 值；*** 、** 和 * 分别代表1%、5%和10%的显著性水平。

表 2 - 25　干预组和控制组基线调查结果中留守与
非留守儿童学生学业表现的比较

类型			非留守 儿童学生	留守儿童学生	非留守儿童学生和 留守儿童学生之间的差异
标准化数学考试成绩	按干预与否和补贴大小划分	总体	0.03	0.00	0.03 (0.70)
		贫血小激励小补贴	-0.04	0.00	-0.04 (-0.61)
		贫血小激励大补贴	0.09	-0.08	0.17 ** (2.19)
		贫血大激励小补贴	0.00	-0.04	0.04 (0.69)
		贫血大激励大补贴	0.10	0.04	0.06 (0.97)
		考试激励小补贴	0.01	-0.02	0.03 (0.42)
		考试激励大补贴	0.04	0.09	-0.04 (-0.65)
		双重激励小补贴	0.05	0.00	0.05 (0.83)

类型			非留守儿童学生	留守儿童学生	非留守儿童学生和留守儿童学生之间的差异
标准化数学考试成绩	按干预与否和补贴大小划分	双重激励大补贴	0.01	0.00	0.01 (0.22)
		控制组小补贴	−0.02	0.00	−0.02 (−0.30)
		控制组大补贴	0.06	−0.02	0.08 (1.37)
标准化语文考试成绩		总体	0.04	0.003	0.04** (2.00)
	按干预与否和补贴大小划分	贫血小激励小补贴	−0.09	0.04	−0.13* (−1.72)
		贫血小激励大补贴	0.04	−0.11	0.15** (2.02)
		贫血大激励小补贴	−0.04	−0.02	0.02 (0.41)
		贫血大激励大补贴	0.09	0.02	0.07 (1.22)
		考试激励小补贴	0.06	−0.02	0.09 (1.47)
		考试激励大补贴	0.10	0.02	0.08 (1.22)
		双重激励小补贴	0.12	0.00	0.12** (1.98)
		双重激励大补贴	0.04	0.02	0.01 (0.24)
		控制组小补贴	0.01	0.01	0.00 (0.01)
		控制组大补贴	0.04	0.03	0.00 (0.07)

注：括号内为 t 值；***、** 和 * 分别代表1%、5%和10%的显著性水平。

至于评估调查中样本学校学生的学业表现以及不同干预类型和补贴分组学生的学业表现的统计性描述结果见表 2 - 26 ~ 表 2 - 30。

表 2 – 26　干预组和控制组评估调查结果中大补贴组与
小补贴组样本学校学生学业表现的比较

类型			总样本	小补贴	大补贴	小补贴和大补贴之间的差异
标准化数学考试成绩	按干预与否划分	总样本	0.00	0.03	– 0.03	0.07 *** (3.29)
		贫血小激励	0.00	0.06	– 0.06	0.12 ** (2.18)
		贫血大激励	– 0.01	0.05	– 0.06	0.11 ** (2.57)
		考试激励	– 0.01	0.03	– 0.05	0.09 ** (1.99)
		双重激励	0.00	0.03	– 0.03	0.06 (1.38)
		控制组	0.01	0.00	0.03	– 0.03 (– 0.62)
标准化语文考试成绩	按干预与否划分	总样本	0.00	0.00	0.00	0.01 (0.48)
		贫血小激励	– 0.03	– 0.01	– 0.04	0.03 (0.53)
		贫血大激励	– 0.01	0.03	– 0.06	0.09 ** (2.15)
		考试激励	0.03	0.00	0.05	– 0.05 (– 1.13)
		双重激励	0.01	0.00	0.02	– 0.02 (– 0.58)
		控制组	0.00	0.00	0.00	0.01 (0.12)

注：括号内为 t 值；***、** 和 * 分别代表 1%、5% 和 10% 的显著性水平。

表 2 – 27　干预组和控制组评估调查结果中不同性别学生学业表现的比较

类型			女生	男生	女生和男生之间的差异
标准化数学考试成绩	按干预与否和补贴大小划分	总体	– 0.11	0.11	– 0.22 *** (10.94)
		贫血小激励小补贴	– 0.14	0.02	– 0.15 ** (– 2.06)

类型			女生	男生	女生和男生之间的差异
标准化数学考试成绩	按干预与否和补贴大小划分	贫血小激励大补贴	− 0. 08	0. 18	− 0. 26 *** (3. 53)
		贫血大激励小补贴	− 0. 21	0. 09	− 0. 30 *** (− 5. 01)
		贫血大激励大补贴	− 0. 08	0. 16	− 0. 23 *** (3. 87)
		考试激励小补贴	− 0. 19	0. 08	− 0. 27 *** (− 4. 34)
		考试激励大补贴	− 0. 06	0. 13	− 0. 18 *** (− 2. 96)
		双重激励小补贴	− 0. 05	0. 00	− 0. 05 (− 0. 87)
		双重激励大补贴	− 0. 07	0. 13	− 0. 20 *** (− 3. 37)
		控制组小补贴	− 0. 14	0. 17	− 0. 30 *** (− 4. 76)
		控制组大补贴	− 0. 11	0. 10	− 0. 22 *** (− 3. 51)
标准化语文考试成绩	按干预与否和补贴大小划分	总体	0. 05	− 0. 05	0. 10 *** (4. 56)
		贫血小激励小补贴	− 0. 01	− 0. 07	0. 07 (0. 89)
		贫血小激励大补贴	0. 03	− 0. 05	0. 08 (1. 10)
		贫血大激励小补贴	− 0. 04	− 0. 08	0. 04 (0. 74)
		贫血大激励大补贴	0. 06	0. 00	0. 06 (1. 07)
		考试激励小补贴	0. 12	− 0. 01	0. 13 ** (2. 07)
		考试激励大补贴	0. 07	− 0. 06	0. 13 ** (2. 00)
		双重激励小补贴	0. 07	− 0. 03	0. 10 * (1. 69)

续表

	类型		女生	男生	女生和男生之间的差异
标准化语文考试成绩	按干预与否和补贴大小划分	双重激励大补贴	0.07	-0.08	0.15 *** (2.65)
		控制组小补贴	0.01	-0.02	0.02 (0.33)
		控制组大补贴	0.06	-0.05	0.11 * (1.80)

注：括号内为 t 值；***、** 和 * 分别代表在 1%、5% 和 10% 上的显著性水平。

表 2-28 干预组和控制组评估调查结果中不同民族
学生学业表现的比较

	类型		少数民族学生	汉族学生	少数民族学生和汉族学生之间的差异
标准化数学考试成绩	按干预与否和补贴大小划分	总体	-0.27	0.04	-0.30 *** (9.88)
		贫血小激励小补贴	-0.38	-0.01	-0.37 *** (3.16)
		贫血小激励大补贴	0.05	0.06	-0.01 (-0.05)
		贫血大激励小补贴	-0.46	-0.02	-0.44 *** (-4.17)
		贫血大激励大补贴	-0.18	0.06	-0.24 ** (-2.00)
		考试激励小补贴	-0.12	-0.04	-0.07 (-0.77)
		考试激励大补贴	-0.57	0.15	-0.72 *** (-8.78)
		双重激励小补贴	-0.04	-0.02	-0.01 (-0.18)
		双重激励大补贴	-0.27	0.06	-0.33 *** (-3.18)
		控制组小补贴	-0.35	0.13	-0.49 *** (-6.39)
		控制组大补贴	-0.11	0.01	-0.12 (-0.96)

续表

类型			少数民族学生	汉族学生	少数民族学生和汉族学生之间的差异
标准化语文考试成绩	按干预与否和补贴大小划分	总体	−0.22	0.03	0.25 *** (8.24)
		贫血小激励小补贴	0.00	−0.05	0.05 (0.39)
		贫血小激励大补贴	−0.66	0.01	−0.67 *** (−3.31)
		贫血大激励小补贴	−0.29	−0.04	−0.26 ** (−2.46)
		贫血大激励大补贴	−0.15	0.05	−0.19 * (−1.71)
		考试激励小补贴	−0.26	0.10	−0.36 *** (−4.16)
		考试激励大补贴	−0.46	0.09	−0.54 *** (−6.26)
		双重激励小补贴	0.10	0.00	0.10 (1.28)
		双重激励大补贴	−0.24	0.02	−0.26 *** (−2.59)
		控制组小补贴	−0.43	0.11	−0.54 *** (−7.11)
		控制组大补贴	−0.06	0.01	−0.06 (−0.54)

注：括号内为 t 值；***、** 和 * 分别代表 1%、5% 和 10% 的显著性水平。

表 2-29 干预组和控制组评估调查结果中寄宿与非寄宿生学业表现的比较

类型			非寄宿生	寄宿生	非寄宿生和寄宿生之间的差异
标准化数学考试成绩	按干预与否和补贴大小划分	总体	0.01	−0.11	0.12 *** (3.09)
		贫血小激励小补贴	−0.03	−0.31	0.28 ** (2.29)
		贫血小激励大补贴	0.07	−0.02	0.09 (0.83)

续表

类型			非寄宿生	寄宿生	非寄宿生和寄宿生之间的差异
标准化数学考试成绩	按干预与否和补贴大小划分	贫血大激励小补贴	− 0.07	0.07	− 0.14 （− 1.16）
		贫血大激励大补贴	0.05	0.05	0.00 （0.01）
		考试激励小补贴	− 0.01	− 0.42	0.41 *** （3.98）
		考试激励大补贴	0.04	− 0.03	0.07 （0.37）
		双重激励小补贴	− 0.03	0.03	− 0.06 （− 0.61）
		双重激励大补贴	0.04	− 0.08	0.12 （1.02）
		控制组小补贴	0.04	− 0.19	0.23 * （1.74）
		控制组大补贴	0.00	− 0.06	0.07 （0.46）
标准化语文考试成绩	按干预与否和补贴大小划分	总体	0.01	− 0.09	0.10 *** （2.65）
		贫血小激励小补贴	− 0.03	− 0.13	0.10 （0.87）
		贫血小激励大补贴	− 0.05	0.23	− 0.28 ** （2.47）
		贫血大激励小补贴	− 0.07	0.15	− 0.22 * （1.70）
		贫血大激励大补贴	0.04	− 0.20	0.24 * （1.70）
		考试激励小补贴	0.11	− 0.47	0.59 *** （6.08）
		考试激励大补贴	0.00	0.07	− 0.07 （− 0.36）
		双重激励小补贴	0.03	− 0.10	0.13 （1.36）

类型			非寄宿生	寄宿生	非寄宿生和寄宿生之间的差异
标准化语文考试成绩	按干预与否和补贴大小划分	双重激励大补贴	0.01	−0.19	0.20 (1.56)
		控制组小补贴	−0.01	0.04	−0.05 (−0.38)
		控制组大补贴	0.01	−0.15	0.16 (1.18)

注：括号内为 t 值；***、** 和 * 分别代表 1%、5% 和 10% 的显著性水平。

表 2−30　干预组和控制组评估调查结果中留守与
非留守儿童学生学业表现的比较

类型			非留守儿童学生	留守儿童学生	非留守儿童学生和留守儿童学生之间的差异
标准化数学考试成绩		总体	0.02	−0.02	0.04 * (1.65)
	按干预与否和补贴大小划分	贫血小激励小补贴	−0.07	−0.05	−0.02 (−0.22)
		贫血小激励大补贴	0.13	−0.01	0.14 * (1.80)
		贫血大激励小补贴	−0.04	−0.08	0.04 (0.66)
		贫血大激励大补贴	0.11	0.00	0.11 * (1.84)
		考试激励小补贴	−0.03	−0.08	0.05 (0.81)
		考试激励大补贴	−0.01	0.07	−0.08 (−1.35)
		双重激励小补贴	0.00	−0.06	0.06 (1.01)
		双重激励大补贴	0.02	0.04	−0.02 (−0.37)
		控制组小补贴	0.01	0.05	−0.04 (−0.67)
		控制组大补贴	0.06	−0.05	0.11 * (1.71)

类型		非留守儿童学生	留守儿童学生	非留守儿童学生和留守儿童学生之间的差异
	总体	0.02	-0.02	0.04 * (1.66)
标准化语文考试成绩	贫血小激励小补贴	-0.13	0.02	-0.16 ** (-2.07)
	贫血小激励大补贴	0.05	-0.07	0.12 (1.60)
	贫血大激励小补贴	-0.01	-0.10	0.08 (1.39)
	贫血大激励大补贴	0.05	0.01	0.03 (0.59)
	考试激励小补贴	0.09	0.02	0.06 (1.00)
	考试激励大补贴	0.03	-0.02	0.04 (0.67)
	双重激励小补贴	0.06	-0.02	0.08 (1.25)
	双重激励大补贴	0.03	-0.03	0.06 (0.99)
	控制组小补贴	0.00	0.00	0.00 (0.00)
	控制组大补贴	-0.02	0.01	-0.03 (-0.50)

注：括号内为 t 值；***、** 和 * 分别代表 1%、5% 和 10% 的显著性水平。

　　上文分别根据基线和评估调查的数据对样本学生的数学和语文成绩标准分进行了统计描述。表 2-31 和表 2-32 显示了评估调查结果与基线调查结果的差异，用评估调查数据和基线调查数据进行差分，可以看到，无论是总体还是按照补贴、性别、民族、寄宿与否和是否留守儿童分类，样本学生数学和语文成绩标准分几乎都降低了。但寄宿生的语文成绩标准分较基线调查时有所提高。在不同干预类型中，获得贫血小激励小补贴学校的学生数学和语文成绩标准分都有提高，双重激励小补贴学校的学生数学成绩标准分也有所增加。总地来说，从基线调查结果和

表 2-31　干预组和控制组基线和评估调查结果中学生学业表现的比较（1）

类型			总样本差异	小补贴的差异	大补贴的差异	女生的差异	男生的差异
标准化数学考试成绩		总样本	-0.02	-0.01	-0.03	-0.03	-0.01
	按干预与否划分	贫血小激励	0.01	0.06	-0.04	-0.01	0.02
		贫血大激励	-0.03	-0.02	-0.04	-0.02	-0.04
		考试激励	-0.04	-0.03	-0.05	-0.05	-0.03
		双重激励	-0.01	-0.02	-0.01	-0.01	-0.01
		控制组	0.01	-0.02	0.03	-0.04	0.05
标准化语文考试成绩		总样本	-0.02	-0.03	-0.02	-0.01	-0.04
	按干预与否划分	贫血小激励	0.00	-0.01	0.01	0.05	-0.05
		贫血大激励	-0.03	-0.02	-0.03	-0.02	-0.03
		考试激励	-0.01	-0.05	0.03	0.00	-0.02
		双重激励	-0.04	-0.04	-0.04	-0.02	-0.06
		控制组	-0.03	-0.03	-0.02	0.00	-0.05

表 2-32　干预组和控制组基线和评估调查结果中学生学业表现的比较（2）

类型			少数民族学生的差异	汉族学生的差异	非寄宿生的差异	寄宿生的差异	非留守儿童学生的差异	留守儿童学生的差异
标准化数学考试成绩		总样本	-0.06	-1.01	-0.01	-0.03	-0.01	-0.02
	按干预与否划分	贫血小激励	-0.15	0.02	0.02	-0.06	0.01	0.00
		贫血大激励	-0.13	-0.02	-0.03	-0.01	-0.02	-0.04
		考试激励	-0.06	-0.04	-0.05	0.05	-0.05	-0.04
		双重激励	-0.05	0.00	0.00	-0.12	-0.02	0.00
		控制组	0.02	0.01	0.00	0.07	0.01	0.01
标准化语文考试成绩		总样本	-0.05	-0.01	-0.02	0.02	-0.03	-0.02
	按干预与否划分	贫血小激励	0.09	-0.01	0.00	0.01	-0.01	0.01
		贫血大激励	-0.09	-0.02	-0.02	0.05	-0.01	0.01
		考试激励	-0.01	-0.01	-0.01	0.07	-0.02	0.00
		双重激励	-0.09	-0.03	-0.04	-0.08	-0.04	-0.04
		控制组	-0.09	-0.04	-0.03	0.05	-0.04	-0.02

评估调查结果统计性描述的比较中可以看到，学生成绩改善的幅度并不大。

（四）计量分析结果

1. 主要变量的特征及分布

按照随机干预实验的假定，对干预组和控制组在干预之前的随机分配结果进行评价，保证二者的特征在统计上没有显著的差异，以确定二者能否形成统计意义上的"双胞胎"。具体到本章研究中，分别进行了三种类型的检验。第一类检验，确定是否有补贴之间的差异。检验发现小补贴组和大补贴组的主要特征，在干预之前没有显著差异。第二类检验，检验四种激励方式和控制组之间的差异。检验发现，贫血小激励和控制组、贫血大激励和控制组、考试激励和控制组、双重激励和控制组之间都没有显著差异。第三类检验，即四种干预方式之间的显著性检验。贫血小激励与贫血大激励、贫血小激励与考试激励、贫血小激励与双重激励、贫血大激励与考试激励、贫血大激励与双重激励、考试激励与双重激励之间都没有显著差异。具体检验的特征变量包括血红蛋白水平、贫血率、标准化数学和语文考试成绩、学校学生规模、学校师资规模、学校寄宿生人数、学校有食堂的比例、校长的年龄和校长的教龄等。详细的检验结果见表 2 - 33、表 2 - 34 和表 2 - 35。

表 2 - 33　干预前（基线调查）干预组和控制组主要变量的分布
（按照补贴大小分类）

变量	小补贴组	大补贴组	小补贴组与大补贴组之间的差异（P 值）
血红蛋白水平（g/L）	127.67	127.91	- 0.26 （- 0.36）
贫血学生比例（%）	0.26	0.24	0.01 （0.62）
标准化数学考试成绩（分）	57.37	57.01	0.35 （0.35）

变量	小补贴组	大补贴组	小补贴组与大补贴组之间的差异 （P 值）
标准化语文考试成绩（分）	59.83	60.03	-0.20 （-0.27）
学校学生规模（人）	205.76	213.83	-8.07 （-1.25）
学校师资规模（人）	12.85	13.67	-0.81 （-1.42）
学校寄宿生人数（人）	12.37	17.65	-5.27 （-1.17）
学校有食堂的比例（%）	0.15	0.15	0.01 （0.16）
校长的年龄（岁）	41.60	40.65	0.95 （1.01）
校长的教龄（年）	21.01	20.42	0.59 （0.56）

注：括号内为 t 值；***、**和*分别代表 1%、5%和 10%的显著性水平。

2. 校长激励对学生营养健康的影响分析及比较

依据第四节中建立的实证分析模型，本节根据激励的方式和补贴类型的 7 种组合，进行了以下的回归分析。所有的回归分析中都加入了四类控制变量，分别为：（1）学生特征的控制变量——基线血红蛋白水平、年龄、性别、民族、寄宿与否、是否留守儿童等变量；（2）学校校长的基本特征——年龄、民族、受教育水平和教龄；（3）学生家庭的基本特征——父母的受教育水平、家庭经济状况；（4）区域的变量——县的虚拟变量和控制学校群体的效应（在 Stata 软件命令中加入 cluster）。

回归分析一：贫血小激励、贫血大激励和控制组之间学生血红蛋白水平的变化（见表 2-36）。回归分析一共有 3 个模型，模型 1 的主要自变量为分类变量，用 1=贫血小激励、2=贫血大激励、0=控制组来表示。模型 2 在此基础上加入补贴的控制变量，1=大补贴、0=小补贴。模型 3 引入了贫血小激励、贫血大激励与补贴的交互项。在控制其他变量的情况下，模型 1 的回归结果显示，贫血小激励对学生血红蛋白

表 2－34　干预前（基线调查）干预组和控制组主要变量的分布（按照干预类型划分）

变量	控制组	贫血小激励	贫血大激励	考试激励	双重激励	贫血小激励与控制组的差异（P值）	贫血大激励与控制组的差异（P值）	考试激励与控制组的差异（P值）	双重激励与控制组的差异（P值）
血红蛋白水平（g/L）	128.30	128.42	127.51	127.35	127.60	0.12 (0.10)	-0.79 (-0.72)	-0.95 (-0.94)	-0.70 (-0.66)
贫血学生比例（%）	0.23	0.24	0.26	0.25	0.26	0.00 (0.08)	0.03 (0.92)	0.02 (0.77)	0.03 (0.96)
标准化数学考试成绩（分）	57.23	56.71	57.53	57.60	56.70	-0.53 (-0.31)	0.29 (0.19)	0.37 (0.23)	-0.53 (-0.36)
标准化语文考试成绩（分）	59.96	59.63	59.83	59.96	60.17	-0.33 (-0.26)	-0.13 (-0.12)	0.00 (0.00)	0.21 (0.17)
学校学生规模（人）	204.35	216.60	214.65	204.80	211.18	12.25 (1.01)	10.29 (1.03)	0.45 (0.05)	6.83 (0.65)
学校师资规模（人）	13.72	13.03	13.35	13.11	13.00	-0.70 (-0.73)	-0.37 (-0.41)	-0.62 (-0.75)	-0.72 (-0.78)
学校寄宿生人数（人）	14.54	20.90	11.72	15.12	15.03	6.36 (0.73)	-2.82 (-0.50)	0.58 (0.08)	0.49 (0.08)
学校有食堂的比例（%）	0.11	0.20	0.14	0.15	0.17	0.09 (1.24)	0.03 (0.53)	0.05 (0.78)	0.06 (1.01)

续表

变量	控制组	贫血小激励	贫血大激励	考试激励	双重激励	贫血小激励与控制组的差异（P值）	贫血大激励与控制组的差异（P值）	考试激励与控制组的差异（P值）	双重激励与控制组的差异（P值）
校长的年龄（岁）	40.40	41.10	41.89	40.88	41.35	0.70 (0.38)	1.49 (1.11)	0.48 (0.35)	0.95 (0.69)
校长的教龄（年）	19.95	19.44	22.08	20.42	21.22	-0.52 (-0.25)	2.12 (1.31)	0.46 (0.30)	1.26 (0.82)

注：括号内为 t 值；***、**和*分别代表 1%、5% 和 10% 的显著性水平。

表 2-35 干预前（基线调查）干预组主要变量的分布

变量	贫血小激励与贫血大激励的差异（P值）	贫血小激励与考试激励的差异（P值）	贫血小激励与双重激励的差异（P值）	贫血大激励与考试激励的差异（P值）	贫血大激励与双重激励的差异（P值）	考试激励与双重激励的差异（P值）
血红蛋白水平（g/L）	0.91 (0.74)	1.07 (0.93)	0.82 (0.69)	0.16 (0.15)	-0.09 (-0.08)	-0.25 (-0.25)
贫血学生比例（%）	-0.03 (-0.74)	-0.02 (-0.60)	-0.03 (-0.77)	0.01 (0.19)	0.00 (0.00)	-0.01 (-0.19)
标准化数学考试成绩（分）	-0.82 (-0.48)	-0.90 (-0.52)	0.00 (0.00)	-0.07 (-0.05)	0.82 (0.55)	0.90 (0.60)

续表

变量	贫血小激励与贫血大激励的差异（P值）	贫血小激励与考试激励的差异（P值）	贫血小激励与双重激励的差异（P值）	贫血大激励与考试激励的差异（P值）	贫血大激励与双重激励的差异（P值）	考试激励与双重激励的差异（P值）
标准化语文考试成绩（分）	-0.20 (-0.16)	-0.32 (-0.26)	-0.53 (-0.40)	-0.13 (-0.12)	-0.34 (-0.28)	-0.21 (-0.18)
学校学生规模（人）	1.95 (0.17)	11.80 (1.05)	5.42 (0.46)	9.85 (1.11)	3.46 (0.36)	-6.38 (-0.68)
学校师资规模（人）	-0.33 (-0.34)	-0.08 (-0.09)	0.02 (0.02)	0.25 (0.29)	0.35 (0.37)	0.11 (0.12)
学校寄宿生人数（人）	9.18 (1.07)	5.78 (0.60)	5.87 (0.65)	-3.40 (-0.49)	-3.31 (-0.56)	0.09 (0.01)
学校有食堂的比例（%）	0.06 (0.80)	0.05 (0.59)	0.03 (0.39)	-0.02 (-0.25)	-0.03 (-0.48)	-0.02 (-0.24)
校长的年龄（岁）	-0.79 (-0.43)	0.22 (0.12)	-0.25 (-0.14)	1.02 (0.74)	0.54 (0.39)	-0.48 (-0.34)
校长的教龄（年）	-2.64 (-1.28)	-0.98 (-0.48)	-1.78 (-0.89)	1.66 (1.04)	0.86 (0.55)	-0.80 (-0.53)

注：括号内为 t 值；***、**和*分别代表1%、5%和10%的显著性水平。

水平的提高有显著的正向影响（t 值 = 2. 43），而贫血大激励对学生血红蛋白水平的提高没有显著作用。加入补贴的控制变量后，模型 2 的回归结果中贫血小激励仍然对学生血红蛋白水平提高有积极的作用。同时，控制组的获得大补贴的学校学生血红蛋白水平提高的程度（系数为 1. 32）显著高于小补贴的学校学生（系数为 0. 70）。在加入贫血激励与补贴的交互项后，模型 3 的回归结果显示，与控制组小补贴学校学生的平均血红蛋白水平相比，贫血小激励小补贴或者贫血大激励小补贴对学生血红蛋白水平的提高有显著的正向作用（t 值分别为 4. 35、3. 46），并且对控制组学校提供大补贴的效果显著优于对控制组提供的小补贴（t 值 = 8. 22）。另外一个有意思的结果是，贫血小激励的大补贴和小补贴对学生血红蛋白水平影响的差异，显著低于控制组的大补贴和小补贴对学生血红蛋白水平影响的差异，即贫血小激励小补贴对学生血红蛋白水平的净影响要好于贫血小激励大补贴对学生血红蛋白水平的影响（t 值 = - 3. 62）。贫血大激励的大补贴和小补贴的差异影响也如此（t 值 = - 6. 56）。

表 2 - 36　贫血小激励、贫血大激励和控制组之间学生血红蛋白水平的差异

自变量	模型 1	模型 2	模型 3
贫血小激励	0. 78 ** (2. 43)	0. 70 ** (2. 17)	1. 85 *** (4. 35)
贫血大激励	- 0. 40 (- 1. 45)	- 0. 45 (- 1. 62)	1. 33 *** (3. 46)
是否大补贴（1 = 大补贴，0 = 小补贴）		1. 32 *** (5. 32)	3. 37 *** (8. 22)
贫血小激励 × 补贴			- 2. 30 *** (- 3. 62)
贫血大激励 × 补贴			- 3. 68 *** (- 6. 56)
学生基线血红蛋白水平（g/L）	- 0. 60 *** (- 55. 99)	- 0. 60 *** (- 56. 15)	- 0. 60 *** (- 56. 16)

续表

自变量	模型 1	模型 2	模型 3
学生年龄（月）	0.05 *** (5.46)	0.05 *** (5.45)	0.05 *** (5.34)
学生性别（1 = 男，0 = 女）	0.79 *** (3.50)	0.79 *** (3.50)	0.78 *** (3.49)
是否寄宿生（1 = 是，0 = 否）	- 0.26 (- 0.56)	- 0.23 (- 0.50)	- 0.20 (- 0.43)
民族（1 = 汉族，0 = 少数民族）	0.76 (1.34)	0.77 (1.37)	0.78 (1.38)
家庭资产（万元）	- 0.00 (- 0.01)	- 0.00 (- 0.04)	- 0.00 (- 0.02)
学生父亲的受教育水平	- 0.02 (- 0.53)	- 0.02 (- 0.44)	- 0.02 (- 0.41)
学生母亲的受教育水平	0.06 * (1.86)	0.06 * (1.86)	0.06 * (1.87)
是否留守儿童（1 = 是，0 = 否）	- 0.40 * (- 1.75)	- 0.38 * (- 1.66)	- 0.36 (- 1.56)
校长年龄（岁）	- 0.05 (- 1.09)	- 0.04 (- 0.87)	- 0.04 (- 0.90)
校长的民族（1 = 汉族，0 = 少数民族）	- 0.21 (- 0.93)	- 0.24 (- 1.07)	- 0.27 (- 1.24)
校长受教育水平（年）	0.57 *** (2.80)	0.76 *** (3.67)	0.85 *** (4.06)
校长的教龄（年）	0.01 (0.20)	0.01 (0.26)	0.02 (0.46)
县的虚拟变量	是	是	是
截距项	72.79 *** (27.81)	70.76 *** (26.90)	69.09 *** (26.13)
观察值（个）	7922	7922	7922
R^2	0.361	0.363	0.367

注：括号内为 t 值；***、**和*分别代表 1%、5% 和 10% 的显著性水平。

回归分析二：贫血激励（包括小激励和大激励）和控制组之间学生血红蛋白水平的变化（见表2-37）。回归分析共有3个模型，模型1的主要自变量为二分类变量，用1＝贫血激励、0＝控制组来表示。同回归分析一类似，模型2在此基础上加入补贴的控制变量，1＝大补贴、0＝小补贴。模型3引入了贫血激励与补贴的交互项。在控制其他变量的情况下，模型3的回归结果显示，与控制组小补贴学校学生的平均血红蛋白水平相比，贫血激励小补贴对学生血红蛋白水平的改善有显著的正向作用（t值＝4.23），并且对控制组学校提供大补贴的效果显著优于对控制组提供的小补贴（t值＝8.21）。贫血激励小补贴对学生血红蛋白水平的净影响要好于贫血激励大补贴对学生血红蛋白水平的影响（t值＝－6.16）。

表2-37 贫血激励与控制组之间学生血红蛋白水平的差异

自变量	模型1	模型2	模型3
贫血激励	0.02 (0.08)	－0.04 (－0.16)	1.46*** (4.23)
是否大补贴（1＝大补贴，0＝小补贴）		1.35*** (5.40)	3.37*** (8.21)
贫血激励×补贴			－3.13*** (－6.16)
学生基线血红蛋白水平（g/L）	－0.60*** (－55.87)	－0.60*** (－56.03)	－0.60*** (－56.01)
学生年龄（月）	0.05*** (5.38)	0.05*** (5.37)	0.05*** (5.31)
学生性别（1＝男，0＝女）	0.78*** (3.45)	0.78*** (3.45)	0.77*** (3.43)
是否寄宿生（1＝是，0＝否）	－0.14 (－0.30)	－0.12 (－0.25)	－0.12 (－0.27)
民族（1＝汉族，0＝少数民族）	0.81 (1.44)	0.83 (1.47)	0.87 (1.54)
家庭资产（万元）	0.00 (0.04)	0.00 (0.00)	0.00 (0.00)

续表

自变量	模型1	模型2	模型3
学生父亲的受教育水平	-0.02 (-0.53)	-0.02 (-0.44)	-0.01 (-0.37)
学生母亲的受教育水平	0.06* (1.87)	0.06* (1.87)	0.06* (1.91)
是否留守儿童（1=是，0=否）	-0.39* (-1.68)	-0.37 (-1.60)	-0.34 (-1.48)
校长年龄（岁）	-0.03 (-0.62)	-0.02 (-0.42)	-0.02 (-0.52)
校长的民族（1=汉族，0=少数民族）	-0.20 (-0.90)	-0.23 (-1.04)	-0.22 (-0.99)
校长受教育水平（年）	0.47** (2.34)	0.67*** (3.25)	0.71*** (3.45)
校长的教龄（年）	-0.02 (-0.50)	-0.02 (-0.42)	-0.01 (-0.33)
县的虚拟变量	是	是	是
截距项	72.92*** (27.84)	70.86*** (26.92)	69.55*** (26.39)
观察值（个）	7922	7922	7922
R^2	0.360	0.362	0.365

注：括号内为 t 值；***、** 和 * 分别代表1%、5%和10%的显著性水平。

回归分析三：考试激励和控制组之间学生血红蛋白水平的变化（见表2－38）。回归分析四：双重激励和控制组之间学生血红蛋白水平的变化（见表2－39）。二者模型设定与分析的基本结论与回归分析二一致，都表明，与控制组小补贴学校学生的平均血红蛋白水平相比，考试激励小补贴、双重激励小补贴对学生平均血红蛋白水平的提高有显著的积极作用（t 值分别为6.86、7.81）。同时，考试激励小补贴、双重激励小补贴对学生血红蛋白水平的净影响要好于考试激励大补贴、双重激励大补贴对学生血红蛋白水平的影响（t 值分别为－8.69、－9.12）。

表 2 - 38　考试激励与控制组之间学生血红蛋白水平的差异

自变量	模型 1	模型 2	模型 3
考试激励	0.29 (0.98)	0.29 (0.98)	2.88 *** (6.86)
是否大补贴（1 = 大补贴，0 = 小补贴）		0.16 (0.51)	2.79 *** (6.50)
考试激励 × 补贴			- 5.14 *** (- 8.69)
学生基线血红蛋白水平（g/L）	- 0.63 *** (- 48.26)	- 0.63 *** (- 48.27)	- 0.63 *** (- 48.24)
学生年龄（月）	0.02 * (1.72)	0.02 * (1.73)	0.02 (1.53)
学生性别（1 = 男，0 = 女）	1.20 *** (4.46)	1.20 *** (4.46)	1.17 *** (4.39)
是否寄宿生（1 = 是，0 = 否）	- 1.25 ** (- 2.17)	- 1.26 ** (- 2.19)	- 1.01 * (- 1.75)
民族（1 = 汉族，0 = 少数民族）	0.35 (0.61)	0.35 (0.60)	0.25 (0.43)
家庭资产（万元）	0.13 ** (2.41)	0.13 ** (2.41)	0.13 ** (2.56)
学生父亲的受教育水平	- 0.02 (- 0.47)	- 0.02 (- 0.47)	- 0.01 (- 0.23)
学生母亲的受教育水平	0.01 (0.16)	0.01 (0.16)	0.01 (0.36)
是否留守儿童（1 = 是，0 = 否）	- 0.53 * (- 1.94)	- 0.53 * (- 1.93)	- 0.53 * (- 1.95)
校长年龄（岁）	0.20 ** (2.27)	0.21 ** (2.37)	0.15 (1.64)
校长的民族（1 = 汉族，0 = 少数民族）	- 0.28 (- 1.23)	- 0.29 (- 1.26)	- 0.34 (- 1.51)
校长受教育水平（年）	0.84 *** (3.02)	0.84 *** (2.99)	1.28 *** (4.49)
校长的教龄（年）	- 0.18 ** (- 2.35)	- 0.19 ** (- 2.44)	- 0.12 (- 1.48)

续表

自变量	模型 1	模型 2	模型 3
县的虚拟变量	是	是	是
截距项	72.75 *** (20.77)	72.47 *** (20.53)	69.37 *** (19.73)
观察值（个）	5973	5973	5973
R²	0.371	0.371	0.379

注：括号内为 t 值；*** 、** 和 * 分别代表 1% 、5% 和 10% 的显著性水平。

表 2-39　双重激励与控制组之间学生血红蛋白水平的差异

自变量	模型 1	模型 2	模型 3
双重激励	0.68 ** (2.36)	0.56 * (1.94)	3.16 *** (7.81)
是否大补贴（1 = 大补贴，0 = 小补贴）		1.58 *** (5.40)	4.46 *** (10.46)
双重激励 × 补贴			-5.49 *** (-9.12)
学生基线血红蛋白水平（g/L）	-0.61 *** (-50.93)	-0.61 *** (-51.01)	-0.61 *** (-51.20)
学生年龄（月）	0.04 *** (3.54)	0.04 *** (3.49)	0.03 *** (3.23)
学生性别（1 = 男，0 = 女）	0.98 *** (3.76)	0.98 *** (3.75)	1.00 *** (3.87)
是否寄宿生（1 = 是，0 = 否）	-0.49 (-0.97)	-0.58 (-1.13)	-0.45 (-0.89)
民族（1 = 汉族，0 = 少数民族）	-0.19 (-0.35)	-0.01 (-0.03)	-0.35 (-0.64)
家庭资产（万元）	-0.01 (-0.20)	-0.00 (-0.05)	-0.01 (-0.25)
学生父亲的受教育水平	-0.05 (-1.27)	-0.04 (-0.97)	-0.05 (-1.11)
学生母亲的受教育水平	0.02 (0.53)	0.02 (0.50)	0.02 (0.66)

续表

自变量	模型 1	模型 2	模型 3
是否留守儿童（1 = 是，0 = 否）	- 0.96 *** (- 3.57)	- 0.90 *** (- 3.33)	- 0.94 *** (- 3.51)
校长年龄（岁）	0.04 (0.62)	0.09 (1.31)	0.16 ** (2.30)
校长的民族（1 = 汉族，0 = 少数民族）	0.55 ** (2.15)	0.65 ** (2.53)	0.38 (1.47)
校长受教育水平（年）	0.31 (1.21)	0.41 (1.56)	0.49 * (1.91)
校长的教龄（年）	- 0.02 (- 0.33)	- 0.05 (- 0.74)	- 0.12 * (- 1.78)
县的虚拟变量	是	是	是
截距项	75.73 *** (24.64)	72.58 *** (23.36)	70.59 *** (22.79)
观察值（个）	6030	6030	6030
R^2	0.388	0.391	0.400

注：括号内为 t 值；***、** 和 * 分别代表 1%、5% 和 10% 的显著性水平。

回归分析五和回归分析六分别建立了贫血激励、考试激励与控制组的比较以及贫血激励、双重激励与控制组的比较。基本的结论也与上述的分析结果类似，具体见表 2 - 40 和表 2 - 41。

表 2 - 40　贫血激励、考试激励与控制组之间学生血红蛋白水平的差异

自变量	模型 1	模型 2	模型 3
贫血激励	0.09 (0.34)	0.08 (0.31)	1.35 *** (3.98)
考试激励	0.25 (0.87)	0.25 (0.86)	2.59 *** (6.49)
是否大补贴（1 = 大补贴，0 = 小补贴）		0.30 (1.44)	2.89 *** (7.19)
贫血激励×补贴			- 2.69 *** (- 5.38)

续表

自变量	模型1	模型2	模型3
考试激励×补贴			-4.68*** (-8.26)
学生基线血红蛋白水平（g/L）	-0.61*** (-64.89)	-0.61*** (-64.92)	-0.61*** (-64.85)
学生年龄（月）	0.04*** (4.83)	0.04*** (4.85)	0.04*** (4.68)
学生性别（1=男，0=女）	0.97*** (4.96)	0.97*** (4.95)	0.96*** (4.91)
是否寄宿生（1=是，0=否）	-0.28 (-0.71)	-0.30 (-0.75)	-0.20 (-0.50)
民族（1=汉族，0=少数民族）	0.95** (2.05)	0.94** (2.03)	0.88* (1.90)
家庭资产（万元）	0.05 (1.31)	0.05 (1.30)	0.05 (1.33)
学生父亲的受教育水平	-0.00 (-0.06)	-0.00 (-0.05)	0.00 (0.08)
学生母亲的受教育水平	0.04 (1.62)	0.04 (1.60)	0.05* (1.75)
是否留守儿童（1=是，0=否）	-0.25 (-1.24)	-0.24 (-1.21)	-0.23 (-1.17)
校长年龄（岁）	0.06 (1.64)	0.07* (1.76)	0.06 (1.63)
校长的民族（1=汉族，0=少数民族）	-0.48*** (-2.85)	-0.49*** (-2.88)	-0.49*** (-2.89)
校长受教育水平（年）	0.45** (2.50)	0.48*** (2.65)	0.64*** (3.53)
校长的教龄（年）	-0.10*** (-3.23)	-0.11*** (-3.29)	-0.10*** (-2.96)
县的虚拟变量	是	是	是
截距项	73.65*** (31.85)	73.24*** (31.54)	70.92*** (30.46)
观察值（个）	10904	10904	10904
R^2	0.356	0.356	0.361

注：括号内为 t 值；***、**和*分别代表1%、5%和10%的显著性水平。

表 2 - 41　贫血激励、双重激励与控制组之间学生血红蛋白水平的差异

自变量	模型 1	模型 2	模型 3
贫血激励	0.02 (0.08)	- 0.03 (- 0.11)	1.72 *** (5.06)
双重激励	0.52 * (1.89)	0.47 * (1.71)	2.63 *** (6.87)
是否大补贴（1 = 大补贴，0 = 小补贴）		0.80 *** (3.85)	3.76 *** (9.36)
贫血激励 × 补贴			- 3.64 *** (- 7.32)
双重激励 × 补贴			- 4.55 *** (- 8.14)
学生基线血红蛋白水平（g/L）	- 0.60 *** (- 67.09)	- 0.60 *** (- 67.16)	- 0.60 *** (- 67.17)
学生年龄（月）	0.05 *** (6.21)	0.05 *** (6.20)	0.05 *** (6.07)
学生性别（1 = 男，0 = 女）	0.86 *** (4.47)	0.86 *** (4.48)	0.86 *** (4.49)
是否寄宿生（1 = 是，0 = 否）	- 0.12 (- 0.31)	- 0.15 (- 0.39)	- 0.08 (- 0.21)
民族（1 = 汉族，0 = 少数民族）	0.47 (1.05)	0.53 (1.17)	0.40 (0.88)
家庭资产（万元）	- 0.03 (- 0.73)	- 0.03 (- 0.68)	- 0.03 (- 0.80)
学生父亲的受教育水平	- 0.03 (- 0.83)	- 0.02 (- 0.71)	- 0.02 (- 0.77)
学生母亲的受教育水平	0.05 * (1.91)	0.05 * (1.90)	0.05 * (1.93)
是否留守儿童（1 = 是，0 = 否）	- 0.50 ** (- 2.55)	- 0.47 ** (- 2.38)	- 0.48 ** (- 2.43)
校长年龄（岁）	- 0.01 (- 0.27)	- 0.00 (- 0.03)	- 0.00 (- 0.03)
校长的民族（1 = 汉族，0 = 少数民族）	- 0.02 (- 0.08)	0.01 (0.05)	- 0.06 (- 0.30)

续表

自变量	模型 1	模型 2	模型 3
校长受教育水平（年）	0.30 * (1.72)	0.38 ** (2.19)	0.47 *** (2.72)
校长的教龄（年）	− 0.03 （− 0.77）	− 0.02 （− 0.74）	− 0.03 （− 0.82）
县的虚拟变量	是	是	是
截距项	74.68 *** (34.18)	73.37 *** (33.35)	71.78 *** (32.57)
观察值（个）	10961	10961	10961
R^2	0.367	0.368	0.373

注：括号内为 t 值；*** 、** 和 * 分别代表 1% 、5% 和 10% 的显著性水平。

回归分析七中（结果见表 2 – 42），在控制了补贴的情况下，两两比较 4 组干预的效果。第一组，贫血小激励对学生血红蛋白水平的提高显著高于贫血大激励（t 值 = − 2.92）；第二组，在对学生血红蛋白水平的提升上，贫血激励与考试激励之间不存在显著差异（t 值 = 0.03）；第三组，双重激励对学生血红蛋白水平的提升比贫血激励更有效（t 值 = − 1.71）；第四组，双重激励对学生血红蛋白水平提高的促进作用比考试激励显著（t 值 = − 2.10）。由此可见，从激励的强度上来看，对校长进行贫血小激励更能改善学生的血红蛋白水平。从激励的方式上来看，双重激励的效果最好，对学生血红蛋白水平提高的成效最为显著。

表 2 – 42　不同干预方式下学生血红蛋白水平的差异

自变量	模型 1	模型 2	模型 3	模型 4
是否贫血大激励 （1 = 贫血大激励，0 = 贫血小激励）	− 0.95 *** （− 2.92）			
是否贫血激励 （1 = 贫血激励，0 = 考试激励）		0.01 (0.03)		
是否贫血激励 （1 = 贫血激励，0 = 双重激励）			− 0.42 * （− 1.71）	

续表

自变量	模型1	模型2	模型3	模型4
是否考试激励 （1＝考试激励，0＝双重激励）				− 0. 62 ** （ − 2. 10）
是否大补贴 （1＝大补贴，0＝小补贴）	0. 20 （0. 61）	− 0. 56 ** （ − 2. 31）	− 0. 17 （ − 0. 71）	− 0. 89 *** （ − 3. 09）
学生基线血红蛋白水平（g/L）	− 0. 59 *** （ − 42. 71）	− 0. 61 *** （ − 53. 94）	− 0. 60 *** （ − 56. 64）	− 0. 63 *** （ − 47. 91）
学生年龄（月）	0. 06 *** （5. 10）	0. 04 *** （4. 57）	0. 05 *** （6. 10）	0. 03 *** （2. 85）
学生性别（1＝男，0＝女）	0. 73 *** （2. 61）	0. 99 *** （4. 35）	0. 84 *** （3. 78）	1. 18 *** （4. 44）
是否寄宿生（1＝是，0＝否）	− 0. 09 （ − 0. 15）	− 0. 19 （ − 0. 42）	0. 07 （0. 17）	− 0. 31 （ − 0. 61）
民族（1＝汉族，0＝少数民族）	2. 38 *** （2. 63）	1. 46 ** （2. 50）	0. 73 （1. 32）	0. 33 （0. 58）
家庭资产（万元）	− 0. 05 （ − 0. 86）	0. 05 （0. 94）	− 0. 08 * （ − 1. 68）	0. 03 （0. 58）
学生父亲的受教育水平	0. 02 （0. 40）	0. 02 （0. 60）	− 0. 01 （ − 0. 25）	− 0. 03 （ − 0. 68）
学生母亲的受教育水平	0. 09 ** （2. 43）	0. 06 ** （1. 99）	0. 06 ** （2. 15）	0. 02 （0. 59）
是否留守儿童（1＝是，0＝否）	− 0. 01 （ − 0. 05）	0. 09 （0. 37）	− 0. 32 （ − 1. 39）	− 0. 39 （ − 1. 41）
校长年龄（岁）	− 0. 01 （ − 0. 19）	0. 11 ** （2. 56）	0. 01 （0. 22）	0. 38 *** （5. 59）
校长的民族 （1＝汉族，0＝少数民族）	− 0. 20 （ − 0. 62）	− 0. 69 *** （ − 3. 38）	0. 00 （0. 02）	− 0. 20 （ − 0. 88）
校长受教育水平（年）	0. 56 ** （2. 14）	0. 34 （1. 60）	0. 18 （0. 92）	0. 06 （0. 21）
校长的教龄（年）	− 0. 04 （ − 0. 86）	− 0. 17 *** （ − 4. 87）	− 0. 06 （ − 1. 49）	− 0. 38 *** （ − 5. 95）
县的虚拟变量	是	是	是	是
截距项	68. 94 *** （20. 70）	72. 50 *** （26. 44）	74. 08 *** （28. 92）	73. 11 *** （22. 05）

自变量	模型 1	模型 2	模型 3	模型 4
观察值（个）	4931	7913	7970	6021
R^2	0.363	0.359	0.374	0.393

注：括号内为 t 值；***、**和*分别代表1%、5%和10%的显著性水平。

总结上述分析可知，在小补贴下的贫血小激励、贫血大激励、考试激励和双重激励都对学生贫血状况的改善有积极的作用，并且从控制组的比较也可以看到，大补贴对学生贫血状况的改善优于小补贴。但是在贫血小激励、贫血大激励、考试激励和双重激励的方式下，加入大补贴对学生的血红蛋白水平的影响小于加入小补贴对学生血红蛋白水平的影响。可能的解释是，在校长具有一定营养知识的情况下，当我们给校长一定的自主权来决定如何使用补贴时，他们能够采取一些有效措施改善学生的营养状况。但是，当向校长提供较大的激励时，理性的校长往往会将补贴和激励进行比较，做一番成本收益分析，如果要花费很大的精力去改善学生的营养状况才能获得一定的奖金，那么不如直接将补贴视为奖励。以样本中的某所学校为例，该校属贫血大激励大补贴的干预组，减少一个贫血学生，给校长奖励 125 元。这个学校共有 11 个学生贫血，给学校的补贴是 3996 元，即便是校长让 11 个学生都不贫血了，那么校长得到的奖金是 1375 元，这还不足给学校补贴的一半。一些对校长的小激励吸引力往往不够大，甚至不会成为他们衡量成本收益的筹码，所以他们可能会忽略这些小激励。

3. 校长激励对不同贫血程度学生营养健康的影响

各干预措施对基线调查时不同血红蛋白水平下学生的血红蛋白水平和学习成绩的影响可能有很大差异。之前的研究已经发现，对贫血学生进行含铁的多维元素片的补充效果明显好于非贫血的学生（Luo et al.，2012；Soemantri et al.，1985；Soemantri，1989）。此外，在不同血红蛋白水平下，铁元素的补充对认知和行为能力的改善效果也不同（Sungth-ong et al.，2002）。总地来说，最初贫血的学生，在获得铁元素的有效补充后，其身体健康改善的程度要大于最初健康的学生。

为了获得校长激励对学生营养健康的影响效果，我们通过对学生基线血红蛋白水平的四组定义来估计异质性的影响干预。具体为左侧一个分类，中间一个分类，以及右侧两个分类。左侧的分类集中在学生基线的血红蛋白水平小于120g/L（轻度或者重度贫血学生）；中间为学生基线的血红蛋白水平大于等于120g/L、小于130g/L（处于贫血的临界水平的学生）；右侧分别为学生基线的血红蛋白水平大于等于130g/L但小于135g/L（身体健康的学生）和大于等于135g/L（身体非常健康的学生）。

按照不同的校长干预方式和学生血红蛋白水平分类，本小节主要对以下几种组合进行分析。第一类是按照是否对校长实施了激励，如果实施了该变量值取1，未实施的为控制组且变量值取0。比较校长激励组与控制组学生在4组分类下干预前后血红蛋白水平的变化，结果见表2-43；第二类中分为贫血小激励、贫血大激励与控制组，分析在4组基线血红蛋白水平下，干预前后各分组学生血红蛋白水平的变化情况，结果见表2-44；第三类中分为贫血激励和控制组，仍然按照4组基线血红蛋白水平进行干预前后的比较，结果见表2-45；第四类和第五类分别进行考试激励与控制组、双重激励与控制组在4组基线血红蛋白水平下，在干预前后学生血红蛋白水平的变化比较，结果见表2-46和表2-47。并且五类的回归分析，都控制了给予学校补贴的大小。

表2-43　校长激励对贫血与不贫血学生血红蛋白水平的影响

自变量	基线血红蛋白水平			
	(0, 120g/L)	[120g/L, 130g/L)	[130g/L, 150g/L)	(150g/L, +∞)
是否有校长激励 （1=是，0=否）	1.36* （1.81）	-0.57 （-0.81）	0.13 （0.17）	0.29 （0.39）
是否大补贴 （1=大补贴，0=小补贴）	0.00 （0.01）	0.11 （0.21）	-0.20 （-0.37）	-0.01 （-0.02）
学生年龄（月）	0.03** （1.98）	0.04*** （3.07）	0.02* （1.85）	0.03* （1.68）

自变量	基线血红蛋白水平			
	(0, 120g/L)	[120g/L, 130g/L)	[130g/L, 150g/L)	(150g/L, +∞)
学生性别 (1=男, 0=女)	0.15 (0.40)	1.07*** (3.89)	1.06*** (3.04)	0.97** (2.32)
是否寄宿生 (1=是, 0=否)	0.05 (0.06)	−0.66 (−1.07)	−1.11 (−1.41)	−0.99 (−1.16)
民族 (1=汉族, 0=少数民族)	1.31 (1.38)	0.76 (0.92)	0.27 (0.32)	0.27 (0.29)
家庭资产（万元）	0.07 (0.88)	0.02 (0.27)	−0.02 (−0.35)	−0.05 (−0.64)
学生父亲的受教育水平	−0.04 (−0.59)	−0.01 (−0.20)	0.03 (0.51)	0.04 (0.75)
学生的母亲受教育水平	0.09* (1.74)	0.05 (1.31)	−0.02 (−0.49)	−0.03 (−0.62)
是否留守儿童 (1=是, 0=否)	0.03 (0.07)	−0.45 (−1.47)	−0.51 (−1.59)	−0.45 (−1.17)
校长年龄（岁）	−0.03 (−0.30)	0.08 (0.95)	0.10 (1.12)	0.09 (0.99)
校长的民族 (1=汉族, 0=少数民族)	−0.36 (−0.74)	−0.33 (−0.75)	−0.43 (−1.09)	−0.34 (−0.92)
校长受教育水平（年）	0.73 (1.64)	0.07 (0.17)	−0.32 (−0.71)	−0.21 (−0.42)
校长的教龄（年）	−0.01 (−0.12)	−0.13* (−1.74)	−0.12 (−1.59)	−0.11 (−1.45)
县的控制变量	是	是	是	是
截距项	4.90 (1.08)	−1.08 (−0.24)	−4.33 (−0.87)	−7.25 (−1.35)
观察值（个）	3605	6155	5530	3394
R^2	0.100	0.062	0.040	0.037

注：括号内为 t 值；***、**和*分别代表1%、5%和10%的显著性水平。

表 2 - 44 贫血小激励、贫血大激励对贫血与不贫血
学生血红蛋白水平的影响

自变量	基线血红蛋白水平			
	(0, 120g/L)	[120g/L, 130g/L)	[130g/L, 150g/L)	(150g/L, +∞)
是否贫血小激励 (1 = 是, 0 = 否)	0.13 (0.15)	− 0.21 (− 0.24)	1.86 * (1.93)	2.25 ** (2.25)
是否贫血大激励 (1 = 是, 0 = 否)	0.63 (0.69)	− 1.32 (− 1.54)	− 0.57 (− 0.64)	− 0.18 (− 0.20)
是否大补贴 (1 = 大补贴, 0 = 小补贴)	2.18 *** (2.80)	1.33 * (1.91)	0.68 (0.97)	0.78 (1.08)
学生年龄 (月)	0.04 ** (2.25)	0.04 ** (2.54)	0.02 (1.21)	0.03 * (1.65)
学生性别 (1 = 男, 0 = 女)	0.58 (1.24)	0.68 * (1.82)	0.53 (1.18)	0.82 (1.53)
是否寄宿生 (1 = 是, 0 = 否)	− 0.28 (− 0.23)	0.28 (0.34)	− 1.25 (− 1.12)	− 0.93 (− 0.72)
民族 (1 = 汉族, 0 = 少数民族)	2.88 *** (2.61)	1.12 (0.97)	0.24 (0.23)	− 0.31 (− 0.25)
家庭资产 (万元)	0.07 (0.64)	− 0.03 (− 0.33)	− 0.02 (− 0.23)	− 0.03 (− 0.37)
学生父亲的受教育水平	− 0.06 (− 0.67)	− 0.01 (− 0.21)	0.02 (0.32)	0.02 (0.23)
学生母亲的受教育水平	0.11 * (1.66)	0.05 (0.92)	− 0.03 (− 0.60)	− 0.03 (− 0.45)
是否留守儿童 (1 = 是, 0 = 否)	0.46 (0.83)	− 0.75 * (− 1.85)	− 0.43 (− 1.00)	− 0.23 (− 0.43)
校长年龄 (岁)	− 0.06 (− 0.52)	− 0.09 (− 0.79)	− 0.01 (− 0.13)	0.01 (0.07)
校长的民族 (1 = 汉族, 0 = 少数民族)	− 0.44 (− 0.56)	0.25 (0.36)	− 0.53 (− 1.20)	− 0.64 * (− 1.80)
校长受教育水平 (年)	0.88 * (1.68)	0.46 (0.83)	0.31 (0.57)	0.81 (1.39)
校长的教龄 (年)	0.03 (0.30)	0.04 (0.52)	0.01 (0.09)	0.00 (0.05)
县的虚拟变量	是	是	是	是

自变量	基线血红蛋白水平			
	(0, 120g/L)	[120g/L, 130g/L)	[130g/L, 150g/L)	(150g/L, +∞)
截距项	0.75 (0.13)	-1.50 (-0.24)	-5.00 (-0.83)	-12.36* (-1.83)
观察值（个）	2041	3492	3141	1946
R²	0.094	0.082	0.048	0.044

注：括号内为 t 值；***、**和*分别代表 1%、5%和 10%的显著性水平。

表 2-45　贫血激励对贫血与不贫血学生血红蛋白水平的影响

自变量	基线血红蛋白水平			
	(0, 120g/L)	[120g/L, 130g/L)	[130g/L, 150g/L)	(150g/L, +∞)
是否贫血激励 (1=是, 0=否)	0.46 (0.56)	-0.92 (-1.20)	0.36 (0.43)	0.78 (0.93)
是否大补贴 (1=大补贴, 0=小补贴)	2.16*** (2.78)	1.37* (1.92)	0.65 (0.91)	0.73 (0.98)
学生年龄（月）	0.04** (2.29)	0.04** (2.53)	0.02 (1.09)	0.03 (1.50)
学生性别 (1=男, 0=女)	0.59 (1.25)	0.67* (1.81)	0.52 (1.16)	0.78 (1.46)
是否寄宿生 (1=是, 0=否)	-0.31 (-0.27)	0.42 (0.52)	-0.95 (-0.85)	-0.69 (-0.53)
民族 (1=汉族, 0=少数民族)	2.82** (2.57)	1.15 (1.01)	0.24 (0.24)	-0.28 (-0.23)
家庭资产（万元）	0.07 (0.63)	-0.02 (-0.26)	-0.02 (-0.25)	-0.04 (-0.43)
学生父亲的受教育水平	-0.06 (-0.68)	-0.01 (-0.19)	0.02 (0.29)	0.02 (0.21)
学生母亲的受教育水平	0.11* (1.66)	0.05 (0.92)	-0.03 (-0.53)	-0.02 (-0.37)
是否留守儿童 (1=是, 0=否)	0.45 (0.81)	-0.73* (-1.78)	-0.41 (-0.95)	-0.25 (-0.47)
校长年龄（岁）	-0.07 (-0.59)	-0.06 (-0.60)	0.03 (0.30)	0.04 (0.51)
校长的民族 (1=汉族, 0=少数民族)	-0.45 (-0.56)	0.25 (0.38)	-0.53 (-1.22)	-0.65* (-1.84)

续表

自变量	基线血红蛋白水平			
	(0，120g/L)	[120g/L，130g/L)	[130g/L，150g/L)	(150g/L，+∞)
校长受教育水平（年）	0.90 * (1.70)	0.39 (0.72)	0.04 (0.07)	0.49 (0.88)
校长的教龄（年）	0.04 (0.37)	0.02 (0.23)	-0.06 (-0.74)	-0.06 (-0.88)
县的控制变量	是	是	是	是
截距项	0.82 (0.14)	-1.50 (-0.24)	-3.57 (-0.59)	-10.39 (-1.56)
观察值（个）	2041	3492	3141	1946
R^2	0.094	0.081	0.041	0.038

注：括号内为 t 值；*** 、** 和 * 分别代表 1% 、5% 和 10% 的显著性水平。

表 2-46　考试激励对贫血与不贫血学生血红蛋白水平的影响

自变量	基线血红蛋白水平			
	(0，120g/L)	[120g/L，130g/L)	[130g/L，150g/L)	(150g/L，+∞)
是否考试激励 （1 = 是，0 = 否）	1.84 * (1.95)	-0.60 (-0.70)	-0.04 (-0.05)	0.13 (0.15)
是否大补贴 （1 = 大补贴，0 = 小补贴）	-0.39 (-0.33)	-0.20 (-0.24)	0.66 (0.75)	1.39 (1.46)
学生年龄（月）	0.01 (0.50)	0.02 (1.12)	0.01 (0.34)	0.01 (0.35)
学生性别（1 = 男，0 = 女）	0.57 (0.88)	1.63 *** (4.01)	0.69 (1.20)	0.42 (0.62)
是否寄宿生 （1 = 是，0 = 否）	0.07 (0.05)	-2.25 ** (-2.54)	-3.60 *** (-2.82)	-3.25 ** (-2.00)
民族 （1 = 汉族，0 = 少数民族）	0.27 (0.19)	0.79 (1.00)	0.62 (0.68)	0.96 (0.81)
家庭资产（万元）	0.12 (0.99)	0.10 (1.26)	0.13 (1.60)	0.08 (0.63)
学生父亲的受教育水平	-0.04 (-0.37)	-0.01 (-0.08)	0.05 (0.74)	0.06 (0.75)
学生母亲的受教育水平	0.10 (1.12)	0.03 (0.45)	-0.06 (-0.94)	-0.08 (-1.13)

续表

自变量	基线血红蛋白水平			
	(0, 120g/L)	[120g/L, 130g/L)	[130g/L, 150g/L)	(150g/L, +∞)
是否留守儿童 (1=是, 0=否)	-0.69 (-1.16)	-0.20 (-0.45)	-1.24** (-2.55)	-1.48** (-2.38)
校长年龄（岁）	-0.35 (-1.24)	0.30 (1.20)	0.25 (1.04)	0.19 (0.78)
校长的民族 (1=汉族, 0=少数民族)	-0.23 (-0.40)	-0.51 (-1.22)	-0.06 (-0.18)	0.07 (0.23)
校长受教育水平（年）	0.92 (1.00)	0.11 (0.17)	0.49 (0.62)	0.98 (1.15)
校长的教龄（年）	0.34 (1.35)	-0.29 (-1.30)	-0.21 (-0.90)	-0.14 (-0.59)
县的控制变量	是	是	是	是
截距项	11.84 (1.27)	-5.65 (-0.69)	-11.01 (-1.44)	-14.36* (-1.76)
观察值（个）	1473	2712	2385	1441
R^2	0.126	0.096	0.072	0.072

注：括号内为 t 值；***、** 和 * 分别代表 1%、5% 和 10% 的显著性水平。

表 2-47 双重激励对贫血与不贫血学生血红蛋白水平的影响

自变量	基线血红蛋白水平			
	(0, 120g/L)	[120g/L, 130g/L)	[130g/L, 150g/L)	(150g/L, +∞)
是否双重激励 (1=是, 0=否)	1.56* (1.88)	-0.06 (-0.07)	0.17 (0.17)	0.05 (0.05)
是否大补贴 (1=大补贴, 0=小补贴)	1.39 (1.47)	1.60** (2.08)	1.59* (1.83)	1.48 (1.60)
学生年龄（月）	0.04* (1.87)	0.03 (1.59)	0.03 (1.29)	0.03 (1.34)
学生性别 (1=男, 0=女)	-0.33 (-0.56)	1.31*** (2.95)	0.79 (1.41)	1.08* (1.69)
是否寄宿生 (1=是, 0=否)	0.55 (0.48)	-1.25 (-1.33)	-2.05* (-1.93)	-1.50 (-1.29)
民族 (1=汉族, 0=少数民族)	1.65 (1.27)	-0.26 (-0.27)	-0.60 (-0.50)	0.28 (0.22)

续表

自变量	基线血红蛋白水平			
	(0，120g/L)	[120g/L，130g/L)	[130g/L，150g/L)	(150g/L，+∞)
家庭资产（万元）	-0.02 (-0.18)	-0.00 (-0.04)	-0.09 (-1.13)	-0.14 (-1.24)
学生父亲的受教育水平	-0.03 (-0.34)	-0.10* (-1.72)	0.00 (0.04)	0.05 (0.64)
学生母亲的受教育水平	0.08 (0.95)	0.08 (1.49)	0.01 (0.14)	-0.03 (-0.39)
是否留守儿童 (1=是，0=否)	-0.37 (-0.64)	-0.91* (-1.91)	-0.94* (-1.93)	-1.12* (-1.95)
校长年龄（岁）	-0.08 (-0.31)	0.03 (0.13)	-0.04 (-0.16)	0.03 (0.12)
校长的民族 (1=汉族，0=少数民族)	0.20 (0.28)	1.45** (2.23)	0.64 (1.04)	0.46 (0.96)
校长受教育水平（年）	1.19 (1.46)	0.54 (0.59)	-0.92 (-0.99)	-1.13 (-1.16)
校长的教龄（年）	0.21 (0.81)	0.01 (0.07)	0.02 (0.11)	-0.05 (-0.25)
县的控制变量	是	是	是	是
截距项	-1.90 (-0.23)	-4.20 (-0.55)	3.75 (0.42)	2.02 (0.21)
观察值（个）	1501	2651	2450	1549
R^2	0.136	0.105	0.091	0.089

注：括号内为 t 值；***、**和*分别代表 1%、5% 和 10% 的显著性水平。

具体的分析结果显示，保持补贴大小和其他变量一定的情况下，对校长采取一定的改善学生营养健康状况的激励措施，能够显著地提高贫血学生（基线血红蛋白水平 <120g/L）的血红蛋白水平（表 2-43，t值 =1.81）。与此同时，对于那些身体健康状况本身要好一些的学生，校长激励并没有显著提高他们的血红蛋白水平。进一步提取对校长的贫血小激励和贫血大激励干预发现，与控制组学生相比，贫血小激励能够显著提高基线健康状况较好的学生的血红蛋白水平，但是对贫血学生和处于贫血临界水平的学生血红蛋白水平的改善作用并不明显。在对校长

进行贫血小激励和贫血大激励的方式下，或者在贫血激励的情况下，提供给学校的大补贴，对贫血学生和临界贫血学生血红蛋白水平的提高效果显著优于小补贴（表 2 – 44，t 值分别为 2.80、1.91；表 2 – 45，t 值分别为 2.78、1.92）。考试激励和双重激励同样验证了上述分析，两种对校长的干预方式都能够显著地提高贫血学生的血红蛋白水平（表 2 – 46，t 值 = 1.95；表 2 – 47，t 值 = 1.88），从而改善他们的身体健康状况。总体而言，校长激励对于改善贫血学生的营养健康状况是有效的。对干预方式进行分类比较后也发现，无论是对校长进行贫血激励，还是对校长进行考试激励和双重激励，都对贫血学生的血红蛋白水平提高有明显的促进作用。也就是说，对校长进行关于学生营养健康状况改善的激励，对贫血学生营养健康水平的提升有积极的作用，有利于促进教育和社会的公平。

4. 校长激励对学生学业表现的影响分析及比较

按照项目的逻辑和设计，不同激励和补贴方式对学生成绩改变的作用机制是，通过减少贫血，改善学生的营养状况，进而提高学生的成绩，也就是说学生的身体好了学习才有可能好。正因为对学生成绩的改变并不如对血红蛋白水平的提高那样直接，因此校长激励对学生成绩提高的效果并不明显。

具体也建立了 7 个模型，运用与学生血红蛋白水平变化的计量方法和计量模型，只是改变因变量为学生的数学成绩标准分和语文成绩标准分。表 2 – 48 包含对贫血小激励、贫血大激励和控制组的学生成绩标准分的比较，从中可以看到，控制组的大补贴比小补贴更能促进学生数学成绩的提高（t 值 = 2.15）。贫血大激励和补贴交互项的结果显示，对校长进行贫血大激励并同时向学校提供大补贴的学校学生数学成绩提高的水平小于获得小补贴的学校学生的数学成绩（t 值 = – 2.46）。与此类似的结论也存在于表 2 – 49、表 2 – 50、表 2 – 51、表 2 – 52 和表 2 – 53，也就是说，贫血激励（包含小激励和大激励）、考试激励、双重激励与控制组的比较中，都存在控制组的大补贴效果好于小补贴，同时四

表 2-48 贫血小激励、贫血大激励和控制组之间学生标准化成绩的差异

自变量	数学成绩的标准分			语文成绩的标准分		
	模型 1	模型 2	模型 3	模型 1	模型 2	模型 3
贫血小激励	0.01 (0.45)	0.01 (0.43)	0.04 (1.36)	0.01 (0.57)	0.01 (0.56)	0.01 (0.26)
贫血大激励	-0.03 (-1.44)	-0.03 (-1.45)	0.02 (0.70)	0.00 (0.23)	0.00 (0.22)	0.03 (0.94)
是否大补贴 (1=大补贴, 0=小补贴)		0.01 (0.50)	0.07** (2.15)		0.00 (0.24)	0.02 (0.64)
贫血小激励×补贴			-0.07 (-1.42)			0.01 (0.28)
贫血大激励×补贴			-0.10** (-2.46)			-0.05 (-1.10)
学生基线考试成绩标准分	-0.28*** (-30.78)	-0.28*** (-30.80)	-0.28*** (-30.86)	-0.29*** (-28.43)	-0.29*** (-28.44)	-0.29*** (-28.47)
学生年龄（月）	-0.00*** (-6.64)	-0.00*** (-6.64)	-0.00*** (-6.67)	-0.00*** (-6.96)	-0.00*** (-6.96)	-0.00*** (-6.99)
学生性别 (1=男, 0=女)	0.10*** (5.67)	0.10*** (5.67)	0.10*** (5.61)	-0.05*** (-2.88)	-0.05*** (-2.88)	-0.05*** (-2.84)
是否寄宿生 (1=是, 0=否)	-0.04 (-1.30)	-0.04 (-1.30)	-0.04 (-1.29)	0.00 (0.12)	0.00 (0.13)	0.01 (0.17)

续表

自变量	数学成绩的标准分			语文成绩的标准分		
	模型 1	模型 2	模型 3	模型 1	模型 2	模型 3
民族 （1 = 汉族，0 = 少数民族）	0.06 （1.56）	0.06 （1.57）	0.06 （1.55）	0.13*** （2.71）	0.13*** （2.71）	0.12*** （2.67）
家庭资产（万元）	-0.01 （-1.60）	-0.01 （-1.60）	-0.01 （-1.58）	-0.00 （-0.69）	-0.00 （-0.69）	-0.00 （-0.67）
学生父亲的受教育水平	0.01*** （3.05）	0.01*** （3.05）	0.01*** （3.03）	0.01** （2.28）	0.01** （2.28）	0.01** （2.27）
学生母亲的受教育水平	0.00 （0.04）	0.00 （0.03）	0.00 （0.09）	-0.00 （-1.45）	-0.00 （-1.45）	-0.00 （-1.47）
是否留守儿童 （1 = 是，0 = 否）	-0.02 （-0.96）	-0.02 （-0.95）	-0.02 （-0.91）	0.01 （0.33）	0.01 （0.33）	0.01 （0.33）
校长年龄（岁）	0.00 （0.21）	0.00 （0.24）	0.00 （0.21）	0.00 （0.93）	0.00 （0.94）	0.00 （0.97）
校长的民族 （1 = 汉族，0 = 少数民族）	-0.03* （-1.87）	-0.03* （-1.88）	-0.03* （-1.91）	0.02 （1.07）	0.02 （1.06）	0.01 （0.93）
校长受教育水（年）	0.02 （1.54）	0.02 （1.61）	0.03* （1.84）	0.00 （0.16）	0.00 （0.21）	0.01 （0.38）
校长的教龄（年）	0.00 （0.21）	0.00 （0.21）	0.00 （0.32）	-0.00 （-0.75）	-0.00 （-0.74）	-0.00 （-0.65）

续表

自变量	数学成绩的标准分			语文成绩的标准分		
	模型 1	模型 2	模型 3	模型 1	模型 2	模型 3
县的虚拟变量	是	是	是	是	是	是
截距项	0.31*	0.29	0.25	0.49***	0.48**	0.45**
	(1.75)	(1.64)	(1.38)	(2.61)	(2.53)	(2.39)
观察值（个）	5669	5669	5669	5765	5765	5765
R²	0.167	0.167	0.168	0.156	0.156	0.157

注：括号内为 t 值；***、**和*分别代表 1%、5%和 10%的显著性水平。

表 2-49 贫血激励和控制组之间学生标准化成绩的差异

自变量	数学成绩的标准分			语文成绩的标准分		
	模型 1	模型 2	模型 3	模型 1	模型 2	模型 3
贫血激励	-0.02	-0.02	0.03	0.01	0.01	0.02
	(-0.81)	(-0.83)	(1.02)	(0.42)	(0.41)	(0.70)
是否大补贴（1=大补贴，0=小补贴）		0.01	0.07**		0.00	0.02
		(0.55)	(2.14)		(0.25)	(0.64)
贫血激励×补贴			-0.09**			-0.02
			(-2.32)			(-0.61)
学生基线考试成绩标准分	-0.28***	-0.28***	-0.28***	-0.29***	-0.29***	-0.29***
	(-30.82)	(-30.83)	(-30.86)	(-28.46)	(-28.46)	(-28.48)

续表

自变量	数学成绩的标准分			语文成绩的标准分		
	模型 1	模型 2	模型 3	模型 1	模型 2	模型 3
学生年龄（月）	-0.00*** (-6.70)	-0.00*** (-6.71)	-0.00*** (-6.73)	-0.00*** (-6.99)	-0.00*** (-6.99)	-0.00*** (-6.99)
学生性别（1=男，0=女）	0.10*** (5.66)	0.10*** (5.67)	0.10*** (5.62)	-0.05*** (-2.88)	-0.05*** (-2.88)	-0.05*** (-2.87)
是否寄宿生（1=是，0=否）	-0.04 (-1.19)	-0.04 (-1.18)	-0.04 (-1.21)	0.01 (0.15)	0.01 (0.15)	0.01 (0.15)
民族（1=汉族，0=少数民族）	0.06 (1.57)	0.06 (1.59)	0.06 (1.58)	0.13*** (2.71)	0.13*** (2.71)	0.13*** (2.71)
家庭资产（万元）	-0.01 (-1.55)	-0.01 (-1.56)	-0.01 (-1.55)	-0.00 (-0.69)	-0.00 (-0.69)	-0.00 (-0.69)
学生父亲的受教育水平	0.01*** (3.02)	0.01*** (3.03)	0.01*** (3.02)	0.01** (2.28)	0.01** (2.29)	0.01** (2.30)
学生母亲的受教育水平	0.00 (0.05)	0.00 (0.04)	0.00 (0.11)	-0.00 (-1.44)	-0.00 (-1.44)	-0.00 (-1.44)
是否留守儿童（1=是，0=否）	-0.02 (-0.96)	-0.02 (-0.95)	-0.02 (-0.91)	0.01 (0.34)	0.01 (0.34)	0.01 (0.35)
校长年龄（岁）	0.00 (0.44)	0.00 (0.47)	0.00 (0.42)	0.00 (0.98)	0.00 (0.99)	0.00 (0.98)
校长的民族（1=汉族，0=少数民族）	-0.03* (-1.84)	-0.03* (-1.86)	-0.03* (-1.82)	0.02 (1.07)	0.02 (1.07)	0.02 (1.07)

续表

自变量	数学成绩的标准分			语文成绩的标准分		
	模型 1	模型 2	模型 3	模型 1	模型 2	模型 3
校长受教育水平（年）	0.02 (1.29)	0.02 (1.38)	0.02 (1.54)	0.00 (0.11)	0.00 (0.16)	0.00 (0.20)
校长的教龄（年）	-0.00 (-0.13)	-0.00 (-0.13)	-0.00 (-0.07)	-0.00 (-0.83)	-0.00 (-0.83)	-0.00 (-0.82)
县的虚拟变量	是	是	是	是	是	是
截距项	0.32* (1.85)	0.30* (1.72)	0.27 (1.53)	0.49*** (2.63)	0.48** (2.55)	0.47** (2.50)
观察值（个）	5669	5669	5669	5765	5765	5765
R^2	0.166	0.166	0.167	0.156	0.156	0.156

注：括号内为 t 值；***、**和*分别代表 1%、5%和 10%的显著性水平。

表 2－50 考试激励和控制组之间学生标准化成绩的差异

自变量	数学成绩的标准分			语文成绩的标准分		
	模型 1	模型 2	模型 3	模型 1	模型 2	模型 3
考试激励	-0.03 (-1.57)	-0.04 (-1.61)	0.03 (1.04)	0.01 (0.50)	0.01 (0.50)	0.01 (0.24)
是否大补贴 (1＝大补贴，0＝小补贴)		-0.02 (-0.99)	0.05 (1.41)		0.00 (0.20)	0.00 (0.03)

续表

自变量	数学成绩的标准分			语文成绩的标准分		
	模型 1	模型 2	模型 3	模型 1	模型 2	模型 3
考试激励 × 补贴			-0.14 *** (-3.01)			0.01 (0.16)
学生基线考试成绩标准分	-0.30 *** (-27.24)	-0.30 *** (-27.22)	-0.30 *** (-27.35)	-0.29 *** (-22.75)	-0.29 *** (-22.74)	-0.29 *** (-22.73)
学生年龄（月）	-0.00 *** (-6.34)	-0.00 *** (-6.36)	-0.01 *** (-6.46)	-0.01 *** (-7.16)	-0.01 *** (-7.16)	-0.01 *** (-7.16)
学生性别（1=男，0=女）	0.11 *** (5.61)	0.11 *** (5.63)	0.11 *** (5.61)	-0.04 ** (-2.13)	-0.04 ** (-2.13)	-0.04 ** (-2.13)
是否寄宿生（1=是，0=否）	-0.02 (-0.48)	-0.02 (-0.43)	-0.01 (-0.31)	0.01 (0.16)	0.01 (0.15)	0.01 (0.15)
民族（1=汉族，0=少数民族）	0.10 ** (2.06)	0.10 ** (2.09)	0.10 ** (2.10)	0.11 * (1.93)	0.11 * (1.91)	0.11 * (1.91)
家庭资产（万元）	-0.00 (-0.71)	-0.00 (-0.70)	-0.00 (-0.70)	-0.00 (-0.88)	-0.00 (-0.88)	-0.00 (-0.88)
学生父亲的受教育水平	0.01 * (1.83)	0.01 * (1.84)	0.01 * (1.92)	0.00 (0.68)	0.00 (0.68)	0.00 (0.68)
学生母亲的受教育水平	0.00 (0.18)	0.00 (0.18)	0.00 (0.23)	-0.00 (-0.07)	-0.00 (-0.08)	-0.00 (-0.08)
是否留守儿童（1=是，0=否）	-0.01 (-0.25)	-0.01 (-0.26)	-0.01 (-0.26)	0.01 (0.30)	0.01 (0.30)	0.01 (0.31)

续表

自变量	数学成绩的标准分			语文成绩的标准分		
	模型 1	模型 2	模型 3	模型 1	模型 2	模型 3
校长年龄（岁）	-0.00 (-0.14)	-0.00 (-0.37)	-0.00 (-0.48)	-0.00 (-0.11)	-0.00 (-0.05)	-0.00 (-0.05)
校长的民族（1 = 汉族，0 = 少数民族）	-0.03* (-1.92)	-0.03* (-1.87)	-0.03* (-1.89)	-0.00 (-0.19)	-0.00 (-0.19)	-0.00 (-0.19)
校长受教育水平（年）	0.02 (0.79)	0.02 (0.75)	0.03 (1.38)	0.01 (0.32)	0.01 (0.32)	0.01 (0.28)
校长的教龄（年）	0.00 (0.10)	0.00 (0.31)	0.00 (0.53)	-0.00 (-0.06)	-0.00 (-0.10)	-0.00 (-0.11)
县的虚拟变量	是	是	是	是	是	是
截距项	0.43* (1.81)	0.48** (1.99)	0.37 (1.54)	0.73*** (2.93)	0.72*** (2.84)	0.73*** (2.84)
观察值（个）	4091	4091	4091	4157	4157	4157
R^2	0.182	0.182	0.184	0.156	0.156	0.156

注：括号内为 t 值；***，** 和 * 分别代表 1%、5% 和 10% 的显著性水平。

表 2 - 51　双重激励和控制组之间学生标准化成绩的差异

自变量	数学成绩的标准分			语文成绩的标准分		
	模型 1	模型 2	模型 3	模型 1	模型 2	模型 3
双重激励	-0.04* (-1.72)	-0.04* (-1.69)	-0.00 (-0.10)	-0.01 (-0.29)	-0.01 (-0.33)	-0.01 (-0.20)
是否大补贴 (1=大补贴, 0=小补贴)		-0.01 (-0.49)	0.03 (0.77)		0.01 (0.60)	0.01 (0.42)
双重激励×补贴			-0.07 (-1.53)			-0.00 (-0.04)
学生基线考试成绩标准分	-0.28*** (-25.97)	-0.28*** (-25.96)	-0.28*** (-25.91)	-0.29*** (-25.25)	-0.29*** (-25.24)	-0.29*** (-25.24)
学生年龄 (月)	-0.00*** (-6.28)	-0.00*** (-6.27)	-0.00*** (-6.33)	-0.01*** (-6.74)	-0.01*** (-6.75)	-0.01*** (-6.75)
学生性别 (1=男, 0=女)	0.10*** (5.22)	0.10*** (5.23)	0.10*** (5.23)	-0.05** (-2.57)	-0.05** (-2.56)	-0.05** (-2.55)
是否寄宿生 (1=是, 0=否)	-0.08** (-2.08)	-0.08** (-2.06)	-0.08** (-2.02)	-0.04 (-0.98)	-0.04 (-1.00)	-0.04 (-1.00)
民族 (1=汉族, 0=少数民族)	0.05 (1.16)	0.05 (1.12)	0.05 (1.00)	0.10** (2.14)	0.10** (2.17)	0.10** (2.15)
家庭资产 (万元)	-0.01* (-1.84)	-0.01* (-1.85)	-0.01* (-1.87)	-0.00 (-0.30)	-0.00 (-0.28)	-0.00 (-0.28)
学生父亲的受教育水平	0.01** (2.38)	0.01** (2.36)	0.01** (2.32)	0.00 (0.59)	0.00 (0.61)	0.00 (0.61)

续表

自变量	数学成绩的标准分			语文成绩的标准分		
	模型 1	模型 2	模型 3	模型 1	模型 2	模型 3
学生母亲的受教育水平	-0.00 (-1.31)	-0.00 (-1.32)	-0.00 (-1.29)	0.00 (0.30)	0.00 (0.29)	0.00 (0.29)
是否留守儿童 (1=是, 0=否)	-0.00 (-0.03)	-0.00 (-0.06)	-0.00 (-0.11)	0.00 (0.21)	0.01 (0.24)	0.01 (0.24)
校长年龄 (岁)	-0.01* (-1.83)	-0.01* (-1.87)	-0.01* (-1.73)	0.00 (0.15)	0.00 (0.24)	0.00 (0.24)
校长的民族 (1=汉族, 0=少数民族)	-0.05** (-2.40)	-0.05** (-2.43)	-0.05*** (-2.59)	-0.01 (-0.38)	-0.01 (-0.34)	-0.01 (-0.34)
校长受教育水 (年)	0.04** (2.07)	0.04** (2.00)	0.04** (2.10)	-0.03* (-1.67)	-0.03 (-1.59)	-0.03 (-1.58)
校长的教龄 (年)	0.01 (1.28)	0.01 (1.32)	0.01 (1.17)	-0.00 (-0.98)	-0.00 (-1.03)	-0.00 (-1.02)
县的虚拟变量	是	是	是	是	是	是
截距项	0.71*** (3.40)	0.74*** (3.41)	0.72*** (3.30)	0.97*** (4.54)	0.94*** (4.34)	0.94*** (4.31)
观察值 (个)	4224	4224	4224	4307	4307	4307
R^2	0.164	0.164	0.164	0.158	0.158	0.158

注：括号内为 t 值；***、** 和 * 分别代表 1%、5% 和 10% 的显著性水平。

表2-52 贫血激励、考试激励、控制组之间学生标准化成绩的差异

自变量	数学成绩的标准分			语文成绩的标准分		
	模型1	模型2	模型3	模型1	模型2	模型3
贫血激励	-0.02 (-1.13)	-0.02 (-1.13)	0.02 (0.88)	-0.00 (-0.15)	-0.00 (-0.15)	0.01 (0.33)
考试激励	-0.03 (-1.63)	-0.03* (-1.65)	0.03 (1.15)	0.01 (0.24)	0.01 (0.25)	-0.01 (-0.28)
是否大补贴 (1=大补贴, 0=小补贴)		-0.02 (-1.11)	0.07** (2.11)		0.01 (0.80)	0.02 (0.50)
贫血激励×补贴			-0.09** (-2.49)			-0.02 (-0.60)
考试激励×补贴			-0.14*** (-3.23)			0.03 (0.65)
学生基线考试成绩标准分	-0.28*** (-36.55)	-0.28*** (-36.54)	-0.29*** (-36.64)	-0.29*** (-32.65)	-0.29*** (-32.64)	-0.29*** (-32.63)
学生年龄（月）	-0.00*** (-8.31)	-0.00*** (-8.31)	-0.00*** (-8.40)	-0.01*** (-8.61)	-0.01*** (-8.60)	-0.01*** (-8.56)
学生性别 (1=男, 0=女)	0.09*** (6.16)	0.09*** (6.16)	0.09*** (6.12)	-0.05*** (-3.12)	-0.05*** (-3.12)	-0.05*** (-3.11)
是否寄宿生 (1=是, 0=否)	-0.05* (-1.65)	-0.05 (-1.62)	-0.05 (-1.56)	0.00 (0.03)	0.00 (0.01)	-0.00 (-0.03)

续表

自变量	数学成绩的标准分			语文成绩的标准分		
	模型 1	模型 2	模型 3	模型 1	模型 2	模型 3
民族（1＝汉族，0＝少数民族）	0.06* (1.72)	0.06* (1.73)	0.06* (1.72)	0.10** (2.56)	0.10** (2.54)	0.10** (2.53)
家庭资产（万元）	-0.01 (-1.64)	-0.01 (-1.64)	-0.01* (-1.66)	-0.00 (-0.72)	-0.00 (-0.72)	-0.00 (-0.71)
学生父亲的受教育水平	0.01*** (3.01)	0.01*** (3.01)	0.01*** (3.04)	0.01** (2.35)	0.01** (2.34)	0.01** (2.35)
学生母亲的受教育水平	0.00 (0.60)	0.00 (0.63)	0.00 (0.70)	-0.00* (-1.76)	-0.00* (-1.77)	-0.00* (-1.82)
是否留守儿童（1＝是，0＝否）	-0.01 (-0.56)	-0.01 (-0.59)	-0.01 (-0.57)	0.00 (0.27)	0.00 (0.28)	0.00 (0.30)
校长年龄（岁）	0.00 (0.47)	0.00 (0.36)	0.00 (0.42)	0.00 (1.18)	0.00 (1.24)	0.00 (1.23)
校长的民族（1＝汉族，0＝少数民族）	-0.02* (-1.81)	-0.02* (-1.77)	-0.02* (-1.74)	0.01 (0.77)	0.01 (0.75)	0.01 (0.74)
校长受教育水平（年）	0.02* (1.84)	0.02* (1.65)	0.03** (2.04)	0.01 (0.72)	0.01 (0.83)	0.01 (0.73)
校长的教龄（年）	0.00 (0.12)	0.00 (0.17)	0.00 (0.21)	-0.00 (-0.41)	-0.00 (-0.44)	-0.00 (-0.48)
县的虚拟变量	是	是	是	是	是	是

续表

自变量	数学成绩的标准分			语文成绩的标准分		
	模型 1	模型 2	模型 3	模型 1	模型 2	模型 3
截距项	0.30** (1.99)	0.33** (2.16)	0.26* (1.67)	0.47*** (2.89)	0.45*** (2.74)	0.46*** (2.77)
观察值（个）	7697	7697	7697	7825	7825	7825
R^2	0.166	0.167	0.168	0.156	0.156	0.156

注：括号内为 t 值；***、**和*分别代表 1%、5% 和 10% 的显著性水平。

表 2－53　贫血激励、双重激励和控制组之间学生标准化成绩的差异

自变量	数学成绩的标准分			语文成绩的标准分		
	模型 1	模型 2	模型 3	模型 1	模型 2	模型 3
贫血激励	-0.02 (-1.13)	-0.02 (-1.12)	0.02 (0.68)	0.01 (0.69)	0.01 (0.67)	0.03 (0.93)
双重激励	-0.03 (-1.26)	-0.03 (-1.25)	0.01 (0.49)	-0.01 (-0.48)	-0.01 (-0.49)	-0.02 (-0.53)
是否大补贴（1 = 大补贴，0 = 小补贴）		-0.00 (-0.18)	0.06* (1.89)		0.01 (0.43)	0.02 (0.50)
贫血激励×补贴			-0.08** (-2.14)			-0.03 (-0.67)

续表

自变量	数学成绩的标准分			语文成绩的标准分		
	模型 1	模型 2	模型 3	模型 1	模型 2	模型 3
双重激励 × 补贴			-0.08** (-1.99)			0.01 (0.24)
学生基线考试成绩标准分	-0.27*** (-35.29)	-0.27*** (-35.27)	-0.27*** (-35.28)	-0.29*** (-34.31)	-0.29*** (-34.32)	-0.29*** (-34.33)
学生年龄（月）	-0.00*** (-8.28)	-0.00*** (-8.28)	-0.00*** (-8.31)	-0.00*** (-8.09)	-0.00*** (-8.09)	-0.00*** (-8.09)
学生性别（1=男，0=女）	0.09*** (6.03)	0.09*** (6.03)	0.09*** (6.00)	-0.05*** (-3.48)	-0.05*** (-3.48)	-0.05*** (-3.47)
是否寄宿生（1=是，0=否）	-0.06** (-2.14)	-0.06** (-2.14)	-0.06** (-2.12)	-0.02 (-0.68)	-0.02 (-0.69)	-0.02 (-0.72)
民族（1=汉族，0=少数民族）	0.03 (0.98)	0.03 (0.96)	0.03 (0.88)	0.10*** (2.76)	0.10*** (2.78)	0.10*** (2.81)
家庭资产（万元）	-0.01*** (-2.59)	-0.01*** (-2.59)	-0.01*** (-2.59)	-0.00 (-0.28)	-0.00 (-0.28)	-0.00 (-0.26)
学生父亲的受教育水平	0.01*** (3.43)	0.01*** (3.43)	0.01*** (3.40)	0.01** (2.40)	0.01** (2.41)	0.01** (2.43)
学生母亲的受教育水平	-0.00 (-0.48)	-0.00 (-0.47)	-0.00 (-0.44)	-0.00 (-1.44)	-0.00 (-1.45)	-0.00 (-1.45)
是否留守儿童（1=是，0=否）	-0.01 (-0.70)	-0.01 (-0.71)	-0.01 (-0.72)	0.01 (0.34)	0.01 (0.36)	0.01 (0.39)

续表

自变量	数学成绩的标准分			语文成绩的标准分		
	模型 1	模型 2	模型 3	模型 1	模型 2	模型 3
校长年龄（岁）	-0.00 (-0.22)	-0.00 (-0.23)	-0.00 (-0.25)	0.00 (0.38)	0.00 (0.41)	0.00 (0.42)
校长的民族 （1=汉族，0=少数民族）	-0.04*** (-2.87)	-0.04*** (-2.87)	-0.04*** (-2.92)	0.02 (1.13)	0.02 (1.14)	0.02 (1.20)
校长受教育水平（年）	0.03** (2.29)	0.03** (2.24)	0.03** (2.43)	-0.00 (-0.10)	-0.00 (-0.04)	-0.00 (-0.05)
校长的教龄（年）	0.00 (0.22)	0.00 (0.22)	0.00 (0.22)	-0.00 (-0.71)	-0.00 (-0.71)	-0.00 (-0.70)
县的虚拟变量	是	是	是	是	是	是
截距项	0.45*** (3.12)	0.46*** (3.10)	0.42*** (2.87)	0.61*** (4.00)	0.59*** (3.86)	0.58*** (3.79)
观察值（个）	7830	7830	7830	7975	7975	7975
R^2	0.156	0.156	0.157	0.157	0.157	0.157

注：括号内为 t 值；***、**和*分别代表 1%、5%和 10%的显著性水平。

表2-54 不同干预方式的影响之间学生标准化成绩的差异

自变量	数学成绩的标准分				语文成绩的标准分			
	模型1	模型2	模型3	模型4	模型1	模型2	模型3	模型4
是否贫血大激励 （1=贫血大激励，0=贫血小激励）	-0.03 (-1.36)				-0.02 (-0.72)			
是否贫血激励 （1=贫血激励，0=考试激励）		0.01 (0.41)				-0.01 (-0.46)		
是否贫血激励 （1=贫血激励，0=双重激励）			-0.01 (-0.41)				0.02 (1.10)	
是否考试激励 （1=考试激励，0=双重激励）				-0.00 (-0.09)				0.03 (1.29)
是否大补贴 （1=大补贴，0=小补贴）	0.01 (0.23)	-0.04** (-2.18)	-0.01 (-0.68)	-0.07*** (-3.03)	0.01 (0.44)	0.02 (0.93)	0.01 (0.62)	0.04* (1.66)
学生基线考试成绩标准分	-0.27*** (-24.15)	-0.29*** (-31.21)	-0.27*** (-29.54)	-0.29*** (-26.07)	-0.30*** (-23.14)	-0.30*** (-28.11)	-0.30*** (-30.32)	-0.29*** (-24.83)
学生年龄（月）	-0.00*** (-5.33)	-0.00*** (-7.41)	-0.00*** (-7.29)	-0.01*** (-7.33)	-0.00*** (-4.65)	-0.01*** (-6.97)	-0.00*** (-6.17)	-0.01*** (-6.45)
学生性别（1=男，0=女）	0.06*** (2.99)	0.07*** (3.94)	0.07*** (3.88)	0.06*** (3.19)	-0.05** (-2.32)	-0.04** (-2.56)	-0.05*** (-3.08)	-0.05** (-2.43)
是否寄宿生（1=是，0=否）	-0.05 (-1.34)	-0.05 (-1.63)	-0.06* (-1.90)	-0.04 (-1.17)	-0.03 . (-0.65)	-0.02 (-0.56)	-0.05 (-1.40)	-0.08* (-1.90)

137

续表

自变量	数学成绩的标准分				语文成绩的标准分			
	模型 1	模型 2	模型 3	模型 4	模型 1	模型 2	模型 3	模型 4
民族（1＝汉族，0＝少数民族）	0.02 (0.34)	0.04 (0.87)	0.00 (0.02)	0.01 (0.20)	0.11* (1.69)	0.09* (1.87)	0.08** (2.11)	0.05 (1.18)
家庭资产（万元）	-0.01* (-1.86)	-0.01* (-1.81)	-0.01*** (-2.89)	-0.01** (-2.02)	-0.00 (-0.36)	-0.00 (-0.36)	0.00 (0.21)	0.00 (0.38)
学生父亲的受教育水平	0.01** (2.12)	0.01** (2.36)	0.01*** (2.81)	0.01* (1.95)	0.01** (2.57)	0.01** (2.56)	0.01*** (2.63)	0.00 (0.76)
学生母亲的受教育水平	0.00 (0.72)	0.00 (1.30)	0.00 (0.04)	0.00 (0.61)	-0.01** (-2.52)	-0.01** (-2.62)	-0.01** (-2.28)	-0.00 (-1.16)
是否留守儿童（1＝是，0＝否）	-0.00 (-0.19)	-0.00 (-0.06)	-0.01 (-0.38)	0.02 (0.77)	0.00 (0.22)	-0.00 (-0.01)	0.00 (0.15)	0.00 (0.21)
校长年龄（岁）	0.00 (0.36)	0.00 (0.68)	-0.00 (-0.01)	-0.01 (-1.27)	0.00 (0.66)	0.00 (1.51)	0.00 (0.28)	-0.00 (-0.75)
校长的民族（1＝汉族，0＝少数民族）	-0.03 (-1.26)	-0.02 (-1.43)	-0.04** (-2.14)	-0.03 (-1.43)	0.05** (2.10)	0.02 (1.05)	0.04** (2.17)	0.01 (0.55)
校长受教育水平（年）	0.04* (1.93)	0.03* (1.70)	0.04** (2.50)	0.04** (2.15)	0.03* (1.66)	0.03 (1.56)	0.02 (1.25)	0.02 (0.86)
校长的教龄（年）	0.00 (1.02)	0.00 (0.44)	0.00 (0.75)	0.01 (1.32)	0.00 (0.46)	0.00 (0.16)	0.00 (0.03)	0.00 (0.65)
县的虚拟变量	是	是	是	是	是	是	是	是

138

续表

自变量	数学成绩的标准分				语文成绩的标准分			
	模型 1	模型 2	模型 3	模型 4	模型 1	模型 2	模型 3	模型 4
截距项	0.16	0.26	0.39**	0.61***	0.15	0.27	0.37**	0.67***
	(0.71)	(1.43)	(2.26)	(2.78)	(0.62)	(1.43)	(2.11)	(3.05)
观察值（个）	3606	5634	5767	4189	3668	5728	5878	4270
R^2	0.172	0.169	0.156	0.170	0.169	0.164	0.165	0.163

注：括号内为 t 值；***、** 和 * 分别代表 1%、5% 和 10% 的显著性水平。

种激励方式与补贴的交互项中，都是在各种激励方式下，获得大补贴的学校学生数学成绩提高的水平小于获得小补贴的学校学生的数学成绩。最后，表2-54对激励方法进行了两两对比，没有发现对学生数学成绩有显著改善的方式。并且在所有的分析当中，无论是激励的方式还是补贴的额度，对学生的语文成绩都没有显著影响。

总结上述分析可知，对于仅有补贴的样本学校，大补贴对学生数学成绩的提高有积极的作用。但是在贫血小激励、贫血大激励、考试激励和双重激励的方式下，加入大补贴对学生的数学成绩的提高小于四项激励分别加小补贴对学生数学成绩的影响。与学生血红蛋白水平提高情况的可能解释原因一致。不同之处在于，血红蛋白水平的提高更多依赖于客观的因素，结合贫血的知识有针对性地给学生增加营养，短期内就能够实现。但是学习成绩的提高牵涉很多的主观因素，再加上项目干预的时间是8个月，短时期内改变的难度比较大，即便是平均提高1分。尤其是语文成绩的改善，相比于数学成绩，需要更多的积累过程。

5. 校长激励对贫血学生学业表现的影响

为了更进一步分析校长激励对贫血和非贫血学生学业表现的影响情况，本小节将样本学生分成了两类，分别为贫血学生（基线血红蛋白水平小于120g/L）和非贫血学生（基线血红蛋白水平大于等于135g/L）。按照上述分类情况，分析在对校长进行改善学生营养状况的激励的情况下，学生营养状况的变化能否引起学生学业表现的差异。从表2-55到表2-59的回归结果中可以看到：第一，总体而言，在保持补贴大小一定的情况下，与控制组相比，校长激励并没有对贫血学生和非贫血学生的数学和语文成绩有显著的促进作用（见表2-55）；第二，在具体的校长激励方式上，如贫血激励和双重激励同样没有促进学生数学和语文成绩的显著提高（见表2-56、表2-57和表2-59）；第三，对校长的考试激励不但没有改善贫血学生的数学和语文考试成绩，反而显著地降低了非贫血学生的数学考试成绩（见表2-58，t值 = -2.05）；第四，除了考试激励，其他4类回归分析的结果都显示，保持校长激励不变时，给予学校小补贴对学生数学成绩的改善效果好于给予大补贴。

表 2 – 55　校长激励对贫血与不贫血学生成绩的影响

自变量	数学成绩的标准分		语文成绩的标准分	
	基线血红蛋白水平 < 120g/L	基线血红蛋白水平 ≥ 135g/L	基线血红蛋白水平 < 120g/L	基线血红蛋白水平 ≥ 135g/L
是否有校长激励 （1 = 是，0 = 否）	– 0.01 （– 0.24）	– 0.03 （– 1.01）	0.01 （0.15）	– 0.01 （– 0.24）
是否大补贴 （1 = 大补贴，0 = 小补贴）	– 0.08 ** （– 2.18）	– 0.03 （– 1.05）	0.05 （1.30）	– 0.01 （– 0.48）
学生年龄（月）	– 0.00 （– 0.87）	– 0.00 *** （– 3.09）	– 0.00 ** （– 2.46）	– 0.00 *** （– 2.74）
学生性别 （1 = 男，0 = 女）	0.03 （0.88）	0.04 * （1.95）	– 0.01 （– 0.20）	– 0.05 ** （– 2.43）
是否寄宿生 （1 = 是，0 = 否）	0.02 （0.38）	– 0.04 （– 1.14）	– 0.02 （– 0.26）	0.04 （0.93）
民族 （1 = 汉族，0 = 少数民族）	0.02 （0.29）	– 0.01 （– 0.32）	0.07 （0.93）	– 0.08 （– 1.48）
家庭资产（万元）	– 0.02 ** （– 2.02）	0.00 （0.31）	0.01 （0.93）	0.01 ** （2.14）
学生父亲的受教育水平	– 0.00 （– 0.17）	– 0.00 （– 1.26）	– 0.00 （– 0.19）	– 0.00 （– 1.18）
学生母亲的受教育水平	0.00 （0.67）	– 0.00 （– 0.13）	– 0.00 （– 0.69）	– 0.00 （– 0.80）
是否留守儿童 （1 = 是，0 = 否）	0.00 （0.02）	0.00 （0.12）	0.08 ** （2.16）	0.04 ** （2.03）
校长年龄（岁）	0.00 （0.20）	– 0.00 （– 0.68）	0.00 （0.43）	– 0.00 （– 0.40）
校长的民族 （1 = 汉族，0 = 少数民族）	– 0.06 * （– 1.87）	– 0.01 （– 0.66）	0.01 （0.32）	0.04 ** （2.10）
校长受教育水平（年）	0.03 （1.05）	– 0.00 （– 0.03）	0.01 （0.46）	– 0.04 ** （– 2.27）
校长的教龄（年）	– 0.00 （– 0.20）	0.00 （0.53）	0.00 （0.33）	0.00 （0.37）
县的虚拟变量	是	是	是	是

续表

自变量	数学成绩的标准分		语文成绩的标准分	
	基线血红蛋白水平＜120g/L	基线血红蛋白水平≥135g/L	基线血红蛋白水平＜120g/L	基线血红蛋白水平≥135g/L
截距项	－0.12 （－0.35）	0.50* （1.85）	0.05 （0.13）	0.64** （2.58）
观察值（个）	1753	4687	1845	4684
R²	0.056	0.023	0.032	0.025

注：括号内为 t 值；***、** 和 * 分别代表 1%、5% 和 10% 的显著性水平。

表 2-56　贫血小激励、贫血大激励对贫血与不贫血学生成绩的影响

自变量	数学成绩的标准分		语文成绩的标准分	
	基线血红蛋白水平＜120g/L	基线血红蛋白水平≥135g/L	基线血红蛋白水平＜120g/L	基线血红蛋白水平≥135g/L
是否贫血小激励 （1＝是，0＝否）	0.06 （0.90）	0.01 （0.26）	－0.02 （－0.35）	0.01 （0.16）
是否贫血大激励 （1＝是，0＝否）	－0.04 （－0.69）	－0.04 （－1.00）	0.02 （0.39）	－0.01 （－0.25）
是否大补贴 （1＝大补贴，0＝小补贴）	－0.10* （－1.92）	－0.01 （－0.35）	0.02 （0.32）	0.00 （0.03）
学生年龄（月）	－0.00 （－0.08）	－0.00** （－2.25）	－0.00 （－1.04）	－0.00** （－2.22）
学生性别 （1＝男，0＝女）	0.06 （1.24）	0.04 （1.24）	－0.01 （－0.33）	－0.07** （－2.29）
是否寄宿生 （1＝是，0＝否）	－0.07 （－0.76）	－0.02 （－0.29）	0.02 （0.21）	－0.01 （－0.12）
民族 （1＝汉族，0＝少数民族）	0.10 （0.83）	－0.02 （－0.40）	0.07 （0.64）	－0.07 （－0.94）
家庭资产（万元）	－0.01 （－0.44）	0.00 （0.20）	0.00 （0.35）	0.01* （1.95）
学生父亲的受教育水平（年）	0.01 （0.81）	－0.01*** （－2.65）	0.00 （0.60）	－0.00 （－0.56）
学生母亲的受教育水平（年）	－0.00 （－0.24）	0.00 （0.38）	0.00 （0.12）	－0.00 （－1.06）
是否留守儿童 （1＝是，0＝否）	－0.01 （－0.13）	－0.00 （－0.01）	0.08 （1.56）	0.04 （1.40）

续表

自变量	数学成绩的标准分		语文成绩的标准分	
	基线血红蛋白水平＜120g/L	基线血红蛋白水平≥135g/L	基线血红蛋白水平＜120g/L	基线血红蛋白水平≥135g/L
校长年龄（岁）	0.00 (0.00)	-0.01 (-1.05)	0.00 (0.35)	-0.00 (-0.34)
校长的民族 (1＝汉族，0＝少数民族)	-0.02 (-0.70)	-0.01 (-0.48)	0.03 (0.65)	0.05** (2.35)
校长受教育水平（年）	0.01 (0.15)	-0.02 (-0.58)	0.04 (0.88)	-0.05* (-1.75)
校长的教龄（年）	-0.01 (-1.01)	0.00 (1.20)	0.00 (0.26)	0.00 (0.18)
县的虚拟变量	是	是	是	是
截距项	-0.13 (-0.24)	0.67** (2.00)	-0.33 (-0.69)	0.67** (2.06)
观察值（个）	975	2753	1061	2721
R^2	0.090	0.034	0.039	0.040

注：括号内为 t 值；***、**和*分别代表1%、5%和10%的显著性水平。

表 2 – 57　贫血激励对贫血与不贫血学生成绩的影响

自变量	数学成绩的标准分		语文成绩的标准分	
	基线血红蛋白水平＜120g/L	基线血红蛋白水平≥135g/L	基线血红蛋白水平＜120g/L	基线血红蛋白水平≥135g/L
是否贫血激励 (1＝是，0＝否)	-0.01 (-0.14)	-0.02 (-0.58)	0.01 (0.11)	-0.00 (-0.11)
是否大补贴 (1＝大补贴，0＝小补贴)	-0.09* (-1.81)	-0.01 (-0.34)	0.02 (0.29)	0.00 (0.04)
学生年龄（月）	-0.00 (-0.13)	-0.00** (-2.30)	-0.00 (-1.04)	-0.00** (-2.26)
学生性别 (1＝男，0＝女)	0.06 (1.17)	0.04 (1.23)	-0.02 (-0.35)	-0.07** (-2.30)
是否寄宿生 (1＝是，0＝否)	-0.07 (-0.69)	-0.01 (-0.21)	0.02 (0.18)	-0.00 (-0.09)
民族 (1＝汉族，0＝少数民族)	0.11 (0.98)	-0.02 (-0.45)	0.06 (0.61)	-0.07 (-0.94)

自变量	数学成绩的标准分		语文成绩的标准分	
	基线血红蛋白水平<120g/L	基线血红蛋白水平≥135g/L	基线血红蛋白水平<120g/L	基线血红蛋白水平≥135g/L
家庭资产（万元）	-0.01 （-0.41）	0.00 （0.22）	0.00 （0.35）	0.01* （1.96）
学生父亲的受教育水平	0.01 （0.85）	-0.01*** （-2.72）	0.00 （0.62）	-0.00 （-0.55）
学生母亲的受教育水平	-0.00 （-0.31）	0.00 （0.43）	0.00 （0.09）	-0.00 （-1.05）
是否留守儿童 （1=是，0=否）	-0.00 （-0.10）	-0.00 （-0.02）	0.07 （1.54）	0.04 （1.41）
校长年龄（岁）	0.00 （0.25）	-0.00 （-0.95）	0.00 （0.26）	-0.00 （-0.30）
校长的民族 （1=汉族，0=少数民族）	-0.02 （-0.71）	-0.01 （-0.47）	0.03 （0.62）	0.05** （2.33）
校长受教育水平（年）	0.00 （0.04）	-0.02 （-0.78）	0.04 （0.95）	-0.05* （-1.85）
校长的教龄（年）	-0.01 （-1.26）	0.00 （1.02）	0.00 （0.39）	0.00 （0.13）
县的虚拟变量	是	是	是	是
截距项	-0.16 （-0.28）	0.71** （2.11）	-0.32 （-0.69）	0.68** （2.07）
观察值（个）	975	2753	1061	2721
R^2	0.087	0.033	0.039	0.040

注：括号内为 t 值；***、**和*分别代表1%、5%和10%的显著性水平。

表 2-58　考试激励对贫血与不贫血学生成绩的影响

自变量	数学成绩的标准分		语文成绩的标准分	
	基线血红蛋白水平<120g/L	基线血红蛋白水平≥135g/L	基线血红蛋白水平<120g/L	基线血红蛋白水平≥135g/L
是否考试激励 （1=是，0=否）	-0.00 （-0.04）	-0.08** （-2.05）	0.02 （0.42）	0.05 （1.42）
是否大补贴 （1=大补贴，0=小补贴）	-0.12* （-1.95）	0.02 （0.49）	0.04 （0.60）	0.02 （0.53）

自变量	数学成绩的标准分		语文成绩的标准分	
	基线血红蛋白水平<120g/L	基线血红蛋白水平≥135g/L	基线血红蛋白水平<120g/L	基线血红蛋白水平≥135g/L
学生年龄（月）	-0.00 （-0.77）	-0.00 （-1.39）	-0.00 （-1.33）	-0.00 *** （-2.80）
学生性别 （1=男，0=女）	0.04 （0.69）	0.06 ** （1.99）	0.01 （0.29）	-0.04 （-1.31）
是否寄宿生 （1=是，0=否）	0.11 （1.00）	0.04 （0.58）	-0.03 （-0.28）	0.14 * （1.67）
民族 （1=汉族，0=少数民族）	0.05 （0.40）	0.02 （0.24）	-0.06 （-0.38）	-0.04 （-0.43）
家庭资产（万元）	-0.00 （-0.18）	0.01 （0.80）	0.01 （0.86）	0.01 （1.28）
学生父亲的受教育水平	-0.01 （-0.72）	-0.01 * （-1.81）	0.01 （0.76）	-0.01 （-1.31）
学生母亲的受教育水平	0.01 （0.92）	-0.00 （-0.86）	-0.01 （-1.54）	0.00 （0.40）
是否留守儿童 （1=是，0=否）	-0.05 （-0.82）	0.02 （0.64）	0.09 （1.54）	0.07 ** （2.15）
校长年龄（岁）	-0.01 （-0.36）	0.00 （0.39）	0.02 （1.15）	0.01 （0.70）
校长的民族 （1=汉族，0=少数民族）	-0.06 * （-1.70）	-0.04 （-1.19）	-0.05 （-0.95）	0.01 （0.33）
校长受教育水平（年）	0.06 （1.14）	-0.00 （-0.06）	0.02 （0.35）	-0.03 （-0.81）
校长的教龄（年）	0.01 （0.45）	-0.01 （-0.54）	-0.02 （-1.01）	-0.01 （-0.97）
县的虚拟变量	是	是	是	是
截距项	-0.07 （-0.12）	0.25 （0.57）	-0.11 （-0.16）	0.36 （0.84）
观察值（个）	710	1898	757	1835
R^2	0.081	0.048	0.067	0.033

注：括号内为 t 值；***、** 和 * 分别代表 1%、5% 和 10% 的显著性水平。

表 2 - 59　双重激励对贫血与不贫血学生成绩的影响

自变量	数学成绩的标准分		语文成绩的标准分	
	基线血红蛋白水平 < 120g/L	基线血红蛋白水平 ≥ 135g/L	基线血红蛋白水平 < 120g/L	基线血红蛋白水平 ≥ 135g/L
是否双重激励 （1 = 是，0 = 否）	0.02 （0.29）	- 0.01 （- 0.27）	0.02 （0.45）	0.01 （0.25）
是否大补贴 （1 = 大补贴，0 = 小补贴）	- 0.01 （- 0.23）	- 0.03 （- 0.67）	0.00 （0.02）	- 0.00 （- 0.04）
学生年龄（月）	- 0.00 （- 0.85）	- 0.00 ** （- 2.02）	- 0.00 （- 0.69）	- 0.00 （- 1.65）
学生性别 （1 = 男，0 = 女）	0.04 （0.78）	0.08 *** （2.76）	- 0.09 * （- 1.78）	- 0.05 （- 1.35）
是否寄宿生 （1 = 是，0 = 否）	- 0.03 （- 0.24）	- 0.12 * （- 1.91）	- 0.03 （- 0.25）	0.04 （0.52）
民族 （1 = 汉族，0 = 少数民族）	0.07 （0.72）	- 0.02 （- 0.28）	0.04 （0.31）	- 0.06 （- 0.72）
家庭资产（万元）	- 0.02 （- 1.13）	- 0.00 （- 0.41）	- 0.00 （- 0.03）	0.00 （0.77）
学生父亲的受教育水平	- 0.01 （- 1.16）	0.00 （0.01）	0.00 （0.25）	- 0.01 （- 1.58）
学生母亲的受教育水平	0.00 （0.28）	- 0.01 ** （- 2.49）	- 0.00 （- 0.04）	0.00 （0.68）
是否留守儿童 （1 = 是，0 = 否）	0.01 （0.09）	0.01 （0.23）	0.01 （0.09）	0.03 （1.10）
校长年龄（岁）	0.01 （0.36）	- 0.01 （- 1.25）	- 0.00 （- 0.00）	0.00 （0.44）
校长的民族 （1 = 汉族，0 = 少数民族）	- 0.12 ** （- 2.04）	0.00 （0.08）	- 0.09 *** （- 3.14）	0.06 * （1.85）
校长受教育水平（年）	0.00 （0.11）	0.03 （0.95）	- 0.01 （- 0.27）	- 0.08 *** （- 3.34）
校长的教龄（年）	- 0.00 （- 0.79）	0.01 （1.13）	- 0.00 （- 0.16）	- 0.01 （- 0.86）
县的虚拟变量	是	是	是	是
截距项	0.28 （0.50）	0.67 （1.61）	0.37 （0.56）	0.79 ** （2.42）

续表

自变量	数学成绩的标准分		语文成绩的标准分	
	基线血红蛋白水平 <120g/L	基线血红蛋白水平 ≥135g/L	基线血红蛋白水平 <120g/L	基线血红蛋白水平 ≥135g/L
观察值（个）	734	2052	763	2014
R^2	0.077	0.039	0.057	0.039

注：括号内为 t 值；*** 、** 和 * 分别代表1%、5% 和10% 的显著性水平。

根据上述回归分析结果，结合调查和访谈数据，可能的解释在于以下三个方面。第一，虽然采用了多种对校长的激励方式用以改善学生的学业表现，但是学习成绩的提高并不会一蹴而就，至少在短期内无法实现这些干预方式对学生成绩的促进作用。第二，上述分析中一个有意思的结果是考试激励降低了非贫血学生的数学成绩，可能的原因在于，在干预实施阶段，按照我们与校长签订的合作协议，如果该校学生的平均成绩提高1分，校长将获得800元的奖励，而平均成绩的提高需要关注更多学习成绩中下的学生或者学困生，他们学习成绩的变化才能使平均分产生较大的起伏。按照本章研究的逻辑和因果链，贫血会影响学生的注意力和精神状态，进而影响他们的学习兴趣和能力，校长在提高学生的成绩时，首先要考虑改善学生的营养和健康状况。因此，当校长和学校考虑重新分配教学资源时，会向身体状况和学习成绩不太好的学生倾斜，由此产生的负面溢出效应可能会影响到身体健康状况较好的学生。第三，关于小补贴对学生成绩的改善作用大于大补贴的问题，与上一小节类似，理性的校长往往会进行成本收益的估计，当补贴的金额大于激励的金额时，校长可能就失去了提升学生成绩的积极性。

七 小结

本章基于对甘肃、青海和陕西的27个县300所农村小学19991名学生的抽样调查，运用随机干预实验的研究方法，根据样本学校学生的贫血情况对学校进行补贴，并在此基础上分别对样本学校的校长进行贫血小激励、贫血大激励、考试激励、双重激励和不进行任何激励。根据实验的结果分析了不同补贴额度和不同激励方式对农村小学生身体健康和学业表现的影响。基本结论如下。

第一，自 2001 年税费改革以来，在农业税被减免的同时，农民获得了更多来自国家和地区层面在农村公共服务和农业发展方面的投资；与此同时，大量农村剩余劳动力外出务工，增加了家庭的收入。但是目前中国西北地区农村小学生的营养健康问题普遍存在。我们基线调查的数据显示，农村小学生的平均贫血率高达 25.85%，其中某些地区农村小学生的平均贫血率已经超过了 30%。值得关注的是，农村小学中女生、寄宿生和留守儿童学生的平均贫血率在同类群体中更高。

第二，虽然考试成绩不是衡量学生质量的唯一指标，但是在目前的阶段，学习成绩仍然是考量学生质量的重要指标。在基线调查中，样本学生的标准化数学和语文成绩测试结果显示，男生的数学成绩更好，而女生的语文成绩较好。少数民族学生、寄宿生和留守儿童学生的数学和语文成绩分别低于汉族学生、非寄宿生和非留守儿童学生，说明在这些弱势群体中存在更多的学困生。

第三，在随机干预实验中，本章设计了两种给予学校的补贴额度、四种激励校长改进学生营养健康的方式以及控制组。二维的干预方式结合起来形成 10 种干预措施。回归分析结果显示，在未加入校长激励措施的情况下，仅根据贫血学生的数量对学校提供补贴时，大补贴（0.7元/人/天）比小补贴（0.3 元/人/天）对提高学生的血红蛋白水平和数学学习成绩更有效，也就是说，给学校一定的补贴，同时给校长足够的自主权，他们能够有效地配置这些资源以改善学生的营养健康状况。此外，对四种不同的干预方式两两比较后发现，在激励的方式上，对校长的双重激励对学生血红蛋白水平的提高作用最大。在学校获得小补贴的情况下，加入对校长的贫血小激励、贫血大激励、考试激励和双重激励中的任一激励方式比没有这些激励对学生的血红蛋白水平改变更大。与此同时，在上述四种激励方式下，大补贴对学生血红蛋白水平和数学成绩提高的促进程度小于小补贴，这源于作为理性人的校长往往会进行成本收益的核算，如果花费时间和精力努力改善学生营养状况而得到的激励奖金远远小于补贴的数额，那么他们宁愿不做任何努力而将补贴作为奖励。

第四，校长激励对于改善贫血学生的营养健康状况是有效的。无论是对校长进行贫血激励，还是对校长进行考试激励和双重激励，都对贫血学生血红蛋白水平的提高有明显的效果。

第五，无论是补贴还是校长激励对学生学业表现的促进作用都并不明显。随着校长激励的实施，学生面临重新分配的教学资源时，弱势学生可能会得到更多的倾斜，由此产生的负面溢出效应使得考试激励降低了非贫血学生的数学成绩。

第三章 绩效激励在提高农村学生学业表现中的应用

在当前竞争性的教育体制下，学生的学业表现是衡量义务教育质量的重要指标（王善迈等，2013；梁文艳等，2011）。一直以来，我国农村学生的学业表现远落后于城市学生，城乡学生的学业表现存在较大差距。王云峰等（2012）对北京市 60 所城乡学校学生学业表现的研究表明，农村五年级学生的语文、数学合格率和优秀率显著低于城市五年级学生的水平。2014 年，农村教育行动计划对我国 8000 名三年级到六年级的小学生进行了标准化的数学测试。结果表明，随着年级的升高，城乡学生之间的学业表现差距逐渐拉大，到六年级时，农村学生的学业表现低于城市学生 1 个标准差（《中国教育报》，2016）。因此，提升农村教育质量，是保证我国义务教育的重要内容。

多项研究表明，学生学业表现受到多种因素的影响。学生自身的认知能力、努力程度，家长的受教育水平和重视程度，教师的教学质量等都是影响学生学业表现的重要因素（Hong et al.，2005；Castro et al.，2015；Sanders et al.，1997；Greenwald et al.，1996；Ryan et al.，2015）。相对而言，农村家长忙于生计，无暇顾及孩子的教育，再加上他们的平均受教育水平较低，往往无法给孩子提供学业上的帮助和辅导（王丽媛，2008）。因此，在校学习成为影响农村学生学业表现的决定因素。而在校学习中，教师发挥着不可替代的作用。2018 年中共中央和国务院《关于全面深化新时代教师队伍建设改革的意见》中提出：

"百年大计，教育为本；教育大计，教师为本；教师是教育发展的第一资源……"《国家中长期教育改革和发展规划纲要（2010—2020 年）》和《国务院关于加强教师队伍建设的意见》也指出，"发展农村义务教育，办好农村学校，关键在教师"。无独有偶，国外已有研究也表明，教师是提高学生学业表现的核心因素之一（Rockoff，2004；Nye et al.，2004；Sanders et al.，1997）。

我国政府部门和社会各界已经认识到教师特别是激励教师在发展农村义务教育中的作用，并采取了一些政策措施。2006 年，国家提出以农村地区为重点，确立教师绩效工资制度，并开始试点。到 2008 年底，国家出台《关于义务教育学校实施绩效工资的指导意见》，规定从 2009年 1 月 1 日起，在全国义务教育学校实施教师绩效工资，目标在于"保障和改善义务教育教师特别是中西部地区农村义务教育教师的工资待遇……吸引和鼓励各类优秀人才长期从教、终身从教，促进教育事业发展"。即更好地体现教师的实绩和贡献，更好地发挥激励功能提供制度保障。此外，指导意见规定绩效工资分为 70% 的基础性工资和 30% 的奖励性工资。基础性工资为固定部分，由县级以上政府确定并按月发放；奖励性工资由学校按照教师工作量和成果贡献制定具体的绩效考核标准，这部分重点向一线和骨干教师及在教学中贡献突出者倾斜，体现了多劳多得、优绩优酬的激励理念（教育部，2008；王聪，2017）。为此，国家将义务教育学校实施绩效工资所需经费纳入财政预算，中央和地方相继投入大量财政资源。2009 年，中央财政投入 120 亿元用于全国的中小学教师实施绩效工资（国务院，2009）。2018 年《关于全面深化新时代教师队伍建设改革的意见》再次强调完善教师收入分配激励机制，有效体现教师工作量和工作绩效。

那么，在很多国家已经实施的教师绩效工资是否可以在中国实行？将对教师的教学行为和学生的学业表现产生什么样的影响，目前还不得而知。因此，基于上述分析，本书的研究目标是探索不同的绩效方案对西北农村学生学业表现的影响及作用机制。主要研究内容是对农村小学的数学老师进行绩效干预，激励数学老师改变教学行为，提高学生的学业表现。

一　人力资本和教育

从教育经济学的角度来讲，人力资本是教育经济学研究的重要内容。针对教师的绩效激励也是教育经济学的研究范畴。本书试图使用经济学的理论和研究方法，来探索和揭示对教师绩效激励的有效方式及其作用机制。针对上述目标，本部分将从教育与人力资本、教师绩效激励与学生学业表现方面进行文献的梳理。

人力资本指人的内在生产能力，通过教育、培训和健康等投资获得。人力资本的收益主要通过收入来衡量，也有其他的方式。在人力资本理论形成的过程中，有三位经济学家发挥了重要作用。舒尔茨被誉为人力资本概念之父。1973 年他就任美国经济学会会长，发表了"论人力资本投资"的演说，正式宣告现代人力资本理论的诞生（舒尔茨，1992）。明赛尔（Mincer，1958）认为劳动者接受正规学校教育、积累工作经验应属于人们有意识的人力资本投资，这是劳动者收入差异的决定性因素；并且他通过大量数据分析发现，受教育年限与工资增长呈现倒 U 形关系。贝克尔（Becker，1964）则确立了人力资本理论的一般性分析框架和理论基础，他认为人力资本的均衡条件也可以用供求分析框架来描述。

阿尔弗雷德·马歇尔（Marshall，1920）在《经济学原理》中曾提到过："在一切资本中，只有对人自身的投资才是最有价值的资本。"教育作为人力资本投资的一种形式，长久以来的研究表明，教育投资对经济增长的贡献作用已经毋庸置疑（Krueger at al.，2001；Hanushek et al.，2000）。教育可以通过以下途径促进经济的增长：教育可以增加劳动力的人力资本，提高劳动生产率（Mankiw et al.，1992）；人在接受教育的过程中，增加了关于技术、产品和生产过程的新知识，提升了创新的能力，进而促进经济的增长（Romer，1990；Lucas，1998；Aghion et al.，1998）；另一个重要的方面是教育能够更有效地传播知识，方便人们学习、理解和应用新知识所产生的成果，从而促进经济增长（Nelson et al.，1966；Benhabib et al.，1994）。

教育投资实际上是个人付出成本（可能是货币成本、机会成本以及其他隐形成本）的过程。人们通过教育投资获得知识和技能，进而提高个人的劳动生产力。教育的收益则更多体现为劳动收入、工作机会的获得、更好的健康以及生活。发达国家的经验表明，个人的受教育水平和收入之间存在很强的正相关关系，随着受教育水平的提高，收入也在不断提高。研究表明，个人增加一年学校教育的平均收益率约为10%（Psacharopoulos and Patrinos，2002）。此外，对个人而言，稳定的工作、良好的健康（自律地锻炼身体、有节制的生活方式等）都是个人因接受更高教育获得的收益（Manning et al.，1991），可能也会给个人带来社会地位和声望的提高。另外，很重要的是教育对人力资本的贡献在于教育外部收益。比如公民参加社会公共事务决策的积极性更大（Milligan et al.，2004）；美国的一项研究表明，提高受教育水平可以降低犯罪率，节约社会成本（Lochner et al.，2004）。

对于我国而言，人均收入最终可能达到什么样的水平，取决于人力资本存量。在决定人力资本存量水平的诸多因素当中，教育是最关键的（汪丁丁，2010）。教育水平差异是中国城乡收入差距最重要的影响因素，其贡献程度达到了34.69%（陈斌开等，2010）。

二　国内外关于教师激励与学生学业表现的研究

（一）国内外关于学生学业表现的研究

人力资本的研究关注人在接受教育的过程中发展的各个阶段，其中从幼儿到高中阶段的 K-12 教育更多的是从教育生产函数的角度研究学生的健康、学业表现等；接着是大学阶段的教育，主要是从教育回报率和教育质量的差异方面进行比较；工作以后的重点在于职后培训和工作经验与收入的关系研究。

按照教育生产函数的内涵，学生的学业表现与三个方面可能相关，一是学生个人的认知能力、天赋和学习能力等；二是学生家庭的基本情况以及同伴关系；三是学生所在学校和老师的特征。现有的以学生的学业表现作为结果变量的研究几乎都是从这三个方面展开的。

从学生的个人特征来看，Moenikia 等人（2010）的研究发现，学生的学习态度、学习动机和认知能力能够解释学生成绩的 33%，并且学生的认知能力与学习成绩高度相关。He（2018）对 4000 多名西部贫困地区农村初中生进行了认知能力（瑞文标准推理测验[①]和韦氏智力测试[②]）和数学学业表现的测试。结果显示，学生的认知能力与其学业表现高度相关，认知能力越高的学生，学业表现越好。

从家庭的角度来讲，学者进行了很多关于家庭社会经济地位与学生学业表现的研究。Sirin（2005）对 1990~2000 年百余家庭的研究表明，家庭社会经济地位与学生成绩之间呈现中等到很强的相关关系。Heyneman 等（1983）对不同国家的研究发现，发展中国家家庭

---

① 瑞文标准推理测验是由英国心理学家瑞文（J. C. Raven）于 1938 年设计的非文字认知能力测验。该测验理论上源于 20 世纪初斯皮尔曼对智力本质的研究。他认为任何活动都包含一般因素和特殊因素，一个人的智力可以用一般因素解释。并且提出人的认知能力包含再生性能力和推断性能力。再生性能力指一个人当前所具备的回忆已获得信息并进行语言交流的能力，与接受教育的水平密切相关。而一个人的推断性能力是指一个人做出理性判断的能力，与一个人的知识多少或受教育水平关系不紧密，但对适应社会生活有重要意义。瑞文标准推理测验正是用于测试一个人这方面的能力。瑞文标准推理测验适用于所有年龄在 5.5 岁以上且智力发展正常的人。瑞文标准推理测验在我国的修订和常模的建立是由北京师范大学的张厚粲教授主持开展的。

② 韦氏智力测试分为幼儿版和儿童版，根据幼儿的年龄分为两套测验，一套用于评估 2 岁到 4 岁，另一套用于评估 4 岁到 6 岁幼儿的认知能力。儿童版用于 6~18 岁儿童认知及智力发展水平的测试，于 2008 年完成中文版的修订。儿童版的测试包括言语理解、知觉推理、工作记忆和加工速度四个分量表，可以对儿童语言理解能力、知觉推理能力、工作记忆特点及加工速度进行评估及分析。目前韦氏儿童版的智力测试已经被应用 28 种语言的 80 个国家和地区使用（张厚粲，2009；Wechsler，2003）。

社会经济地位与学生学业表现没有显著相关关系。Coleman 等（1966）的研究显示，随着年级的升高，家庭社会经济地位与学生学业表现的相关程度降低。但也有研究表明，家庭社会经济地位与学生学业表现之间呈现非线性的关系。比如，2003 年 PISA 的数据显示，匈牙利、意大利、捷克和斯洛伐克等国家就是呈现这样的趋势，当家庭社会经济地位较低的时候，学生的学业表现对家庭社会经济地位的回归结果较为陡峭，达到峰值后逐渐回落趋于平缓。也就是说，家庭社会经济地位超过某个点以后，学生的学业表现不会增加太多（OECD，2008）。任春荣等（2013）对北京某郊县城乡 42 所小学的研究也表明，在大多数情况下，学生学业表现随着家庭社会经济地位的提高而提高，当家庭社会经济地位达到一定的高度后，学生的学业表现开始下降。在家庭因素方面，除了家庭社会经济地位外，父母对孩子的时间投入、父母的受教育水平都是影响学生学业表现的重要家庭因素。Rivkin（2005）和 Dah（2005）的研究表明，父母受教育水平越低，孩子的学业表现越差。涂咏梅（2013）认为，外出务工的父母，其孩子的学业表现显著高于在家务农父母的孩子。

从学校和老师的角度来讲，关于学校投入与学生学业表现之间的关系，Hanushek（2006）在《教育经济学手册》中对 1966～1994 年美国的 89 篇文章中 376 个教育生产函数进行了整理，发现 3/4 的研究采用标准化的考试成绩来衡量教育产出。结果发现，在学校层面，66% 的研究显示生均支出不会对学生的成绩产生影响，86% 的研究显示学校设施对学生的成绩没有显著影响，72% 的研究表明师生比对学生成绩的影响不显著。对于教师的不同特征，60% 以上的研究都发现教师的受教育水平、工龄等对学生的成绩没有显著影响。由此得出结论，学校资源和学生学业表现之间没有强有力的或者稳固的关系，学校投入对教育产出的作用有限。Hedges 等（1994）根据汉纳谢克 1989 年发表的《学校支出差异对学校绩效的影响》一文中提供的 187 项研究资料，利用比较复杂的方法重新分析了这些研究，结果肯定了学校投入对于教育产出具有积极的影响，而且影响的力度还很大。薛海平等（2008）采用生产函数的方法对甘肃初中生的学业表现进行了估计。发现甘肃农村初中生大约21%的数学成绩差异和约38%的语文成绩差异来源于学校之间的差异，中国农村的教育质量受学校因素的影响更大。胡咏梅等（2008）也同样采用生产函数的方法，得出类似的结论。Park等（2001）也对教师学历、教师职称和学生学业表现之间的关系进行了研究，发现教师质量对学生的学业表现有显著的影响。此外，也有大量研究进行了关于学校规模、班级规模和学生成绩之间的关系研究，20世纪90年代，Cotton（1996）就对31项关于学校规模的研究进行了总结和比较，发现有一半的研究认为小规模学校对学生的成绩有积极的作用；还有一半的研究表明，在对学生成绩的作用上，大规模学校和小规模学校没有显著的差异。

曾经有学者认为学校因素中唯一对学生有重要影响的就是教师质量（Hanushek，2002；Rivkin et al.，1998；Sanders and Rivers，1996）。Glodhaber等（2007）认为，教师给学生带来的不仅仅是影响，高质量的教师还能够消除因家庭背景不同而产生的学生学习成绩的差异。衡量教师质量常见的因素是教师的学历、教龄、职称、教师资格证、教师参加的培训、教师的学科知识等（Boyd et al.，2006；Clotfelter et al.，2006；Hanushek et al.，2005）。已有的研究发现，教师学历并不是一个对学生成绩有显著影响的指标。Hanushek（1994）比较了113项研究发现，其中的100项研究都显示教师的学历与学生成绩之间没有显著的相关关系。对于教龄而言，在刚开始的教学工作中，教师的教学经验非常重要，最初几年教学经验的积累对学生的学业表现有显著的作用，但是当教龄达到10年及以上的时候，教龄就没有那么重要，对学生学业表现的影响会减弱（Rivkin et al.，2001；Rockoff，2004；Hanushek et al.，2005）。关于教师任职资格，Boyd等（2006）的研究发现，教师任职资格对学生的学业表现并未产生重大影响。但是胡咏梅等（2008，2010）发现，教师的任职资格对学生的学业表现产生了显著的正向影响。而教师的知识水平和素养是影响学生学业表现的重要因素，这些都体现了教师的能力（Eide et al.，2004；Ehrenberge et al.，1994）。此外，还有教师的教学方法、课堂管理能力、职业认同等都是反映教师质量的重要指标，但是这些质量的测量难度很大（Glodhaber，1999）。黄慧静等（2007）也进行了关于教师教学行为与学生学业表现的研究，并与国外进行了比较，发现教师教学准备、对作业和考试的重视程度、对推理等问题解决的重视程度能有效地影响美国和瑞典的学生学业表现，但是对日本和中国香港的学生学业表现没有影响。

（二）国内外关于教师绩效激励的研究

绩效工资是企业里经常用到的激励员工的方式。根据 Hein（1996）对 1681 个公司的研究发现，61% 的公司都采用了绩效激励的系统。绩效激励应用于教育领域，也有其重要的意义。Lazear（2003）的研究指出，绩效激励的存在能够吸引和留住更多有能力的劳动力进入教师市场，从整体上提高教师质量。

对于学校的老师而言，传统的工资方式是以老师的受教育水平和教龄等个人基本信息为基础来确定，无法更好地激发老师的工作积极性（Lavy，2007）。但是对教师行业来说，对于教师绩效的监测是非常困难的，这不像商业领域的销售、医生和律师等行业，教师的工作产出是难以衡量的，不能轻易地测量教师工作的价值（Murname et al.，1996）。绩效工资的难点在于如何测评绩效，使用哪些指标来衡量老师的绩效。目前的研究多数都是以学生的学业表现作为评价老师绩效的指标，虽然成绩是一个易于测量且较为客观的指标，但事实上，对这样的评价方式目前还存在争议，还需要包含多维度的指标。目前，教师绩效工资的测量方式分为两种，一种是教师个人绩效工资，优点是能够更好地把老师的薪酬与学生的目标挂钩，提高效率，以较小的成本获得较大的产出（Lavy，2007）。缺点是可能会引发教师之间的竞争与不合作。另一种是群体激励的绩效工资。主要是针对学校的激励项目，促使老师们一致工作，但可能会产生搭便车的问题。

为了提高教师工作的积极性，有很多国家都实行了教师绩效工资制度，包括美国、澳大利亚、英国、以色列、墨西哥、肯尼亚、印度等。Duflo 等（2012）在印度进行的关于教师绩效激励的实验研究中，以113 所学校为样本，随机选取其中的 57 所为干预组，进行绩效激励。结果发现，激励使老师缺勤率下降了 21%，学生的学业表现显著提高了 0.17 个标准差。Lavy（2002，2009）在以色列对 62 所学校实施了教师绩效激励。以学生四门课的平均考试成绩和学生辍学率的排名奖励前 1/3 的学校。实验结果表明，对教师的绩效激励使学生的平均成绩提高了 1.75 分，数学和科学成绩显著提高，并且对学困生的影响更大，而且显著降低了学生的辍学率。Glewwe 等（2010）在肯尼亚的 100 所学校中随机选取 50 所学校开展了教师绩效激励项目，基于学生成绩和出勤向老师发放奖金，结果显示，短期内能够激励教师改变教学行为，并且显著提高学生的学业表现。Muralidharan 等（2012）对印度的研究结果显示，教师绩效激励项目将学生的数学和语言成绩分别提高了 0.28 个和 0.16 个标准差。Woessmann（2011）使用 2003 年 PISA（Programme for International Student Assessment）数据库测量了教师绩效工资对 28 个国家 190000 名学生学业表现的影响，结果发现，与没有实施绩效工资的国家相比，进行教师绩效奖励的国家能够将学生的数学成绩提高 0.25 个标准差，同时也显著提高了学生的科学和阅读成绩。Figlio 等（2006）对 1988 年美国教育纵向调查和 1993～1994 年学校和师资调查数据库进行分析，发现教师绩效工资对公立和私立学校学生的学业表现都有显著的正向作用。Atkinson 等（2009）对英国政府实施的教师绩效工资制度进行了评估，发现绩效工资能够显著提高学生的学业表现。当然，并不是所有的教师绩效激励都起作用，Springer 等（2011）对美国国家绩效奖励中心的教学奖励工程项目进行了评估。在纳什维尔公立学校选取 299 名初中数学老师，随机选取其中的 147 名为干预组，152 名为控制组。结果发现，在项目实施的 3 年里，学生的成绩虽然持续上升，但是干预组和控制组学生的成绩并没有显著差异。Fryer（2013）在美国选取 200 所学校的研究也发现，教师绩效工资并没有显著改变教师的教学行为以及学生的学业表现。上述研究为提升我国农村教育质量提供了参考依据。

绩效工资实施近 10 年来，我国学者就此开展了一系列研究，多数研究仍然集中在对国外教师绩效工资研究和实验的梳理上（刘淑杰等，2013；李沿知，2010），或者是从理论和政策层面对教师绩效工资的思考和解读上（李海燕等，2011），也有少数研究者对我国目前教师绩效工资的实施情况以及实施效果进行了相关的实证分析（赵宏斌等，2011；薛海平等，2016）。现有研究发现绩效工资的实施增加了教师的工资福利（王聪，2017；付卫东等，2010），但是仍然存在一些问题。例如，实施了绩效工资的学校，绩效工资方案五花八门，没有体现"多劳多得，优绩优酬"，更没有起到激励教师的作用（范先佐等，2011；付卫东等，2011）。虽然《教育部关于做好义务教育学校教师绩效考核工作的指导意见》给出了绩效工资的原则和方针，需要地方政府与学校进一步细化，各个县和学校在制定具体实施办法时却没有具体的实施方案（叶怀凡，2016），多数教师的绩效工资实际上还是"平均主义"的形式，不少学校每年奖励性绩效工资的差距低于 500 元，并未体现优绩优酬的理念（胡耀宗等，2017）。在当前竞争性的教育体制下，对于教师教学效果的评价方面，主要以学生的学业表现作为衡量指标（梁文艳等，2011），但是对老师绩效的考核是基于成绩的绝对值而非成绩的增加值。也就是说，以学生一次考试的成绩作为评价老师教学效果的指标，而不是考察一段时期内，在老师的指导下学生的成绩进步了多少。于教育的最终产出而言，对老师的激励并未充分地体现在学生质量的提升上。

总结研究文献发现，教师绩效工资在印度、以色列和肯尼亚等国家都呈现了显著的正面效果。但是在美国的各项研究中存在不同结果，既有显示教师绩效工资对学生学业表现有积极作用的，也有没有作用的。虽然美国政府在大力推进教师绩效工资，但是仍有很多反对的声音。教师绩效激励的难点在于如何界定绩效，现有的研究多是以学生的学业表现作为衡量绩效激励效果的标准，但是学生的自尊心和自信心、心理健康、学习兴趣、创造性思维等都是培养学生的过程中需要重点关注的内容，而这些方面的测量难度较大，有待进一步完善。另外，教师绩效激励的方案需要可操作化，便于学校和管理部门实施。

三　教师绩效激励方案设计

随机干预实验的设计具体包含以下几个步骤。

第一，明确目标与预期结果之间的关系。本研究的目标是探索可行的农村教师绩效激励方案，预期结果是提高学生的学业表现。

第二，建立因果关系链。从项目实施前的问题现状到项目实施后是否达到预期的结果或者变化。在这个过程中，发生了什么？因果关系链的分析需要从以下几个方面进行二维分析。分别是投入、活动或过程、产出、结果与其所对应的内容、假定条件和衡量指标（张林秀，2013）。就本项目而言，需要建立教师绩效激励和学生学业表现之间的因果链，如表3-1所示。（1）投入。项目组有足够的预算为农村老师发放激励奖金。（2）活动或过程。项目组为老师发放激励协议，即项目组和老师在激励方案、奖金发放方式以及其他条件上达成共识，通过接受激励协议的老师人数来衡量。这一活动的假设条件是老师理解并且相信激励协议的内容。（3）产出。老师最终获得激励奖金，项目组以收到激励奖金的老师人数为衡量指标。前提条件是老师没有离开样本学校，也一直在教样本班级，并且老师按照协议执行，改变其教学行为。（4）结果。提高学生学业表现是本研究的最终目标。老师在获得激励的情况下，学校的环境允许老师改变教学行为。

表 3 - 1 教师激励因果链

	投入	活动或过程	产出	结果
内容	激励奖金	给老师发放激励协议	老师收到激励奖金	学生的学业表现提高
假定条件	有预算	老师理解和相信激励协议的内容	老师没有离开样本学校；老师一直任教样本班级；老师按照协议执行，改变教学行为	学生学业表现具有可比性；学校的环境允许老师改变教学行为
衡量指标	费用支出	接受激励协议的老师人数	收到激励奖金的老师人数	学生的学业表现

四 教师绩效激励样本选择及数据收集

(一) 样本选择

首先，从陕西榆林市和甘肃天水市的 16 个县教育局获得 435 所小学的名单、学校规模、班级数量和规模等信息。① 其次，剔除县城的小学后，总人数小于 150 人、六年级班级规模大于 50 人的完全小学入选学校样本框。最后，每个乡镇随机抽取 1 所学校，该校所有六年级班级进入样本。最终获得 16 个县的 214 所学校 243 名数学老师 7357 名学生样本。

(二) 调查准备工作

无论是发达国家还是发展中国家已经进行了很多关于教师绩效工资的研究探索，而在我国，除了政府颁布了关于教师绩效工资的政策外，并未进行其他关于教师绩效的工资方案设计的尝试，尤其是在农村地区。在借鉴国外研究的基础上，结合我国农村教师和教育的现状，我们

---

① 甘肃天水市共 7 个县全部进入样本，陕西榆林市共 12 个区县，其中神木、府谷和吴堡未进入样本县。

设计了关于教师绩效激励的具体方案草稿，经过数轮的讨论以后，确定了容易被农村教师理解的激励协议指南。同时为了测量干预的效果，我们也设计了项目的调查问卷。

为了保证项目的顺利实施以及获得相对准确的教师绩效数据，在正式调研前，我们进行了多次的预调查。预调查主要进行两个方面的内容，其一是测试已经设计好的干预方案是否具有可行性，农村教师对这些干预方案的接受程度以及存在的问题是什么；其二是调整和测试调查问卷的内容。在陕西我们与几所农村学校的教师和校长进行了座谈，也尝试给老师们讲解了教师绩效激励的干预内容，老师们也说出了他们的想法和疑惑。回到办公室后，我们根据现场测试的时间和老师们的反馈，对激励协议指南进行了调整，加入了更多的图片和图表，便于老师们理解。

（三）基线调查

对 214 所学校的六年级学生进行基线调查。以调查问卷的形式获得学生的基本情况、标准化数学考试成绩和对数学学习的兴趣及态度等信息。此外，访谈学校的数学老师和校长，收集学校的基本信息、学校的绩效工资情况、老师的基本信息、老师的绩效工资情况和老师对绩效工资的态度等。

对学生进行标准化数学测试。为了减少测量误差，保证数学测试准确性，项目组开发了与教学同步的数学测试工具，该套数学测试题与样本学生所在年级的课程大纲对应。每一个样本班由 2 名经过培训的调查员负责组织统一的标准化数学考试，最终获得的所有样本学校学生的数学成绩都是由项目组统一收集的。

（四）干预方案及干预过程

1. 随机分配

根据基线调查的数据，教师绩效激励第一期中将 214 所学校随机分成 4 组，其中 52 所学校为控制组（57 名老师，1859 名学生），53 所学校为绝对值干预组（62 名老师，1733 名学生），56 所学校为增加值干预组（62 名老师，1993 名学生），53 所学校为增加值百分位干预组（62 名老师，1772 名学生）。为使干预组和控制组在统计上没有显著差异，形成统计意义上的"双胞胎"，教师绩效激励第二期项目以第一期干预组中的增加值百分位样本学校为干预组（57 名老师，1640 名学生），控制组样本仍然沿用第一期的样本学校（56 名老师，1771 名学生）。

2. 实施干预

开发干预激励协议、激励协议指南，培训激励协议指南讲解员。在具体过程中，对干预组老师进行激励协议指南的讲解，项目组与干预组老师签订激励协议。教师激励干预具体分为以下三个部分。

第一部分：确定教师激励的内容及核算教师激励的方法。

项目组共设计了三种干预方式，形成了三种干预组：绝对值干预组、增加值干预组和增加值百分位干预组。其中绝对值干预组是根据评估调查时学生的标准化数学考试成绩，计算每位样本老师所教学生的平均数学成绩，并以此作为绝对值干预组老师教学质量的衡量指标；增加值干预组根据学生评估调查的标准化考试成绩与基线调查的标准化考试成绩之差，得到每位学生成绩的增加值，再计算每位样本老师所教学生成绩增加值的平均数，作为增加值干预组老师教学质量的衡量指标；增加值百分位干预组是先计算学生评估调查和基线调查的标准化数学考试成绩之差，再从该组样本中找出基线调查成绩一样的同学（起点相同的同学），根据考试成绩的增加值，对起点相同的同学进行百分位排名[①]（Barlevy et al.，2012），最终，每个样本学生都获得一个百分位排名，每位样本老师所教学生的增加值百分位平均值，将作为该老师的教学质量衡量指标。

---

① 百分位是一个相对位次的概念，在本研究中表示个人的成绩比百分之多少的人高。百分位的取值在 0～99。百分位的计算公式为：100×（1－个人的绝对排名÷总人数）。

干预组样本老师的激励奖金取决于其教学质量的百分位，三组干预老师分别按照教学质量进行百分位排名。在第一期教师绩效激励项目中，百分位最高的老师能够从项目组获得7000元的激励奖金，百分位每降低一名，激励奖金就减少70元。平均而言，一个老师大概能从项目组拿到3500元的激励奖金。在第二期教师绩效激励项目中，百分位最高的老师能够从项目组得到8000元的激励奖金，老师平均可以从项目组拿到4000元的激励奖金。

第二部分：干预前的准备工作。

（1）开发干预激励协议和激励协议指南。在查阅文献的基础上，项目组历时半年开发出了初步的协议内容，包括项目背景、激励教师的方式、激励奖金计算的办法、双方的权利和义务等。为了方便样本老师更直观地理解激励协议的内容，我们还开发了激励协议指南，对协议上的内容进行了图文并茂的解释。在正式使用之前，在非样本学校进行了预调查，征询了校长和老师对于激励协议指南的建议，并进一步修改和完善。在此基础上，项目组也开发了"教师激励项目提问与回答"手册，便于在干预阶段，调查员对样本老师提出的关于项目的问题有统一且标准的解释。

（2）培训干预讲解员。虽然项目组在干预资料及问卷准备上已经做了很多准备工作，但是面对上百位干预组老师，关键的干预环节还需要得力的执行人员，否则之前的所有准备工作都会付诸东流。为此，项目组招募了20名在校大学生或研究生，确定其中6人为主要的干预讲解员，其余人员为此次活动的工作人员，从干预的背景、分工到流程等进行了为期2天的培训，让每一个参与此次活动的人员都对项目有充分的了解，也对各自的工作范畴有清晰的认识，同时所有人员对此次干预活动的事宜都有统一的标准化动作。

第三部分：实施干预。

第一步：确认身份。核实干预组老师信息，确认干预组老师所在学校、年级和班级等信息，请当地教育局帮助通知干预组老师参加项目介绍会。为了让干预组老师充分了解教师绩效干预的内容，我们分地区举办了两场关于教师绩效激励的说明会，一场在陕西的榆林地区，另一场在甘肃天水地区。我们联合当地教育部门，通知所有的干预组老师参加教师绩效激励说明会，即便如此，我们的研究人员还是多次电话确认和通知干预组的老师，最重要的是确认老师的身份，保证前来参加说明会的老师就是我们随机抽取的干预组老师，而非冒名身份。干预组老师到达培训现场后，再次确认身份和个人基本信息，保证"找对人"。

第二步：背景宣讲。项目组向所有干预组样本老师介绍项目的背景，当地教育部门管理者强调参与此次项目的重要性，鼓励和督促干预组老师参与教师绩效激励的积极性。

第三步：指南介绍。所有干预组老师被分配在三个不同的干预组，为了保证不同干预组老师之间不能了解各自的干预内容，项目组将三组干预老师分别安排在不同的分会场，由3组调研小分队向不同干预老师介绍激励协议指南的内容，包括：学生学业表现的计算方式、老师教学质量的计算方式、双方需要遵守的原则、协议自动解除的条件等。

第四步：答疑解惑。为了打消样本老师对激励协议指南内容的顾虑，项目组安排了专门的答疑解惑时间，针对老师们提出的问题，项目组给出了详细且统一的解释。

第五步：指南小考。为了保证干预组老师充分了解激励协议指南的内容，在讲解完激励协议指南后，项目组根据事先开发的"指南小考"试题，对样本老师进行5分钟的小考，该小考的内容都是激励协议指南讲解中的要点，一方面是强化样本老师对这些要点的理解，另一方面也是保证所有老师听懂和理解了激励协议指南的内容。

第六步：签订协议。本着平等自愿的原则，在所有样本老师愿意参与本研究活动的前提下，项目组和干预组老师签署了激励协议，双方就各自的权利义务达成共识。

第七步：短信提醒。在激励协议指南培训结束以后，项目组以发短信的方式提醒干预组老师参加了教师绩效激励的项目。短信提醒的时间及内容分别是 2013 年 11 月 7 日，感谢干预组老师参加培训会；2014 年 2 月 21 日，新学期开学前，提醒干预组老师激励协议的有效期以及奖金发放的时间；2014 年 3 月 21 日，再次提醒干预组老师激励协议的有效期、奖金发放的时间，同时提醒项目组到校访问的时间（即评估调查的时间）。此外，在 2014 年元旦，给干预组和控制组老师都发送短信，祝福新年。

（五）评估调查

2014 年 5 月和 2015 年 5 月，进行评估调查，收集与基线调查相同的指标。此外，根据基线调查和评估调查的学生学业表现结果，计算干预组每一位老师的教学质量，计算干预组每一位老师的激励奖金，发放激励奖金。

五　教师激励对学生学业表现的影响效果

（一）实证分析方法

在上述随机干预实验设计的基础上，本研究采用 OLS 的方法估计教师绩效激励对学生学业表现的影响，具体的方程如下：

$$Score_{i,s,c} = \beta_0 + \beta_1 Treatment_s + \beta_2 Z_{i,s,c} + \beta_3 County_c + e_{i,s,c} \qquad (3-1)$$

其中，$Score_{i,s,c}$ 为第 c 个县的第 s 所学校的第 i 个学生的学业表现，$Treatment_s$ 是干预的虚拟变量，当 $Treatment_s = 1$ 时为干预组，当 $Treatment_s = 0$ 时为控制组。$Z_{i,s,c}$ 为多列向量，用于控制与学生学业表现相关的其他变量，包括学生的性别、年龄、学生基线的学业表现、父母的受教育水平等。$County_c$ 为县的固定效应。$e_{i,s,c}$ 为随机扰动项。在方程（3-1）中，系数 β_1 是教师绩效激励干预对学生学业表现的影响，是本研究主要关注的内容。

（二）描述性统计结果

1. 样本地区的主要特征

教师绩效激励项目的样本分布在陕西省和甘肃省。其中，陕西省的样本分布在榆林地区、甘肃省的样本分布在天水地区。2013 年，陕西省 GDP 总量达到了 16045.21 亿元，人均 GDP 为 42752 元，居全国第 16 名；甘肃省人均 GDP 为 24668 元，居全国第 33 名。虽然陕西省的人均 GDP 高于全国的平均水平，但是各地之间仍然存在发展的不均衡问题，而甘肃的人均 GDP 居全国倒数第二（国家统计局，2014），因此两个地区仍然存在较多的贫困人口。

陕西省在西北地区占据重要的地位，也是教育大省。2013 年，陕西省共有小学 7356 所，在校生 2273275 人。小学学龄儿童净入学率达到 99.34%。校均规模为 309 人。小学教职工 163908 人，其中专任教师 162841 人，小学专任教师中专科学历以上教师占教师总数的 89.6%。小学生师生比为 1:13.96（陕西省教育厅，2014）。

榆林市位于陕西省最北部，东临黄河与山西相望，西连宁夏、甘肃，北邻内蒙古，南接本省延安市，地处中西部结合地带，位于陕甘宁蒙晋五省区交界之处，承接东西南北。辖 1 市 2 区 9 县，156 个乡镇、16 个街道办事处，2974 个行政村，总人口 370 万。地域东西长 385 公里，南北宽 263 公里，总土地面积 43578 平方公里。地貌大体以长城为界，北部为风沙草滩区，占总面积的 42%，南部为黄土丘陵沟壑区，占总面积的 58%。榆林市煤、气、油、盐资源富集，自然资源丰富。历史上，榆林是兵家必争之地，素有"九边重镇"之称。榆林是著名的革命老区，解放战争时期，毛泽东、周恩来等老一辈无产阶级革命家曾在这里战斗生活过（榆林市人民政府，2018）。

2013 年，榆林市生产总值（GDP）为 2846.75 亿元，人均生产总值（GDP）为 84634 元。从各区县来看，神木县、榆阳区和府谷县生产总值（GDP）领先，分别为 925.54 亿元、461 亿元和 435 亿元，吴堡县生产总值（GDP）最低，为 15.99 亿元；从人均生产总值（GDP）来看，神木县人均生产总值（GDP）为 202746.99 元，位居第一，府谷县和靖边县分列第二、第三位，人均生产总值（GDP）分别为 166730.55元和 96166.03 元，佳县人均生产总值（GDP）最低，为 17401.96 元。截至 2013 年，榆林市仍有半数县人均生产总值（GDP）低于全国平均水平。榆林市农民人均纯收入为 8687 元，其中榆林市最富裕的神木县农民人均纯收入为 13225 元，最贫困的佳县农民人均纯收入仅为 7254元（陕西省统计局，2014）。

甘肃省在 2013 年共有普通小学 9640 所，在校生 1867268 人。全省普通小学教职工 134489 人，专任教师 140436 人。小学生师生比为 1:13.30。全省小学共有校舍建筑面积 1344.87 万平方米，生均校舍面积为 7.2 平方米（甘肃省教育厅，2014）。

天水市位于甘肃东南部，地处陕、甘、川三省交界，以西秦岭为分水岭，总面积为 14325 平方公里，其中，北部地区面积 11673 平方公里，占全市总面积的 81.49%；南部地区面积 2652 平方公里，占全市总面积的 18.51%。辖武山、甘谷、秦安、清水、张家川回族自治县五县和秦州、麦积两区，共辖 78 个镇、35 个乡、10 个街道。

2013 年，在甘肃省的 14 个市中，天水市 GDP 总量为 454.34 亿元，居第 5 位，但是人均 GDP 仅为 12516.25 元，居全省的第 10 位。从天水市各区县 GDP 总量来看，秦州区为 143.07 亿元、麦积区为 124.15 亿元，处于整个市的领先位置，最低的是张家川县，仅为 22.09 亿元。从各区县的人均 GDP 来看，秦州区和麦积区的人均 GDP 分别为 20989.49元、20136.46 元，高于天水市的人均 GDP 水平，但是仍然低于甘肃省的人均 GDP。其余各县均低于 10000 元，其中张家川县仅为 6310.06元。天水市的农民人均纯收入为 4386 元，低于甘肃省农民人均纯收入（6368 元），其中张家川县的最低，农民人均纯收入仅为 3778 元（甘肃省统计局，2014）。

2. 样本学校及老师的基本特征

本研究所使用的数据来自陕西师范大学教育实验经济研究所和中国

科学院农业政策研究中心于 2013 年到 2015 年在陕西和甘肃所做的农村教师绩效激励项目调研。该项目共进行了两期，第一期基线调研共收集了 214 所农村完全小学的 243 名数学老师和 7357 名学生信息，干预对象为六年级数学老师。第二期在第一期样本学校的基础上，选取 103 所学校 113 名老师 3411 名学生为样本，干预对象为五年级数学老师。最终的样本分布如表 3-2 所示。随机抽取的 214 所学校来自于 16 个县，其中陕西 9 个样本县、100 所样本学校；甘肃 7 个样本县，114 所样本学校，如表 3-3 所示。

表 3-2 样本分布情况

样本情况	第一期	第二期
样本地区	陕西榆林、甘肃天水	陕西榆林、甘肃天水
样本县（个）	9 + 7 = 16	9 + 7 = 16
科目	数学	数学
样本学校（所）	214	103
样本年级	六年级	五年级
样本老师（人）	243	113
样本学生（人）	7357	3411
研究方法	随机干预实验	随机干预实验
激励方案类型	三种（绝对值、增加值、增加值百分位）	一种（增加值百分位）
最大激励额度（元/人）	7000	8000

表 3-3 样本学校的分布

单位：所

省份	县	数量	各省份总计
陕西	县 1	14	100
	县 2	14	
	县 3	14	

续表

省份	县	数量	各省份总计
陕西	县 4	14	100
	县 5	12	
	县 6	6	
	县 7	11	
	县 8	11	
	县 9	4	
甘肃	县 10	18	114
	县 11	24	
	县 12	12	
	县 13	24	
	县 14	12	
	县 15	12	
	县 16	12	
合计			214

从表 3-4 中可以看出，总样本的学校平均规模为 395 名学生，无论是从甘肃、陕西，还是从控制组和干预组来看，都是 400 人左右的学校规模。学校的平均教师数是 29 人，在同样学校规模下，陕西的样本学校教师数是 35 人，高于甘肃的样本学校教师数 23 人，控制组和干预组的平均教师数基本持平；在公办教师不足的情况下，各个学校依然需要聘用代课教师，平均每所学校有 2 名代课教师。按照本项目的抽样规则，抽取的学校至少都是完全小学（1~6 年级），也有个别学校是九年制学校（1~9 年级）。平均来讲，每个学校有 9 个班级，也就是存在个别年级有两个以上班级的现象，陕西的样本学校平均班级数略高于甘肃。总样本中有 47% 的学校是寄宿制学校，其中陕西更是达到了 88%，甘肃仅有 11% 的学校是寄宿制学校。各个样本学校到县城的平均距离相差不大，基本上在 33 公里左右，可见样本学校都分布在一些农村偏远地区。样本学校的数据显示，有 58% 的学校实施了国家的绩效工资

政策，甘肃达到了23%，陕西基本上全覆盖（99%），这是学校方面给出的数据，学校实际的实施情况，在下文中将与老师的数据进行对比。

表3-4 样本学校的基本情况

指标	总样本	甘肃	陕西	控制组	干预组
学校平均规模（人）	395	396	395	438	382
学校平均教师数（人）	29	23	35	30	29
学校平均代课教师数（人）	2	2	2	2	2
学校平均年级数（个）	6	6	6	6	6
学校平均班级数（个）	9	9	10	10	9
寄宿学校比例（%）	47	11	88	47	47
学校到县城的平均距离（公里）	33.28	31.47	35.34	39.25	31.36
实施绩效工资学校比例（%）	58	23	99	54	60

3. 样本学生及家庭的基本特征

在教师绩效激励的第一期项目中，共收集到了16个县的7357名学生样本，其中甘肃4299名，陕西3058名，见表3-5。

表3-5 样本学生的分布

单位：人

省份	县	数量	各省份总计
陕西	县1	569	3058
	县2	443	
	县3	453	
	县4	415	
	县5	402	
	县6	136	
	县7	323	
	县8	218	
	县9	99	

省份	县	数量	各省份总计
甘肃	县 10	727	4299
	县 11	984	
	县 12	439	
	县 13	912	
	县 14	379	
	县 15	421	
	县 16	437	
合计			7357

表 3 - 6 显示了学生的基本情况，样本学生的平均年龄为 12 岁，男女生基本各占一半。家庭收入是一个关键变量，直接询问家庭收入很难得到准确的数据，更何况要通过学生来获得家庭收入的信息，因此，我们通过询问一些家庭固定资产情况来估算学生的家庭收入。例如，你家有载货或者拉客的汽车吗？你家有微波炉或者电磁炉吗？你家有电冰箱吗？你家有照相机吗？你家有电脑吗？你家有电扇吗？你家有抽水马桶

表 3 - 6　学生个人及家庭的基本情况

指标	总样本	甘肃	陕西	控制组	干预组
学生的平均年龄（岁）	12	12	12	12	12
女生的比例（%）	49	51	47	49	49
家庭平均资产（指数）	- 0.15	- 0.36	0.16	- 0.19	- 0.13
父亲的受教育水平（初中毕业及以上比例,%）	53	56	50	52	54
母亲的受教育水平（初中毕业及以上比例,%）	34	33	36	31	35
兄弟姐妹数（人）	6	7	5	6	6
寄宿生比例（%）	19	2	41	21	18
留守儿童学生比例（%）	13	16	10	14	13

吗？等等。通过主成分分析的方法构建矩阵，最终计算出一个关于家庭资产的指数。平均来看，学生的家庭经济状况并不太好，陕西稍好。有一半以上学生父亲的受教育程度达到了初中及以上的水平，但是仅34%的学生母亲的受教育水平为初中及以上。样本学生的兄弟姐妹数平均在 6 人左右。此外，有19%的学生住宿，甘肃住宿的样本学生较少，仅有2%，而陕西有41%的寄宿学生。控制组和干预组的寄宿学生基本平衡，约20%左右。本研究中的留守儿童学生定义为父母双方都外出务工的儿童，这部分学生占到了13%。其中甘肃的留守儿童学生为16%，高于陕西的10%。

4. 农村教师的基本特征及绩效工资的现状

如表 3 - 7 所示，样本教师的平均年龄是 33 岁。女教师占到了44%，男教师的比例高于50%。本研究中有少部分少数民族教师，样本分布在甘肃地区，大部分样本是汉族教师。从样本教师的学历分布来看，50%以上的教师是本科以上的学历，陕西的样本教师学历稍高于甘肃。样本教师的平均教龄是 12 年。

表 3 - 7　样本教师的基本情况

指标	总样本	甘肃	陕西	控制组	干预组
样本教师的平均年龄（岁）	33	34	33	33	34
样本教师女性比例（%）	44	40	50	41	45
样本教师汉族比例（%）	94	90	00	94	94
样本教师本科及以上比例（%）	56	52	62	64	53
样本教师的平均教龄（年）	12	13	11	12	12

从学校的角度看绩效工资实施的基本情况，通过对校长的访问发现，样本学校中有60.96%的学校发放了绩效工资，教师总工资的39.23%用于发放绩效工资。在发放的绩效工资中，11.61%的学校只发放了基础性绩效工资，9.38%的学校只发放了奖励性绩效工资，41.96%的学校既发放了基础性绩效工资也发放了奖励性绩效工资。根据校长的回答，

22.46%的学校绩效工资方案由县教育局决定，13.77%的学校绩效工资方案由学区决定，36.23%的学校绩效工资方案由校职工大会决定，21.01%的学校绩效工资方案由校务会决定，这样的考核85%的学校平均每学期进行一次，几乎所有的学校都对考核结果进行公示。据校长所说，学生的考试成绩在教师绩效工资考核评估中所占的比例为27.08%。并且校长认为，平均而言，学生的考试成绩在教师绩效考核评估中应该占到30.19%。就样本学校而言，在当前教师绩效考核中，师德师风方面的评估占到了17.64%，考勤方面的评估占到了12.85%，工作量方面的评估占到了24.01%，职业能力方面的评估占到了14.56%，工作成效方面的能力占到了23.51%。

另外，本研究也收集了国家层面绩效工资在各地的实施情况数据。我们询问了老师上学期学校有没有发绩效工资，其中有52.67%的老师回答发放了绩效工资，有26.21%的老师回答没有发放绩效工资，还有11.11%的老师回答不知道。在发了绩效工资的样本老师中，22.66%的老师提到学校给他们发放了基础性绩效工资，9.38%的老师提到他们学校发的是奖励性绩效工资，57.03%的老师表示他们学校发放的绩效工资包含基础性绩效工资和奖励性绩效工资，还有10.94%的老师不知道学校发的是什么类型的绩效工资。从老师们实际拿到手的绩效工资来看，上学期老师每个月拿到手的平均工资总额是3289.75元（见图3-1），其中甘肃样本老师的平均工资总额是2829.26元，陕西样本老师的平均工资总额是3936.31元。样本中陕西教师的平均工资总额高于甘肃，可能与当地的经济发展水平相关。分解工资以后发现，样本教师的平均基本工资是1338.32元，甘肃的平均基本工资高于这个水平，为1452.56元，也高于陕西样本老师的平均基本工资1191.78元。对于发放了绩效工资的学校，平均而言，样本老师收到的基础性绩效工资为1644.25元，其中甘肃的基础性绩效工资仅为396.14元，陕西的基础性绩效工资为2135.08元。样本省的奖励性绩效工资的平均水平为498.63元，甘肃仅为26.97元，陕西的奖励性绩效工资更高一些，为 688.22 元。

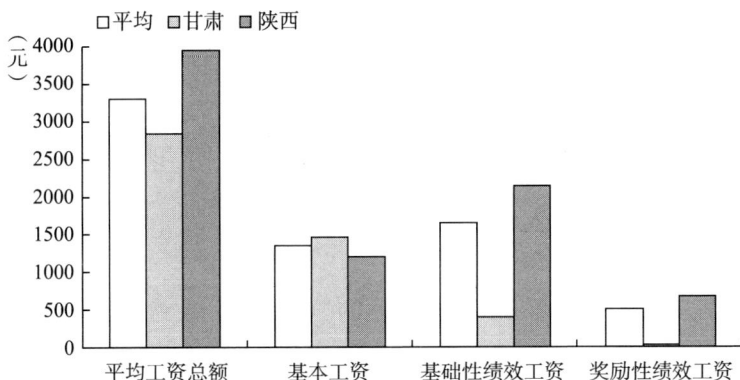

图 3 - 1 教师的月工资情况

　　奖励性绩效工资的实施情况如上所述，那么奖励性绩效工资的考核标准包含哪些因素呢？我们也收集了这方面的数据。从老师的数据发现，70.59% 的学校绩效工资的考核标准包含师德师风的因素，85.88% 的包含学生的学业成绩，42.35% 的包含职称因素，23.53% 的包含教龄的因素，83.53% 的包含工作量的因素，94.12% 的包含考勤的因素，18.82% 的把接受培训的课时纳入考核，88.24% 的将教师的教案列入考核标准。根据样本老师的回答，51.76% 的学校在计算奖励性绩效工资的时候，主要是跟本校的老师进行比较。另外，我们也发现，有 52.5% 的学校会按照学生的考试成绩对老师进行排名，并且各个学校计算学生排名的方式也有不同：56.35% 的学校会按照全班的平均分数进行排名，还有 32.37% 的学校采用的学生排名方式各不相同，但是基本的思路是以及格率和优秀率作为排名的主要指标。除此以外，还有 10% 左右的学校采用了以下的排名方式，如去掉最低分后求全班平均分，去掉最高分后求全班平均分和班级最高分等。按照学生成绩排名，排名第一的样本老师平均可以拿到 371.05 元，其中甘肃的样本老师学生成绩排名第一的时候平均可以拿到 303.64 元，陕西的样本老师学生成绩排名第一的时候平均可以拿到 551.47 元。对于学生成绩排名最后的老师，26.02% 的样本老师表示会罚款，受罚的平均金额为 224.38 元，总体来讲，如果学生成绩排名最后，老师平均受罚的金额为 48.62 元。

事实上，我们也询问了老师对于绩效工资的态度，比如，如果在现有的基础上，将教师的工资收入进一步与学生的学业表现挂钩，有 58.85% 的样本老师赞成这一做法；我们还问到样本老师，是否赞成工资收入中的相当一部分跟学生的学业表现挂钩，数据显示有 64.61% 的老师赞成。由此可见，老师们也希望在绩效考核中能与实际的工作业绩挂钩，毕竟对于老师而言，提高学生的学业表现和质量是他们作为教师的最终目标。

5. 不同干预类型下学生的学业表现

根据样本的分布情况，我们对不同干预类型下的样本进行了分类描述。首先，将干预类型分为干预组和控制组，对教师绩效激励第一期和第二期进行了学生学业表现的比较，如表 3-8 所示。

表 3-8　干预组与控制组学生学业表现

	项目	总样本	干预组	控制组	干预组和控制组之间的差异
教师绩效激励第一期	学生标准化数学考试成绩（基线）	0.04	0.04	0.03	0.01 (0.27)
	学生标准化数学考试成绩（评估）	0.08	0.10	0.00	0.10 *** (3.49)
	基线和评估的差异	0.04 *** (3.65)	0.06 *** (4.94)	-0.03 (-1.32)	N. A.
教师绩效激励第二期	学生标准化数学考试成绩（基线）	0.02	0.03	0.00	0.03 (0.91)
	学生标准化数学考试成绩（评估）	0.08	0.16	0.00	0.16 *** (4.68)
	基线和评估的差异	0.06 *** (4.16)	0.13 *** (5.96)	0.00 (0.00)	N. A.

注：括号内为 t 值；***、** 和 * 分别代表 1%、5% 和 10% 的显著性水平。

在教师绩效激励第一期中，进行横向比较，分别对干预组和控制组学生基线数学成绩平均变化情况进行描述，从基线数学标准化成绩来看，干预组学生的标准化成绩高于控制组学生的标准化成绩 0.01 个标准差，但是二者并没有显著性差异（t 值 = 0.27）。从评估的成绩来看，干预组的学生标准化数学成绩显著高于控制组学生成绩 0.10 个标准差，并且在 1% 的显著性水平上不同（t 值 = 3.49）。再进行纵向比较，从总样本来看，在 1% 的显著性水平上，评估调查学生的平均数学成绩显著高于基线调查学生的数学成绩 0.04 个标准差（t 值 = 3.65）；干预组学生评估的数学平均成绩也显著高于基线数学成绩 0.06 个标准差（t 值 = 4.94）；比较控制组学生基线和评估的平均成绩发现，二者并没有显著差异。

在教师绩效激励第二期中，也进行了横向和纵向的比较。横向的比较发现，基线的数据显示，干预组和控制组学生的标准化数学成绩的平均值并没有显著性差异；而在评估阶段，在 1% 的显著性水平下，干预组学生的标准化数学平均成绩显著高于控制组 0.16 个标准差（t 值 = 4.68）。从纵向比较的结果来看，从基线调查到评估调查，总样本的数学标准化成绩的平均值显著提高了 0.06 个标准差（t 值 = 4.16），干预组也提高了 0.13 个标准差（t 值 = 5.96），控制组的学生数学成绩平均值并没有显著变化。

从描述结果可见，在教师绩效激励第一期，总体上学生成绩从基线到评估有显著的提高，干预组的提高更为明显，控制组的变化不大。因此，教师绩效激励第一期干预对学生的成绩产生了显著的正面影响。

此外，在教师绩效激励第一期中，干预组实际上被分为了 3 组，分别是绝对值组、增加值组和增加值百分位组，在表 3 - 9 中，我们也对不同干预组与控制组之间学生平均成绩进行了比较。从基线的数据来看，绝对值组、增加值组、增加值百分位组与控制组之间学生标准化成绩的平均值并没有显著差异。从评估数据来看，三个干预组与控制组相比，学生的数学成绩都有显著提高。其中，在 1% 的显著性水平下，绝对值组学生的平均成绩显著高于控制组 0.09 个标准差（t 值 = 2.58）；在 10% 的显著性水平下，增加值组学生的平均成绩显著高于控制组

表 3 - 9 不同组别教师绩效激励学生学业表现的比较

项目		绝对值组	增加值组	增加值百分位组	控制组	绝对值组与控制组之间的差异	增加值组和控制组之间的差异	增加值百分位组与控制组之间的差异
教师绩效激励第一期	学生标准化数学考试成绩（基线）	0.05	0.06	0.01	0.03	0.02 (0.46)	0.03 (0.94)	-0.02 (-0.80)
	学生标准化数学考试成绩（评估）	0.09	0.06	0.16	0.00	0.09*** (2.58)	0.06* (1.65)	0.16*** (4.52)
	基线和评估的差异	0.04** (2.05)	0.00 (0.18)	0.15*** (6.74)	-0.03 (-1.32)	N. A.	N. A.	N. A.
教师绩效激励第二期	学生标准化数学考试成绩（基线）			0.03	0.00			0.03 (0.91)
	学生标准化数学考试成绩（评估）			0.16	0.00			0.16*** (4.68)
	基线和评估的差异			0.13*** (5.96)	0.00 (0.00)			N. A.

注：括号内为 t 值；***、** 和 * 分别代表 1%、5% 和 10% 的显著性水平。

0.06 个标准差（t 值 = 1.65）；在 1% 的显著性水平下，增加值百分位组的学生平均成绩显著高于控制组 0.16 个标准差（t 值 = 4.52）。再看从基线到评估的变化，绝对值组学生标准化考试的平均值显著提高了 0.04 个标准差（t 值 = 2.05）；增加值百分位组学生的标准化考试成绩平均值显著提高了 0.15 个标准差（t 值 = 6.74）。教师绩效激励第二期的干预组只有增加值百分位组，具体分析思路同上。

除此以外，我们也对不同特征的学生、老师和学校情况与学生学业表现之间的关系进行了描述，详见表 3 – 10 到表 3 – 19。

在表 3 – 10 中，在教师绩效激励第一期，基线调查数据显示，干预组男生比女生的平均数学成绩高 0.02 个标准差，但是在 10% 的显著性水平下并不显著（t 值 = 0.82）；控制组男生比女生平均数学成绩高 0.02 个标准差，在 10% 的显著性水平下仍然不显著（t 值 = 0.55）；我们也比较了基线干预组和控制组男生平均学习成绩的差异，发现二者之间没有显著差异（t 值 = 0.16），对女生的学习成绩也做了同样的比较，也未发现二者的显著性差异（t 值 = 0.23）。评估调查的数据发现，在 1% 的显著性水平下，无论是干预组还是控制组，男生的平均数学成绩分别显著高于女生的数学成绩 0.17（t 值 = 5.98）、0.13 个标准差（t 值 = 2.82）；对干预组和控制组的比较发现，干预组男生的平均数学成绩显著高于控制组男生平均数学成绩 0.12 个标准差（t 值 = 2.91）；干预组女生的平均数学成绩显著高于控制组女生平均数学成绩 0.08 个标准差（t 值 = 2.01）。比较基线和评估调查的数据显示，干预组男生的平均数学成绩显著提高了 0.14 个标准差（t 值 = 7.51），干预组女生的平均数学成绩没有显著变化（t 值 = – 0.69）；控制组男生的平均数学成绩没有显著变化（t 值 = 0.84），控制组女生的平均数学成绩显著降低了 0.08 个标准差（t 值 = – 2.66）。

在教师绩效激励第二期中，基线调查数据表明，干预组男生比女生的平均成绩高 0.11 个标准差（t 值 = 2.09）；控制组男生和女生平均学业表现并没有显著差异（t 值 = 0.91）；分别比较干预组与控制组男生

表3-10 教师绩效激励与不同性别学生学业表现的比较

项目	干预组			控制组			干预组与控制组之间的差异	
	男生	女生	男生与女生之间的差异	男生	女生	男生与女生之间的差异	男生之间的差异	女生之间的差异
教师绩效激励第一期 — 学生标准化数学考试成绩（基线）	0.05	0.03	0.02 (0.82)	0.04	0.02	0.02 (0.55)	0.01 (0.16)	0.01 (0.23)
教师绩效激励第一期 — 学生标准化数学考试成绩（评估）	0.19	0.02	0.17*** (5.98)	0.07	−0.06	0.13*** (2.82)	0.12*** (2.91)	0.08** (2.01)
教师绩效激励第一期 — 基线和评估的差异	0.14*** (7.51)	−0.01 (−0.69)	N. A.	0.03 (0.84)	−0.08*** (−2.66)	N. A.	N. A.	N. A.
教师绩效激励第二期 — 学生标准化数学考试成绩（基线）	0.08	−0.02	0.11** (2.09)	0.02	−0.02	0.04 (0.91)	0.06 (1.30)	0.00 (0.00)
教师绩效激励第二期 — 学生标准化数学考试成绩（评估）	0.20	0.12	0.08 (1.59)	0.00	0.00	0.00 (0.06)	0.20*** (4.06)	0.12*** (2.53)
教师绩效激励第二期 — 基线和评估的差异	0.10*** (3.81)	0.14*** (4.62)	N. A.	−0.02 (−0.69)	0.02 (0.72)	N. A.	N. A.	N. A.

注：括号内为t值；***、**和*分别代表1%、5%和10%的显著性水平。

与男生之间（t 值 = 1.30）、女生与女生之间（t 值 = 0.00）的平均学习成绩，未发现显著性差异。评估调查的数据略有不同，干预组、控制组男生和女生平均成绩都没有显著差异（t 值 = 1.59；t 值 = 0.06）；分别比较干预组和控制组男生、女生平均学习成绩的差异发现，干预组男生平均成绩显著高于控制组男生 0.20 个标准差（t 值 = 4.06），干预组女生平均成绩显著高于控制组女生 0.12 个标准差（t 值 = 2.53）。根据从基线到评估数据的变化，干预组男生、女生的平均成绩分别显著提高了 0.10 个标准差（t 值 = 3.81）和 0.14 个标准差（t 值 = 4.62），控制组男生、女生的平均成绩并没有显著变化（t 值 = -0.69；t 值 = 0.72）。

综上关于学生性别、干预组别和学业表现的描述分析可见，男生的数学平均成绩略好于女生，干预组学生成绩有显著的提高，尤其是男生。

表 3 - 11 是寄宿生和非寄宿生学业表现之间的比较。从教师绩效激励第一期学生基线成绩来看，无论是干预组还是控制组，寄宿生平均学业表现分别显著高于非寄宿生 0.09 个标准差（t 值 = -2.31）和 0.19 个标准差（t 值 = -3.32）。但是分别比较干预组与控制组非寄宿生之间（t 值 = 1.02）、寄宿生之间（t 值 = -1.20）的差异后发现，二者在 10% 的显著性水平下均没有显著性差异。从教师绩效激励第一期学生评估成绩来看，在干预组和控制组内，仍然都是寄宿生的平均成绩显著高于非寄宿生 0.24 个标准差和 0.39 个标准差（t 值 = -6.45；t 值 = -6.96），并且干预组非寄宿生的成绩显著高于控制组非寄宿生 0.14 个标准差（t 值 = 4.42）。比较从基线到评估的成绩变化，干预组非寄宿生的平均成绩显著提高了 0.03 个标准差（t 值 = 2.49），干预组寄宿生的成绩显著提高了 0.19 个标准差（t 值 = 6.37）；控制组非寄宿生平均成绩显著降低了 0.07 个标准差（t 值 = -2.98），控制组寄宿生的成绩显著提高了 0.14 个标准差（t 值 = 3.03）。

教师绩效激励第二期关于非寄宿生和寄宿生学生学业表现的描述与第一期类似。同样是在基线时，干预组和控制组的非寄宿生平均学习成绩均显著低于寄宿生的平均学习成绩 0.32 个标准差和 0.33 个标准差

表 3 – 11 教师绩效激励与寄宿和非寄宿学生学业表现的比较

项目	干预组			控制组			干预组与控制组之间的差异	
	非寄宿生	寄宿生	非寄宿生与寄宿生之间的差异	非寄宿生	寄宿生	非寄宿生与寄宿生之间的差异	非寄宿生之间的差异	寄宿生之间的差异
教师绩效激励第一期 学生标准化数学考试成绩（基线）	0.02	0.11	-0.09** (-2.31)	-0.01	0.18	-0.19*** (-3.32)	0.03 (1.02)	-0.07 (-1.20)
学生标准化数学考试成绩（评估）	0.06	0.30	-0.24*** (-6.45)	-0.08	0.31	-0.39*** (-6.96)	0.14*** (4.42)	-0.01 (-0.32)
基线和评估的差异	0.03** (2.49)	0.19*** (6.37)	N.A.	-0.07*** (-2.98)	0.14*** (3.03)	N.A.	N.A.	N.A.
教师绩效激励第二期 学生标准化数学考试成绩（基线）	-0.04	0.28	-0.32*** (-5.19)	-0.07	0.26	-0.33*** (-5.71)	0.03 (0.79)	0.02 (0.27)
学生标准化数学考试成绩（评估）	0.12	0.33	-0.21*** (-3.51)	-0.07	0.25	-0.32*** (-5.58)	0.19*** (4.74)	0.07 (0.91)
基线和评估的差异	0.15*** (6.35)	0.04 (0.86)	N.A.	0.00 (-0.07)	-0.01 (-0.14)	N.A.	N.A.	N.A.

注：括号内为t值；***、**和*分别代表1%、5%和10%的显著性水平。

（t 值 = - 5. 19；t 值 = - 5. 71）。评估调查的结果也类似，均是非寄宿生的平均学习成绩低于寄宿生 0. 21 个标准差和 0. 32 个标准差（t 值 = - 3. 51；t 值 = - 5. 58）。从基线到评估学生成绩的变化可以看到，干预组非寄宿生的学业表现显著提高了 0. 15 个标准差（t 值 = 6. 35），干预组寄宿生、控制组非寄宿生、控制组寄宿生的平均学习成绩都未发生显著变化（t 值 = 0. 86；t 值 = - 0. 07；t 值 = - 0. 14）。

总结教师绩效激励与寄宿学生的描述结果可见，寄宿生的学习成绩要好于非寄宿生；实施干预以后，寄宿生和非寄宿生的平均学习成绩都有显著提高。

在表 3 - 12 和表 3 - 13 中，我们也描述了父母受教育水平与学生成绩之间的关系。在表 3 - 12 中，教师绩效激励第一期基线调查的结果显示，干预组和控制组的父亲受教育水平在初中及以上学生的平均成绩比父亲受教育水平在初中以下水平的分别高 0. 26 个标准差（t 值 = - 9. 19）和 0. 19 个标准差（t 值 = - 4. 14）。评估调查也是类似的结果，并且对父亲受教育水平在初中及以上的来说，干预组比控制组学生的平均成绩提高了 0. 14 个标准差（t 值 = 3. 69）。从基线到评估的变化可以看到，干预组中，无论父亲受教育水平如何，学生的平均成绩都有显著提高（t 值 = 2. 94；t 值 = 4. 01）。但是控制组并没有显著变化（t 值 = - 0. 48；t 值 = - 1. 40）。在教师绩效激励第二期的基线和评估数据中，干预组和控制组父亲受教育水平与学生平均成绩的差异结果一致。此外，在评估数据中，我们也发现，对于父亲受教育水平是初中以下的学生，干预组学生平均成绩显著高于控制组学生 0. 18 个标准差（t 值 = 4. 87）。比较从基线到评估的结果，无论父亲受教育水平如何，干预组学生的平均成绩分别提高了 0. 13 个、0. 14 个标准差（t 值 = 5. 44；t 值 = 2. 44）。

从母亲受教育水平的角度来看，在教师绩效激励第一期中，基线和评估的数据都显示，母亲受教育水平在初中及以上的比母亲受教育水平在初中以下的学生平均成绩显著高 0. 23 ~ 0. 30 个标准差（t 值 = - 9. 30；t 值 = - 4. 69；t 值 = - 10. 28；t 值 = - 5. 01）。进一步描述评估阶段数据

表 3－12 教师绩效激励、父亲受教育水平与学生学业表现的比较

项目	干预组 父亲受教育水平初中及以下	干预组 父亲受教育水平初中及以上	干预组 父亲受教育水平之间的差异	控制组 父亲受教育水平初中以下	控制组 父亲受教育水平初中及以上	控制组 父亲受教育水平之间的差异	干预组与控制组之间的差异 父亲受教育水平初中及以下之间的差异	干预组与控制组之间的差异 父亲受教育水平初中及以上之间的差异
教师绩效激励第一期 学生标准化数学考试成绩（基线）	-0.10	0.16	-0.26*** (-9.19)	-0.07	0.12	-0.19*** (-4.14)	-0.03 (-0.80)	0.04 (0.89)
教师绩效激励第一期 学生标准化数学考试成绩（评估）	-0.04	0.22	-0.26*** (-9.45)	-0.08	0.08	-0.16*** (-3.53)	0.04 (0.93)	0.14*** (3.69)
教师绩效激励第一期 基线和评估的差异	0.06*** (2.94)	0.06*** (4.01)	N. A.	-0.01 (-0.48)	-0.04 (-1.40)	N. A.	N. A.	N. A.
教师绩效激励第二期 学生标准化数学考试成绩（基线）	0.01	0.15	-0.14** (-2.06)	-0.03	0.18	-0.21*** (-2.99)	0.04 (0.99)	-0.03 (-0.25)
教师绩效激励第二期 学生标准化数学考试成绩（评估）	0.14	0.29	-0.15** (-2.17)	-0.04	0.28	-0.32*** (4.71)	0.18*** (4.87)	0.01 (0.10)
教师绩效激励第二期 基线和评估的差异	0.13*** (5.44)	0.14*** (2.44)	N. A.	-0.01 (-0.73)	0.10** (1.98)	N. A.	N. A.	N. A.

注：括号内为 t 值；***、**和*分别代表 1%、5%和10%的显著性水平。

表 3 – 13 教师绩效激励、母亲受教育水平与学生学业表现的比较

项目		干预组			控制组			干预组与控制组之间的差异	
		母亲受教育水平初中及以下	母亲受教育水平初中及以上	母亲受教育水平之间的差异	母亲受教育水平初中以下	母亲受教育水平初中及以上	母亲受教育水平之间的差异	母亲受教育水平初中以下之间的差异	母亲受教育水平初中及以上之间的差异
教师绩效激励第一期	学生标准化数学考试成绩（基线）	-0.05	0.21	-0.26*** (-9.30)	-0.04	0.19	-0.23*** (-4.69)	-0.01 (-0.55)	0.02 (0.48)
	学生标准化数学考试成绩（评估）	0.00	0.30	-0.30*** (-10.28)	-0.07	0.18	-0.25*** (-5.01)	0.07** (2.06)	0.12** (2.48)
	基线和评估的差异	0.05*** (3.22)	0.09** (3.94)	N. A.	-0.03 (-1.31)	-0.01 (-0.40)	N. A.	N. A.	N. A.
教师绩效激励第二期	学生标准化数学考试成绩（基线）	0.01	0.19	-0.18** (-2.43)	0.00	0.04	-0.04 (-0.53)	0.01 (0.32)	0.15 (1.32)
	学生标准化数学考试成绩（评估）	0.14	0.32	-0.18** (-2.48)	-0.01	0.15	-0.16 (-1.84)	0.15*** (4.12)	0.17 (1.39)
	基线和评估的差异	0.13*** (5.54)	0.13** (2.20)	N. A.	0.01 (0.42)	0.11 (1.51)	N. A.	N. A.	N. A.

注：括号内为 t 值；***、**和*分别代表 1%、5%和 10%的显著性水平。

发现，无论母亲受教育水平是初中以下还是初中及以上，干预组学生的平均成绩分别显著高于控制组学生 0.07 个标准差（t 值 = 2.06）和 0.12 个标准差（t 值 = 2.48）。从基线到评估的数据表明，干预组的学生无论母亲受教育水平如何，学生的平均成绩都显著提高（t 值 = 3.22；t 值 = 3.94），控制组并没有显著差异。在教师绩效激励第二期中，干预组的基线和评估均发现，母亲受教育水平是初中及以上的学生平均学习成绩高于母亲受教育水平在初中以下的学生成绩（t 值 = - 2.43；t 值 = - 2.48），控制组同样没有显著差异。在从基线到评估的变化中发现，无论学生母亲受教育水平处于何种水平，干预组学生的平均成绩均提高了 0.13 个标准差（t 值 = 5.54；t 值 = 2.20）。

总结上述分析中父母受教育水平与学生平均成绩的关系，父母受教育水平高的学生成绩显著高于父母受教育水平低的学生；存在教师绩效激励的情况下，无论父母受教育水平如何，均能显著提高学生平均成绩。

我们也分析了家庭经济状况与学生学业表现的关系。表 3 - 14 显示，干预组学生的基线和评估数据都显示，家庭经济状况较好的学生平均成绩比家庭经济状况较差的学生分别高 0.26 个标准差（t 值 = 8.30）和 0.22 个标准差（t 值 = 6.76）。控制组的评估数据也显示出类似的描述结果（t 值 = 3.75）。对于干预组而言，无论学生的家庭经济状况如何，经过教师绩效干预后，学生的平均成绩都有所提高，尤其是家庭经济状况较差的学生成绩显著提高了 0.10 个标准差（t 值 = 3.82）。对控制组家庭经济状况较差的学生而言，其平均成绩显著降低了 0.11 个标准差（t 值 = 2.62）。上述为教师绩效激励第一期的结果。第二期结果也显示干预组家庭经济状况较好的学生平均成绩显著高于家庭经济状况较差的学生 0.24 个标准差（t 值 = 4.07）和 0.20 个标准差（t 值 = 3.48）。家庭经济状况的好坏并未对控制组学生的平均学业表现产生影响。就干预组而言，评估较之基线，学生平均成绩均显著提高，其中家庭经济状况较好的学生显著提高了 0.12 个标准差（t 值 = 4.81），家庭经济状况较差的学生显著提高了 0.16 个标准差（t 值 = 3.58）。

表 3－14　教师绩效激励、家庭经济状况与学生学业表现的比较

项目	干预组			控制组			干预组与控制组之间的差异	
	家庭经济状况较好的75%	家庭经济状况较差的25%	家庭经济状况较好与较差之间的差异	家庭经济状况较好的75%	家庭经济状况较差的25%	家庭经济状况较好与较差之间的差异	家庭经济状况较好的75%之间的差异	家庭经济状况较差的25%之间的差异
教师绩效激励第一期 学生标准化数学考试成绩（基线）	0.11	-0.16	0.26*** (8.30)	0.06	-0.03	0.09 (1.64)	0.05 (1.62)	-0.13** (-2.39)
学生标准化数学考试成绩（评估）	0.16	-0.06	0.22*** (6.76)	0.06	-0.14	0.20*** (3.75)	0.10*** (3.08)	0.08 (1.41)
基线和评估的差异	0.05*** (3.50)	0.10*** (3.82)	N.A.	0.00 (0.10)	-0.11*** (2.62)	N.A.	N.A.	N.A.
教师绩效激励第二期 学生标准化数学考试成绩（基线）	0.09	-0.15	0.24*** (4.07)	0.02	-0.04	0.06 (1.11)	0.07* (1.90)	-0.11 (1.47)
学生标准化数学考试成绩（评估）	0.21	0.01	0.20*** (3.48)	0.02	-0.05	0.07 (1.12)	0.19*** (4.89)	0.06 (0.79)
基线和评估的差异	0.12*** (4.81)	0.16*** (3.58)	N.A.	0.00 (-0.01)	-0.01 (-0.01)	N.A.	N.A.	N.A.

注：括号内为t值；***、**和*分别代表1%、5%和10%的显著性水平。

187

　　总而言之，表 3 - 14 的结果可以描述为，家庭经济状况较好的学生平均成绩显著高于家庭经济状况较差的学生；教师绩效激励干预的实施，无论家庭经济状况如何，都显著提高了干预组学生的平均成绩。但是在控制组，无论家庭经济状况怎样，都未显著改变学生的平均成绩。

　　接下来从教师特征的角度来描述教师绩效激励与学生平均成绩之间的关系。

　　第一，从教师性别的分类来看，教师绩效激励第一期基线数据（见表 3 - 15）显示，干预组女老师所教学生的平均成绩显著高于男老师所教学生平均成绩 0.24 个标准差（t 值 = - 8.48），控制组也显示女老师所教学生平均成绩显著高于男老师所教学生平均成绩 0.20 个标准差（t 值 = - 4.47）。评估调查数据显示，干预组和控制组都表明，女老师所教学生的平均成绩显著高于男老师所教学生的平均成绩 0.30 个标准差（t 值 = - 10.52）和 0.20 个标准差（t 值 = - 4.27），并且干预组女老师所教学生的平均成绩显著高于控制组女老师所教学生的平均成绩 0.15 个标准差（t 值 = 3.33）。从基线到评估数据发现，干预组男老师和女老师所教学生的平均成绩都有显著提高，男老师所教学生的平均成绩显著提高了 0.04 个标准差（t 值 = 2.04），女老师所教学生的平均成绩显著提高得更多，为 0.10 个标准差（t 值 = 5.09）。控制组的男女老师平均成绩并无显著差异。教师绩效激励第二期基线和评估数据都显示，女老师所教学生的平均成绩显著高于男老师所教学生平均成绩 0.12 个、0.21 个、0.33 个标准差（t 值 = - 2.28；t 值 = - 4.41；t 值 = - 6.99）。从基线到评估数据变化中可以看到，干预组男老师和女老师所教学生的平均成绩都显著提高，女老师所教学生的平均成绩显著提高了 0.11 个标准差（t 值 = 3.94），男老师所教学生的平均成绩显著提高了 0.16 个标准差（t 值 = 4.62），男老师所教学生的平均成绩提高得更多一些；对于控制组而言，女老师所教学生的平均成绩显著提高了 0.07 个标准差（t 值 = 2.27），而男老师所教学生的平均成绩显著降低了 0.05 个标准差（t 值 = - 1.88）。

表 3 – 15　教师绩效激励、老师性别与学生学业表现的比较

项目	干预组			控制组			干预组与控制组之间的差异	
	男老师	女老师	男老师与女老师之间的差异	男老师	女老师	男老师与女老师之间的差异	男老师之间的差异	女老师之间的差异
教师绩效激励第一期　学生标准化数学考试成绩（基线）	-0.07	0.17	-0.24*** (-8.48)	-0.05	0.15	-0.20*** (-4.47)	-0.02 (-0.34)	0.02 (0.39)
学生标准化数学考试成绩（评估）	-0.03	0.27	-0.30*** (-10.52)	-0.08	0.12	-0.20*** (-4.27)	0.05 (1.31)	0.15*** (3.33)
基线和评估的差异	0.04** (2.04)	0.10*** (5.09)	N.A.	-0.03 (-0.90)	-0.03 (-0.99)	N.A.	N.A.	N.A.
教师绩效激励第二期　学生标准化数学考试成绩（基线）	-0.04	0.08	-0.12** (-2.28)	-0.09	0.12	-0.21*** (-4.41)	0.05 (0.91)	-0.04 (0.91)
学生标准化数学考试成绩（评估）	0.12	0.19	-0.07 (-1.35)	-0.14	0.19	-0.33*** (-6.99)	0.26*** (5.12)	0.00 (-0.10)
基线和评估的差异	0.16*** (4.62)	0.11*** (3.94)	N.A.	-0.05* (-1.88)	0.07** (2.27)	N.A.	N.A.	N.A.

注：括号内为 t 值；***、**和*分别代表 1%、5% 和 10% 的显著性水平。

189

　　总结一下教师性别分类的结果可见，女老师所教学生的平均成绩显著高于男老师所教学生的平均成绩；教师绩效激励的干预显著提高了干预组老师所教学生的成绩，第一期女老师所教学生成绩提高得较多，第二期男老师所教学生成绩提高得较多。

　　第二，从教师的年龄分类来看，教师绩效激励第一期基线数据（见表3-16）显示，无论是干预组还是控制组，教师的年龄与学生的学习成绩之间并没有显著的相关关系。但是对评估数据描述发现，干预组30岁及以上老师所教学生的平均成绩比控制组30岁及以上老师所教学生的平均成绩显著高0.12个标准差（t值=2.66）；干预组30岁以下老师所教学生的平均成绩比控制组30岁以老师所教学生的平均成绩显著高0.09个标准差（t值=2.40）。此外，干预组老师无论年龄大小，其所教学生的平均成绩分别显著提高了0.08个、0.05个标准差（t值=4.25；t值=2.65），控制组老师所教学生的平均成绩没有显著变化。在教师绩效激励第二期中，基线的结果显示，干预组和控制组30岁及以上老师所教学生的平均数学成绩均显著高于30岁以下老师所教学生的平均成绩0.26个（t值=4.19）和0.10个标准差（t值=1.90）。评估的数据也显示，对30岁及以上老师而言，干预组老师所教学生的平均成绩比控制组老师所教学生的平均成绩显著高0.16个标准差（t值=3.77）；30岁以下老师所教学生的平均成绩在干预组与控制组之间也有显著差异，同样是干预组老师所教学生的平均成绩显著高于控制组老师所教学生平均成绩0.13个标准差（t值=2.05）。从基线到评估的变化也显示，在干预组中，无论老师年龄高低，学生的平均成绩都显著提高，尤其是30岁以下老师所教学生的平均成绩显著提高了0.27个标准差（t值=5.87）。

　　第三，从教师的教龄分类来看，教师绩效激励第一期基线的结果（见表3-17）显示，干预组老师的教龄长短与其所教学生的平均成绩并无相关关系，而在控制组中，老师教龄在10年以下的比10年及以上所教学生的平均成绩显著低0.14个标准差（t值=-3.03）。评估调查

表 3 -16 教师绩效激励、老师年龄与学生学业表现的比较

项目	干预组 30岁及以上老师	干预组 30岁以下老师	干预组 30岁以下老师与30岁及以上老师之间的差异	控制组 30岁及以上老师	控制组 30岁以下老师	控制组 30岁以下老师与30岁及以上老师之间的差异	干预组与控制组 30岁及以上老师之间的差异	干预组与控制组 30岁以下老师之间的差异
教师绩效激励第一期 学生标准化数学考试成绩（基线）	0.02	0.06	-0.04 (-1.24)	0.04	0.03	0.01 (0.24)	-0.02 (-0.35)	0.03 (0.86)
学生标准化数学考试成绩（评估）	0.10	0.11	-0.01 (-0.43)	-0.02	0.02	-0.04 (-0.77)	0.12*** (2.66)	0.09** (2.40)
基线和评估的差异	0.08*** (4.25)	0.05*** (2.65)	N. A.	-0.06 (-1.60)	-0.01 (-0.29)	N. A.	N. A.	N. A.
教师绩效激励第二期 学生标准化数学考试成绩（基线）	0.09	-0.17	0.26*** (4.19)	0.04	-0.06	0.10* (1.90)	0.05 (1.23)	-0.11* (-1.80)
学生标准化数学考试成绩（评估）	0.18	0.10	0.08 (1.31)	0.02	-0.03	0.05 (1.05)	0.16*** (3.77)	0.13** (2.05)
基线和评估的差异	0.09*** (3.68)	0.27*** (5.87)	N. A.	-0.02 (-0.60)	0.03 (0.80)	N. A.	N. A.	N. A.

注：括号内为 t 值；***、**和*分别代表1%、5%和10%的显著性水平。

表 3 - 17　教师绩效激励、教龄与学生学业表现的比较

项目	干预组			控制组			干预组与控制组之间的差异	
	老师10年以下教龄	老师10年及以上教龄	10年以下教龄与10年及以上教龄的老师之间的差异	老师10年以下教龄	老师10年及以上教龄	10年以下教龄与10年及以上教龄老师之间的差异	老师10年及以上教龄之间的差异	老师10年以下教龄之间的差异
教师绩效激励第一期　学生标准化数学考试成绩（基线）	0.04	0.03	0.01 (0.44)	−0.03	0.11	−0.14*** (−3.03)	0.07* (1.80)	−0.08** (−2.12)
学生标准化数学考试成绩（评估）	0.08	0.13	−0.05* (−1.84)	−0.02	0.04	−0.06 (−1.26)	0.10** (2.24)	0.09*** (2.76)
基线和评估的差异	0.04** (1.99)	0.10*** (5.16)	N. A.	0.01 (0.36)	−0.07** (−2.17)	N. A.	N. A.	N. A.
教师绩效激励第二期　学生标准化数学考试成绩（基线）	0.00	0.06	−0.06 (−1.16)	0.09	−0.05	0.14*** (2.80)	−0.09 (−1.53)	0.11** (2.47)
学生标准化数学考试成绩（评估）	0.12	0.20	−0.08* (−1.68)	0.09	−0.06	0.15*** (3.03)	0.03 (0.47)	0.26*** (5.70)
基线和评估的差异	0.12*** (3.69)	0.14*** (4.78)	N. A.	0.00 (0.22)	0.01 (−0.16)	N. A.	N. A.	N. A.

注：括号内为 t 值；***、**和*分别代表 1%、5%和 10%的显著性水平。

的数据结果为：教龄为 10 年以下老师所教学生的平均成绩显著低于教龄为 10 年及以上老师所教学生平均成绩 0.05 个标准差（t 值 = −1.84）；无论老师的教龄多长，干预组老师所教学生的平均成绩分别显著高于控制组老师所教学生的平均成绩 0.10 个、0.09 个标准差（t 值 = 2.24；t 值 = 2.76）。对干预组老师来说，从基线到评估，教龄长和教龄短的老师所教学生的平均成绩分别显著提高了 0.04 和 0.10 个标准差（t 值 = 1.99；t 值 = 5.16），控制组 10 年及以上教龄老师所教学生的平均成绩显著降低了 0.07 个标准差（t 值 = −2.17）。第二期的结果与第一期基本一致。

第四，从教师的收入分类来看，我们将老师的收入简单分为两个虚拟变量，一个是老师的月收入在 3000 元及以上，另一个是老师的月收入在 3000 元以下。第一期的数据（见表 3 – 18）显示：基线的结果为，收入高与收入低老师所教学生的平均成绩并无显著差异。评估调查数据发现，收入高老师所教学生平均成绩比收入低老师所教学生的平均成绩显著高 0.09 个标准差（t 值 = 3.23）；控制组老师的收入水平与学生的平均成绩没有显著差异（t 值 = 1.46）。对于月收入在 3000 元及以上的老师而言，干预组比控制组显著高 0.11 个标准差（t 值 = 2.85）；对于月收入在 3000 元以下的老师来说，干预组比控制组显著高 0.09 个标准差（t 值 = 2.01）。比较干预实施前后的结果，收入高的老师所教学生的平均成绩显著提高了 0.08 个标准差（t 值 = 5.27），收入低的老师所教学生的平均成绩没有显著改变（t 值 = 1.49）。第二期的基线数据已经表明，干预组和控制组收入高的老师所教学生的平均成绩分别高于收入低的老师所教学生的平均成绩 0.35 个和 0.21 个标准差（t 值 = 6.09；t 值 = 4.42）。评估调查的结果类似。在第二期中，无论收入高低，干预组老师所教学生的平均成绩都显著提高，尤其是收入低的老师，学生平均成绩提高的幅度更大，显著提高了 0.20 个标准差（t 值 = 4.50）。

总结教师绩效激励、教师特征和学生学业表现的关系，我们发现：

表 3-18 教师绩效激励、老师收入与学生学业表现的比较

项目	干预组			控制组			干预组与控制组之间的差异	
	老师的收入在3000元及以上	老师的收入3000元以下	老师收入之间的差异	老师的收入在3000元及以上	老师的收入在3000元以下	老师收入之间的差异	老师的收入在3000元及以上之间的差异	老师的收入在3000元以下之间的差异
教师绩效激励第一期								
学生标准化数学考试成绩（基线）	0.06	0.02	0.04 (1.40)	0.04	0.02	0.02 (0.35)	0.02 (0.46)	0.00 (-0.16)
学生标准化数学考试成绩（评估）	0.14	0.05	0.09*** (3.23)	0.03	-0.04	0.07 (1.46)	0.11*** (2.85)	0.09** (2.01)
基线和评估的差异	0.08*** (5.27)	0.03 (1.49)	N.A.	-0.01 (-0.22)	-0.06* (-1.83)	N.A.	N.A.	N.A.
教师绩效激励第二期								
学生标准化数学考试成绩（基线）	0.13	-0.22	0.35*** (6.09)	0.11	-0.10	0.21*** (4.42)	0.02 (0.48)	-0.12** (-2.04)
学生标准化数学考试成绩（评估）	0.23	-0.02	0.25*** (4.64)	0.15	-0.14	0.29*** (6.06)	0.08* (1.91)	0.12** (2.14)
基线和评估的差异	0.10*** (4.16)	0.20** (4.50)	N.A.	0.04 (1.33)	-0.04 (1.32)	N.A.	N.A.	N.A.

注：括号内为 t 值；***、** 和 * 分别代表 1%、5% 和 10% 的显著性水平。

（1）从老师性别的角度来看，女老师所教学生的平均成绩显著高于男老师所教学生的平均成绩；教师绩效激励的实施，使得干预组男、女老师所教学生的平均成绩都有显著提高。（2）从老师的年龄来看，基本上是 30 岁及以上老师所教学生的平均成绩更高；实施绩效干预以后，干预组所有老师所教学生的成绩都有显著提高，尤其是 30 岁以下老师所教学生的平均成绩提高得更多。（3）从老师的教龄来看，10 年及以上教龄的老师所教学生的平均成绩更高；干预的实施也都促进了老师所教学生平均成绩的提高，教龄越长的老师提高得越多。（4）从老师收入来看，收入越高的老师所教学生的平均成绩越高，对老师进行绩效激励以后，干预组老师所教学生的平均成绩都有显著提高。

本研究还从学校规模的视角对干预的效果进行了分析，如表 3 - 19 所示。从教师绩效激励第一期来看，基线的结果表明，规模在 450 人及以上的学校（以下简称大规模学校）平均学生成绩显著高于规模在 450 人以下的学校（以下简称小规模学校）的学生平均成绩 0.10 个标准差（t 值 = 3.34）；控制组也是如此，二者之间的差距为 0.22 个标准差（t 值 = 4.64）。评估的数据同样反映出大规模学校学生的平均成绩显著高于小规模学校学生的平均成绩（t 值 = 5.02；t 值 = 3.72）。干预实施以后，无论学校规模大小，干预组学生的平均成绩都有显著提高，只是大规模学校学生的平均成绩提高的幅度更大（t 值 = 4.27；t 值 = 2.99）。在第二期中，基线和评估的数据都显示，大规模学校学生的平均成绩均显著高于小规模学校学生的平均成绩。从基线到评估的变化可见，干预组大规模学校的学生平均成绩没有显著提高，小规模学校的学生平均成绩提高了 0.18 个标准差（t 值 = 6.59）。控制组的大规模学校学生平均成绩显著降低了 0.11 个标准差（t 值 = - 3.57），小规模学校学生平均成绩显著提高了 0.08 个标准差（t 值 = 2.89）。因此，从干预前后学生平均成绩的变化情况，还无法判断学校规模大小与学生的平均成绩之间的关系。

表3-19 教师绩效激励、学校规模与学生学业表现的比较

项目	干预组			控制组			干预组与控制组之间的差异	
	学生规模在450人及以上	学校规模在450人以下	大规模学校与小规模学校之间的差异	学生规模在450人及以上	学校规模在450人以下	大规模学校与小规模学校之间的差异	学生规模在450人及以上之间的差异	学校规模在450人以下之间的差异
教师绩效激励第一期								
学生标准化数学考试成绩（基线）	0.11	0.01	0.10*** (3.34)	0.17	-0.05	0.22*** (4.64)	-0.06 (-1.51)	0.06 (1.58)
学生标准化数学考试成绩（评估）	0.20	0.05	0.15*** (5.02)	0.12	-0.06	0.18*** (3.72)	0.08* (1.79)	0.11*** (3.27)
基线和评估的差异	0.09*** (4.27)	0.04*** (2.99)	N.A.	-0.05 (1.52)	-0.01 (-0.50)	N.A.	N.A.	N.A.
教师绩效激励第二期								
学生标准化数学考试成绩（基线）	0.22	-0.06	0.28*** (5.19)	0.07	-0.05	0.12** (2.47)	0.15*** (2.69)	-0.01 (-0.32)
学生标准化数学考试成绩（评估）	0.25	0.12	0.13*** (2.62)	-0.04	0.03	-0.07 (-1.47)	0.29*** (5.32)	0.09** (2.01)
基线和评估的差异	0.03 (0.90)	0.18*** (6.59)	N.A.	-0.11*** (-3.57)	0.08*** (2.89)	N.A.	N.A.	N.A.

注：括号内为t值；***、**和*分别代表1%、5%和10%的显著性水平。

（三） 教师绩效激励第一期和第二期的回归分析结果

根据上文的假设，在进行随机干预实验分析的过程中，首先需要保证干预组和控制组在基线调查阶段的主要特征在统计上没有显著性差异，是统计意义上的"双胞胎"。表 3 – 20 从学生特征、家庭特征、老师特征和学校特征四个维度分别将三个干预组与控制组进行了比较，结果显示，三个干预组（绝对值组、增加值组、增加值百分位组）分别与控制组之间在上述特征方面没有显著的差异。此外，四个组的联合显著性检验也显示，四个维度十六个变量在干预之前没有显著性差异，包括学生标准化成绩（基线和评估）、学生性别、学生年龄、父亲受教育水平、母亲受教育水平、家庭资产、老师年龄、老师性别、老师民族、老师教龄、教师基本工资、年级规模、学校规模、学校教师规模和民办教师数量。

表 3 – 20　主要变量描述和平衡性检验

变量		系数（标准误差）				联合显著性检验（P 值）
		控制组的平均值	绝对值组	增加值组	增加值百分位组	
学生特征	基线学生标准化数学成绩	0.00	−0.05 (0.08)	−0.02 (0.08)	−0.09 (0.09)	0.74
	评估学生标准化数学成绩	0.00	−0.01 (0.08)	0.03 (0.09)	−0.04 (0.09)	0.89
	学生性别（1＝女，0＝男）	0.492①	−0.01 (0.02)	−0.00 (0.02)	−0.01 (0.02)	0.89
	学生年龄（岁）	11.99	0.09 (0.06)	0.14 ** (0.07)	0.08 (0.07)	0.23
家庭特征	父亲受教育水平（1＝初中毕业及以上；0＝初中以下）	0.52②	0.01 (0.02)	0.03 (0.03)	0.01 (0.03)	0.69
	母亲受教育水平（1＝初中毕业及以上；0＝初中以下）	0.31③	0.01 (0.03)	0.02 (0.03)	0.01 (0.03)	0.90
	家庭资产	−0.64	0.03 (0.05)	0.01 (0.05)	0.04 (0.05)	0.87

续表

变量		系数（标准误差）			联合显著性检验（P值）
		控制组的平均值	绝对值组	增加值组	增加值百分位组	
老师特征	老师年龄（岁）	32.62	1.67 (1.60)	0.37 (1.68)	0.58 (1.47)	0.75
	老师性别 (1 = 女，0 = 男)	0.42④	-0.02 (0.09)	0.10 (0.09)	-0.01 (0.09)	0.49
	老师民族 (1 = 汉，0 = 少数民族)	0.95⑤	0.01 (0.03)	-0.06* (0.04)	-0.01 (0.03)	0.23
	老师教龄（年）	11.61	1.86 (1.77)	0.84 (1.99)	-0.17 (1.63)	0.62
	老师基本工资（元）	2852.77	255.60* (152.65)	-149.43 (187.32)	142.40 (175.44)	0.05
学校特征	年级规模（人）	43.35	-1.15 (2.88)	2.41 (2.97)	-3.43 (2.82)	0.30
	学校规模（人）	437.83	-59.56 (62.56)	-31.87 (60.86)	-46.85 (65.92)	0.81
	学校教师规模（人）	29.75	-0.45 (4.23)	-2.74 (3.69)	-0.98 (4.22)	0.86
	民办教师数量（人）	1.69	0.40 (0.65)	0.07 (0.39)	0.06 (0.42)	0.94

注：括号内为标准误差的值；***、**和*分别代表1%、5%和10%的显著性水平。①为女生比例，②为父亲受教育水平在初中及以上的比例，③为母亲受教育水平在初中及以上的比例，④为女性老师比例，⑤为汉族老师比例。

回归分析结果分为教师绩效激励第一期和教师绩效激励第二期，其中教师绩效激励第一期包含三个干预组（绝对值组、增加值组和增加值百分位组）和一个控制组，教师绩效激励第二期包含一个干预组（增加值百分位组）和一个控制组。表3-21分别使用六个OLS模型来进行估计。其中教师绩效激励第一期包含3个估计模型，模型1是对总体绩效干预效应进行评价，模型2是加入了学生、家庭、老师和学校的控制变量的回归结果，模型3是评价三种干预方式各自的效果；教师绩效激励第二期包含2个估计模型，其中模型4仅是增加值百分位的干预方式对学生学业表现的影响，模型 5 是在模型 4 的基础上加入了其他控制变量。

表 3 – 21 教师绩效激励与学生学业表现

自变量	因变量：学生学业表现					
	教师绩效激励第一期			教师绩效激励第二期		
	模型 1	模型 2	模型 3	模型 4	模型 5	模型 6
是否干预组 （1 = 是，0 = 否）	0.06 (0.04)	0.07* (0.04)				
绝对值组 （1 = 是，0 = 否）			0.06 (0.05)	0.08 (0.05)		
增加值组 （1 = 是，0 = 否）			0.01 (0.05)	0.00 (0.05)		
增加值百分位组 （1 = 是，0 = 否）			0.13** (0.06)	0.15** (0.06)	0.14** (0.06)	0.10* (0.06)
是否加入其他控制变量	No	YES	No	YES	No	YES
观察值（个）	7357	7357	7357	3411	3411	3411

注：括号内为标准误差的值；***、**和*分别代表 1%、5% 和 10% 的显著性水平。

教师绩效激励第一期的结果显示，与控制组相比，无论是哪种绩效激励方式，在 10% 的显著性水平上都能将学生的数学学业表现提高 0.07 个标准差。与控制组相比，增加值百分位的激励方式，在 5% 的显著性水平上能将学生的数学学业表现提高 0.13 个标准差。但是，与控制组相比，绝对值和增加值的绩效干预方式，并没有显著提高学生的数学学业表现。教师绩效激励第二期的结果显示，与控制组相比，增加值百分位的激励方式仍然能够将学生的数学学业表现提高 0.10 个标准差（10% 的显著性水平）。

此外，根据基线学生学业表现，在样本班级内分为学业表现最好的 1/3 学生（以下简称优等生）、中间的 1/3 学生和学业表现最差的 1/3 学生（以下简称学困生），教师绩效激励对不同学业表现水平的学生回归分析结果显示（见表 3 – 22）：在教师绩效激励第一期，对老师进行增加值百分位的激励，能够显著提高所有学生的学业表现，尤其是对学困生的学业表现提高得最多（学困生的学业表现提高了 0.19 个标准差，中间的学生提高了 0.14 个标准差，优等生的学业表现提高了 0.12 个标准差）；在教师绩效激励第二期，对老师进行增加值百分位绩效激励，虽然并不是对所有学生都有显著的影响，但是学困生的学业表现显著提高了 0.15 个标准差。

表 3 - 22 教师绩效激励对不同学生学业表现的影响

自变量	因变量：学生学业表现					
	教师绩效激励第一期			教师绩效激励第二期		
	基线成绩最差 1/3	基线成绩中间 1/3	基线成绩最高 1/3	基线成绩最差 1/3	基线成绩中间 1/3	基线成绩最高 1/3
绝对值组 （1 = 是，0 = 否）	0.11 (0.06)	0.10 (0.07)	0.05 (0.06)			
增加值组 （1 = 是，0 = 否）	0.04 (0.06)	- 0.01 (0.06)	- 0.02 (0.06)			
增加值百分位组 （1 = 是，0 = 否）	0.19 * (0.08)	0.14 * (0.08)	0.12 * (0.07)	0.15 ** (0.07)	0.03 (0.07)	0.10 (0.06)
是否加入其他控制变量	YES	YES	YES	YES	YES	YES
观察值（个）	7357	7357	7357	3411	3411	3411

注：括号内为标准误差的值；***、** 和 * 分别代表 1%、5% 和 10% 的显著性水平。

除此以外，我们还对不同学生和老师特征的教师绩效激励的异质性进行了分析。表 3 - 23 显示了在教师绩效激励第一期中，干预与学生特征的交互项，如与学生性别和寄宿特征的交互；干预与老师特征的交互项，如与老师性别、年龄、教龄和月工资的交互。表 3 - 23 共使用了 6 个交互项模型，在控制其他变量的情况下，与控制组相比，干预对女生的平均成绩并没有显著影响，在 10% 的显著性水平下，使男生的平均成绩提高了 0.09 个标准差。其他交互项的数据显示，干预并未对寄宿生与否、不同性别的老师、不同年龄阶段的老师、不同教龄的老师以及不同月收入的老师产生显著的影响。

表 3 – 23　教师绩效激励第一期对不同学生学业表现的异质性分析（1）

自变量	因变量：学生学业表现					
	模型1	模型2	模型3	模型4	模型5	模型6
是否干预组 （1 = 是，0 = 否）	0.09 * (0.05)	0.06 (0.04)	0.02 (0.06)	0.04 (0.05)	0.06 (0.05)	0.04 (0.05)
干预 × 学生性别	– 0.05 (0.04)					
干预 × 寄宿		0.01 (0.05)				
干预 × 老师性别			0.10 (0.09)			
干预 × 老师年龄				0.05 (0.06)		
干预 × 老师教龄					0.02 (0.06)	
干预 × 老师月工资						0.05 (0.08)
是否加入其他控制变量	是	是	是	是	是	是
截距项	1.16 *** (0.20)	1.19 *** (0.20)	1.22 *** (0.20)	1.11 *** (0.20)	1.19 *** (0.20)	1.14 *** (0.20)
观察值（个）	7357	7357	7357	7357	7357	7357
R^2	0.474	0.474	0.475	0.475	0.474	0.475

注：括号内为标准误差的值；*** 、** 和 * 分别代表1% 、5% 和10% 的显著性水平。

　　另外，我们根据细分的三个干预组别，分别与学生的特征和老师的特征进行了交互项分析，结果如表 3 – 24 所示。通过两个模型来进行分析，模型 1 是三种干预方式对不同性别学生平均成绩的影响，三种干预方式分别与学生的性别进行交互；模型 2 是三种干预方式对寄宿与否学生平均成绩的影响，是三种干预方式分别与学生寄宿的交互项。绝对值、增加值和增加值百分位的方式都没有对不同性别、寄宿与否的学生平均成绩产生显著的影响。只是与控制组男生相比，增加值百分位的干预方式显著提高了男生的平均成绩，为 0.16 个标准差。表 3 – 25 是教师绩效激励第二期不同激励方式与老师特征的交互项，在此我们共建立了 4 个模型，模型 1 是三种干预与老师性别的交互，模型 2 是与老师年龄的交互，模型 3 是与老师教龄的交互，模型 4 是与老师月收入的交互。在模型 1 中，回归结果表明，增加值的激励方式能够显著提高女老师所教学生的平均成绩，为 0.20 个标准差。干预与老师其他特征的交互项并没有产生显著的影响。

表 3 - 24　教师绩效激励第一期对不同学生学业表现的异质性分析（2）

自变量	因变量：学生学业表现	
	模型 1	模型 2
绝对值组（1 = 是）	0.09 (0.06)	0.06 (0.05)
增加值组（1 = 是）	0.03 (0.05)	0.01 (0.05)
增加值百分位组（1 = 是）	0.16 ** (0.08)	0.12 * (0.07)
绝对值×学生性别	− 0.04 (0.05)	
增加值×学生性别	− 0.05 (0.05)	
增加值百分位×学生性别	− 0.07 (0.06)	
绝对值×学生寄宿		0.04 (0.09)
增加值×学生寄宿		− 0.07 (0.06)
增加值百分位×学生寄宿		0.02 (0.08)
是否加入其他控制变量	是	是
截距项	1.19 *** (0.20)	1.22 *** (0.20)
观察值（个）	7357	7357
R^2	0.476	0.476

注：括号内为标准误差的值；***、** 和 * 分别代表 1%、5% 和 10% 的显著性水平。

表 3 - 25　教师绩效激励第二期对不同学生学业表现的异质性分析（1）

自变量	因变量：学生学业表现			
	模型 1	模型 2	模型 3	模型 4
绝对值组（1 = 是）	0.08 (0.07)	0.08 (0.06)	0.02 (0.06)	0.05 (0.06)
增加值组（1 = 是）	- 0.09 (0.06)	0.01 (0.07)	- 0.06 (0.06)	- 0.03 (0.06)
增加值百分位组（1 = 是）	0.07 (0.09)	0.04 (0.08)	0.20 ** (0.08)	0.10 (0.07)
绝对值 × 老师性别	- 0.04 (0.10)			
增加值 × 老师性别	0.20 ** (0.09)			
增加值百分位 × 老师性别	0.14 (0.12)			
绝对值 × 老师年龄		- 0.05 (0.08)		
增加值 × 老师年龄		- 0.01 (0.09)		
增加值百分位 × 老师年龄		0.17 (0.11)		
绝对值 × 老师教龄			0.11 (0.08)	
增加值 × 老师教龄			0.13 (0.09)	
增加值百分位 × 老师教龄			- 0.17 (0.10)	
绝对值 × 老师月工资				0.03 (0.08)
增加值 × 老师月工资				0.08 (0.10)
增加值百分位 × 老师月工资				0.08 (0.14)

续表

自变量	因变量：学生学业表现			
	模型 1	模型 2	模型 3	模型 4
截距项	1.26 *** (0.20)	1.09 *** (0.20)	1.19 *** (0.20)	1.13 *** (0.21)
观察值（个）	7357	7357	7357	7357
R²	0.478	0.478	0.479	0.476

注：括号内为标准误差的值；***、** 和 * 分别代表 1%、5% 和 10% 的显著性水平。

与此同时，表 3 - 26 也分析了教师绩效激励第二期的交互项回归结果。在此表格中，共有六个回归模型，分别是干预（增加值百分位）与学生和老师特征的交互项。其中模型 1 是干预与学生性别的交互项，增加值百分位的干预方式对不同性别的学生平均成绩并没有产生显著的影响，也未对不同寄宿情况的学生平均成绩产生显著的影响。但是与控制组男生相比，增加值百分位的干预方式将男生的平均成绩显著提高了 0.12 个标准差。对于老师的特征，增加值百分位的干预方式使得男老师比女老师所教学生的平均成绩提高了 0.18 个标准差；并且与控制组男老师相比，干预显著提高了男老师所教学生的平均成绩 0.19 个标准差。

表 3 - 26　教师绩效激励第二期对不同学生学业表现的异质性分析（2）

自变量	因变量：学生学业表现					
	模型 1	模型 2	模型 3	模型 4	模型 5	模型 6
是否干预组 （1 = 是，0 = 否）	0.12 * (0.06)	0.10 (0.07)	0.19 ** (0.09)	0.07 (0.07)	0.03 (0.08)	0.07 (0.07)
干预 × 学生性别	-0.06 (0.05)					
干预 × 寄宿		-0.04 (0.11)				
干预 × 老师性别			-0.18 * (0.10)			

续表

自变量	因变量：学生学业表现					
	模型 1	模型 2	模型 3	模型 4	模型 5	模型 6
干预 × 老师年龄				0.07 (0.12)		
干预 × 老师教龄					0.10 (0.10)	
干预 × 老师月工资						0.06 (0.12)
是否加入其他控制变量	是	是	是	是	是	是
截距项	1.22 *** (0.24)	1.21 *** (0.25)	1.17 *** (0.24)	1.24 *** (0.25)	1.26 *** (0.24)	1.23 *** (0.24)
观察值（个）	3411	3411	3411	3411	3411	3411
R^2	0.437	0.437	0.439	0.437	0.438	0.437

注：括号内为标准误差的值；***、**和*分别代表 1%、5% 和 10% 的显著性水平。

六 教师激励对学生学业表现的作用机制

为什么对教师的绩效激励能够提高学生的学业表现？为什么增加值百分位的方式能够显著提高学生的数学学业表现？而绝对值和增加值的绩效激励方式没有显著提高学生的学业表现？这中间的影响路径是什么？这些问题是本书试图回答的另一些问题。

在上文的因果链分析中，我们假设给老师绩效激励，老师改变教学行为，进而影响学生的学业表现，那么，在本研究中，我们给予老师绩效激励，老师的教学行为是否发生改变？表 3 - 27 显示了教师绩效激励干预的中间变量情况。自变量为教师绩效激励第一期和第二期的不同干预方式。因变量由学生数学学习态度和老师的教学行为相关的 12 个变量组成。这些中间变量分别为：学生对老师教学实践的看法（有 14 个变量)①、老师对学生的关心（有 5 个变量）②、老师与学生的交流（有 4 个变量）③、老师教课的难易程度（简单的课程、中等难度的课程、难的课程）。通过 9 道数学题（3 道简单、3 道中等和 3 道偏难）让学生判断是否学过类似的题型，以确定老师教课的难易程度。

表 3-27 的回归结果显示，在教师绩效激励第一期的干预中，与控制组相比，绝对值组和增加值组的老师所教课程更多地处于简单和中等难度的水平，而增加值百分位组老师所教的课程趋向于中等和偏难的水平。在教师绩效激励第二期中，平均而言，老师所教课程处于简单和偏难的水平。此外，从学生的角度来看，干预显著提高了老师的教学实践，比如，老师会给学生制定明确的学习目标、给学生表达想法的机会、告诉学生如何提高数学能力等；并且增强了老师对学生的关心程度，比如，老师会给学生一些帮助、老师会给学生讲解直至学生明白等；也促进了师生之间的交流，比如，老师会跟学生谈论学习进度的事情、告诉学生数学学习的重要性、跟学生家长沟通等。

从教师绩效激励第一期和第二期的结果来看，对教师进行绩效激励，能够改变教师的教学行为。但是，增加值百分位的绩效激励方式更能有效地促进教师改变教学行为。从老师授课的难易程度来看，老师讲

---

① a. 数学老师给我们制定了明确的学习目标；b. 数学老师会让我或者其他同学有充足的时间来表达我们的想法和思路；c. 数学老师会依据同学们学习能力的高低布置不同的作业；d. 数学老师会布置需要至少一周才能完成的大作业；e. 数学老师会让我知道我在数学课上的学习情况；f. 数学老师会提问我们，以确认我们是否听懂了；g. 数学老师会让我们分成小组一起解题或完成一些任务；h. 在开始讲解一堂课的新内容之前，数学老师会回顾上一堂课讲的内容；i. 数学老师会让我们帮他（她）设计课堂上的活动或内容；j. 数学老师会让我知道我在数学方面的强项和弱项分别是什么；k. 每当有考试或作业时，数学老师会告诉我们他（她）对我们的期望；l. 数学老师会告诉我们必须掌握哪些东西；m. 数学老师会告诉我如何才能提高我的数学能力；n. 数学老师会给我们布置数学练习题。

② a. 数学老师很关心我的学习；b. 当我需要帮助时，数学老师总是给我一些额外的帮助；c. 数学老师总是在学习方面帮助我；d. 数学老师会一直给我讲解，直到我明白课堂内容；e. 数学老师在课堂上会给我表达观点的机会。

③ a. 这学期，数学老师曾经就你的学习进度跟你单独谈话；b. 这学期，数学老师曾经就你的学习进度跟你家长单独谈话；c. 这学期，数学老师曾经就你的学习进度给家里发家长信；d. 这学期，数学老师曾经告诉你考好数学很重要。

表 3 – 27 教师绩效激励中间变量结果分析

	自变量	老师教简单的课程	老师教中等难度的课程	老师教难的课程	学生对老师教学实践的看法	老师对学生的关心	老师与学生的交流
		模型 1	模型 2	模型 3	模型 4	模型 5	模型 6
教师绩效激励第一期	是否干预	0.02 * (0.01)	0.02 ** (0.01)	0.01 (0.01)	0.03 (0.03)	0.01 (0.06)	0.03 (0.05)
	绝对值组	0.02 * (0.01)	0.02 * (0.01)	0.01 (0.02)	0.01 (0.04)	0.03 (0.06)	– 0.03 (0.06)
	增加值组	0.01 (0.01)	0.02 ** (0.01)	– 0.01 (0.01)	0.02 (0.04)	– 0.00 (0.07)	0.04 (0.05)
	增加值百分位组	0.02 (0.01)	0.03 ** (0.01)	0.04 *** (0.01)	0.04 (0.05)	– 0.01 (0.07)	0.07 (0.07)
	控制变量	YES	YES	YES	YES	YES	YES
	观察值（个）	7373	7370	7366	7373	7372	7373
教师绩效激励第二期	是否干预组？（增加值百分位）	0.05 *** (0.02)	0.01 (0.02)	0.05 ** (0.02)	0.06 * (0.03)	0.12 ** (0.05)	0.08 * (0.05)
	控制变量	YES	YES	YES	YES	YES	YES
	观察值（个）	3411	3411	3411	3411	3411	3411

注：括号内为标准误差的值；*** 、** 和 * 分别代表 1% 、5% 和 10% 的显著性水平。

授的内容更多，并且其中包含了更多中等偏难的内容，既照顾了学困生，也考虑了优等生的需求。更为重要的是，老师对学生的关心和交流增强了，并且切实采取了一些措施来改善数学教学的行为和方式。因此，增加值百分位教师绩效激励是能够提高学生学业表现的有效机制。

七 小结

本章基于对陕西和甘肃 16 个县 214 所小学为期两年的随机干预实验研究，分析了教师绩效激励对农村学生学业表现的影响及其作用机制。研究发现：对教师进行增加值百分位的绩效激励，能够显著提高学生的学业表现，尤其是学困生的学业表现。增加值百分位的绩效激励效果通过显著改变教师的教学行为，进而改变学生的学业表现。

在上述分析的基础上，本章建议：第一，在现有的农村教师绩效工资体系下，教师的绩效不仅要与学生的学业表现挂钩，而且要与学生的增加值白分位挂钩。也就是说，教师如果想获得更高的绩效工资，既要关注中等生和优等生，也要关注学困生和后进生，真正体现有教无类、多劳多得、优绩优酬。第二，目前我们通过两次随机干预实验验证了基于增加值百分位的教师绩效评价方式能够有效提高学生的学业表现，建议在部分地区试点和推广这样的教师绩效评价方式。

基于增加值百分位的教师绩效激励是完善中小学教师待遇保障机制的探索，也是践行我国全面深化新时代教师队伍建设改革的重要方面，最终将促进我国教育现代化的发展和教育强国的建设。

第四章　主要结论及政策建议

一　主要结论与政策建议

根据本书的分析结果和主要结论提出如下政策建议。

第一，关注西北地区农村小学生的营养健康问题，尤其是当前亟待解决并且普遍存在的贫血问题。特别需要注意的是，西北农村地区的弱势群体，如留守儿童学生、寄宿生、少数民族学生的营养健康和学业表现需要得到更多的关注。西北农村地区儿童的营养健康本身已经落后于全国的平均水平，而这部分弱势群体的处境更加艰难。贫血对学生的注意力、发育以及学习成绩等的不利影响已经被国内外的诸多研究证实。设计和实施切实有效的方案是克服贫血的关键。陕西师范大学教育实验经济研究所、中国科学院农业政策研究中心和农村教育行动计划在中国西北地区农村的 5 个随机干预实验研究发现，给学生每天服用一片多维元素片是解决贫血问题的有效途径。该方案的优势在于安全、方便，尤其是在短期内能够克服贫血问题。更大的优势在于成本较低，目前市场上的多维元素片大约 0.2 元/人/天。这是政府在未来易于执行和推广的方案。

第二，赋予学校和校长自主权，使他们能够根据当地的经济、生活习惯和学生特点因地因时制宜地制定改善学生营养和克服贫血的计划和方案。2012 年，国务院启动实施农村义务教育学生营养餐改善计划，国家每年计划投资 160 亿元用于改善贫困地区的学生营养和膳食，并且营养餐由学校负责具体的操作和实施。即便如此，大部分学校和校长仅是按照上级的配置给学生发放营养餐，并没有独立决定营养餐实施方式的权力。因此，在学生营养改善的问题上，应给予学校和校长管理营养餐补贴的权力，并配合一定的激励和约束促进校方改善学生的营养健康。

第三，在学校层面对校长和老师进行营养健康知识的宣传和培训。农村小学有大量留守和寄宿学生，他们目前大部分的活动场所和接触的人群就是学校及其老师，而目前的校长和老师对于营养健康知识的了解和储备比较缺乏，从而低估或者忽略了目前农村学生的营养健康问题。因此，要设计关于校园营养健康知识的培训方案，在学校层面实施对校长和老师营养健康知识的宣传和培训，使得他们真正了解和重视农村儿童目前存在的营养健康问题，从而为该问题的解决打好基础。

第四，在贫困地区推广基于成绩增加值百分位的教师绩效考评方法。教师的绩效不仅要与学生的学业表现挂钩，而且要与学生成绩增加值的百分位挂钩。也就是说，老师如果想要获得更高的绩效工资，班级内不论是那些预期成绩进步空间更大的学困生和后进生，还是中等生或优等生，都要比较好地得到教师的关注，真正体现有教无类、多劳多得、优绩优酬。在当前中国农村学生相对于城市学生受教育水平、机会相对减少的大背景下，这个方案最能引导教师关注发展起点各不相同的农村孩子，给所有孩子一个公平发展的均等机会。

第五，建立统一的绩效测评框架，对学校的教师和校长进行相关培训，利用国家和省级课程标准，开发测评工具包，根据测试结果结算、发放并反馈绩效奖励。逐渐尝试加入更多科目的测试框架，如英语、语文等。分析教育资源的分配是否均衡，将教育资源向同等关注所有学生的教师倾斜，促进教育资源的合理分配和教育质量的提升。基于增加值百分位的教师绩效激励是完善中小学教师待遇保障机制的探索，也是践行我国全面深化新时代教师队伍建设改革的重要方面，最终将促进我国教育现代化的发展和教育强国的建设。

第六，教育的发展和未来人力资本的储备是关乎国家未来社会经济发展的头等大事。尤其在拥有庞大劳动力群体的农村地区，政府在政策和经济上给予更多的倾斜和关注是这部分群体得以持续发展的基础。

二 激励在教育领域应用的总结

激励的方式应用非常广泛，最普遍的是在企业当中使用，在医学领域也有广泛的应用。教育领域的激励更多地体现在对教师和学生的激励上。本书通过两个研究项目介绍了激励的方式在中国教育领域的应用。一是关于如何提高学生营养健康的问题。事实上提高学生营养健康的方式很多，可以归结为两类，一类是给学生直接补充营养物质，比如提供有营养的食物和进行微量元素的补充；另一类是间接的补充方式，对学生的照养人进行干预，再作用到学生身上，如对学生的家长进行营养知识的干预、对学生所在学校的校长和老师等进行营养知识的干预，再进一步作用到学生身上。直接对学生进行营养干预的优点在于能够快速产生效果，提高学生的身体健康水平和学业表现等（Luo et al., 2012b）。从长远来看，解决学生营养健康的问题，首要的是让与学生接触最为密切、最关心他们的利益相关者了解营养健康的重要性。事实上，校长往往决定学校资源的分配，家长通常掌握如何分配家庭资源，在这样的情况下，只有让学校和家庭的决策者意识到营养健康对学生的重要性，他们才可能采取行动并且确保行动是长期和持久的，从而改善学生的营养健康。二是关于如何提高学生学业表现的问题。虽然这和学生个人的能力和家庭的背景息息相关，但是对于贫困农村地区的孩子来说，更大程度上还需要学校和老师的帮助，因此我们把这个研究的重点放到了老师身上，研究如何给老师一些激励，提高老师的积极性，以采取一些行动来改变学生的学业表现。

就这两个激励项目而言，目标都是提高学生的人力资本质量，一个是改善学生的健康水平，另一个是提高学生的学业表现。两个项目的路径也是相通的，营养健康项目的中间路径是校长，教师绩效激励的中间路径是老师，干预通过校长和老师作用于学生，间接对学生产生影响。在这两者中，有一个很重要的因果链条，那就是对校长和老师实施干预，他们的行为是不是有所改变，并且这种改变正好作用于学生的某个结果变量，比如营养健康和学业表现。事实上，在一个实验设计中，控制因果链条按照既定的方向发展是非常困难的事情，就像这两个项目，给校长一些资源，这些资源如何使用到学生身上，并且是用于改善营养健康，而不是用于学校的其他建设，是难以控制的。对老师的激励也是一样的，需要老师清楚了解绩效激励的目标和计算方式，按照激励的轨迹采取措施来改善学生的成绩。

同时，在这两个项目中，我们没有规定校长需要采取哪些方式改善学生的营养健康，也没有规定教师需要采用哪些教学方式来改变教学行为。原因在于：第一，即便是这两个实验对校长和老师的行为方式做了标准化，但是在实际的执行过程中，监测校长和老师的行为是困难的，即便是通过复杂的方式能够监测，成本也奇高无比。第二，对于在教育一线工作的校长和老师来讲，他们拥有丰富的管理学校和学生的经验，对于不同的学生，他们有各自的管理智慧和有效应对方式，这是非专业人士无法企及的能力。第三，我们设计和实施这两个实验项目的目标在于未来能够进行政策倡导，如果从政府层面进行推广，项目的设计显然不能太过于烦琐、成本也不能过高（包括人力、物力成本）。因此，从科学研究和可实操性相结合的角度来看，我们倾向于校长和老师按照自己的经验和专业性来制定方法。具体而言，对于校长的干预来说，我们只是告知校长关于学生营养健康的知识、给予校长资源，校长要采用什么方式、为学生补充什么样的营养，项目组不做任何干涉；同样的，在教师绩效激励项目中，我们给干预组老师介绍了奖励的办法，但是具体要采取哪些教学手段和方法由老师自己来决定。当然，这种看似"放任的方式"也是一把双刃剑，直接的后果可能是有些校长或者老师钻了这个空子，以不作为来应对。这是每一个项目都需要正视的问题，发展到推广阶段可能也是客观存在的，对于项目组而言，样本是随机选取的，我们无法摒弃这部分样本，最好的方式就是尽量控制这种可能性。

三　未来研究方向

在目前的研究样本中，校长激励只是在西北地区的三个省、教师激励只是西北地区的两个省进行。虽然学校样本是随机抽取的，能够代表西北地区农村小学生的营养和学业表现的现状，但是全国范围的农村地区小学生营养健康现状、学业表现及地区之间的差异还无法获得，这也是今后要进一步扩展研究的内容。我们希望能够扩大研究的样本量，进一步验证实验在不同地区的有效性，希望未来能够将这些干预方式从政策层面倡导和推广，让更多的农村贫困地区的儿童和教师受益。

事实上，学生质量的提高不仅在于身体健康和学习成绩，更重要的是心理的健康。寄宿学生和留守儿童学生的出现，使得学生心理健康的问题更加严峻，并且他们的比例有增大的趋势。这也是需要进一步研究的问题。

参考文献

［1］ 阿玛蒂亚·森：《以自由看待发展》，任赜、于真译，中国人民大学出版社，2002。

［2］ 安雪慧、刘明兴、李小土：《农村教师评价体制变革中的教师激励机制》，《中国教育学刊》2009 年第 10 期，第 1～4 页。

［3］ 贝克尔：《人力资本理论》，郭虹译，中信出版社，2007。

［4］ 财政部：《中小学布局调整专项资金管理办法》，2003。

［5］ 常芳、史耀疆、李凡等：《信息干预对留守儿童身体健康的影响——来自陕西省的随机干预实验》，《农业技术经济》2013 年第 4 期，第 117～125 页。

［6］ 常虹：《四川达州市中小学生贫血率定点调查》，《预防医学情报杂志》2008 年第 4 期，第 411～413 页。

［7］ 常素英、何武、陈春明等：《中国儿童营养状况 15 年变化分析——5 岁以下儿童贫血状况》，《卫生研究》2007 年第 2 期，第 210～212 页。

［8］ 陈斌开、张鹏飞、杨汝岱：《政府教育投入、人力资本投资与中国城乡收入差距》，《管理世界》2010 年第 1 期，第 36～43 页。

［9］ 陈国琴：《谁让"蛋奶工程"变了质?》，《新西部》2010 年第 5 期，第 63～64 页。

［10］ 陈玲：《北海市农村中小学生营养状况调查分析》，《广西医学》2011 年第 6 期，第 755～756 页。

［11］ 陈欣欣、张林秀、罗斯高等：《父母外出与农村留守子女的学习

表现——来自陕西省和宁夏回族自治区的调查》，《中国人口科学》2009 年第 5 期，第 103~110 页。

[12] 陈在余：《中国农村留守儿童营养与健康状况分析》，《中国人口科学》2009 年第 5 期，第 95~102 页。

[13] 崔大伟、孙效玢、孙九玉等：《学生营养餐对改善学生营养状况的效果观察》，《中国公共卫生管理》2006 年第 22 期，第 254~255 页。

[14] 定西市统计局：《2012 年定西市国民经济和社会发展统计公报》，http://tjj.dingxi.gov.cn/stjj/tjgb/webinfo/2013/07/1372897897089449.htm，2012。

[15] 范先佐：《支持乡村教师的关键在提高生活待遇》，《今日教育》2015 年第 11 期，第 26~27 页。

[16] 范先佐、付卫东：《义务教育教师绩效工资改革：背景、成效、问题与对策——基于对中部 4 省 32 县（市）的调查》，《华中师范大学学报》（人文社会科学版）2011 年第 6 期，第 128~137 页。

[17] 方志峰、杨虹、赵丽云等：《广西 3 县贫困地区 6~24 月龄婴幼儿营养健康状况干预效果分析》，《中国儿童保健杂志》2010 年第 9 期，第 638~640 页。

[18] 付卫东、崔民初：《义务教育学校教师绩效工资政策分析》，《现代教育管理》2011 年第 2 期，第 66~70 页。

[19] 付卫东、范先佐：《学校教师绩效工资制度改革与义务教育均衡发展——基于我国 8 省 40 个县市的调查》，《当代教育科学》2013 年第 10 期，第 7~11 页。

[20] 付卫东、桂勇：《义务教育学校教师绩效工资政策实施效果的实证研究——基于中部四省部分县（区）的调查分析》，《上海教育科研》2010 年第 10 期，第 25~28 页。

[21] Fu, A.：《倾向得分法综述》，唐艳、陈刚译，《中国药物经济学》2008 年第 2 期，第 5 页。

［22］ 甘肃省教育厅:《甘肃省 2013 年教育事业统计简讯》,http:∥www. gsedu. gov. cn/wap/content –38098. htm,2014。

［23］ 甘肃省统计局:《甘肃发展年鉴 (2013)》,http:∥www. gstj. gov. cn/HdApp/HdBas/HdClsContentMain. asp? ClassId = 70,2013。

［24］ 歌路营:《中国农村住校生调查报告》,http:∥www. chinadevelopmentbrief. org. cn/news –17101. html,2013。

［25］ 国家教育督导团:《关于印发〈国家教育督导报告 2008 (摘要)〉的通知》,2008。

［26］ 国务院:《2009 年国务院政府工作报告》,http:∥www. gov. cn/test/2009 –03/16/content_1260221. htm,2009。

［27］ 国务院:《关于基础教育改革与发展的决定》,2001。

［28］ 国务院:《关于全面深化新时代教师队伍建设改革的意见》,http:∥www. gov. cn/xinwen/2018 –01/31/content_5262659. htm,2018。

［29］ 国务院:《关于统筹推进县域内城乡义务教育一体化改革发展的若干意见》,2016。

［30］ 国务院:《中华人民共和国国民经济和社会发展第十三个五年规划纲要》,2017。

［31］ 国务院办公厅:《关于完善农村义务教育管理体制的通知》,2002。

［32］ 贺容:《重庆市中小学生形态发育状况分析》,《现代预防医学》2007 年第 16 期,第 3098 ~3100 页。

［33］ 胡耀宗、严凌燕:《义务教育教师绩效工资政策执行偏差及其治理——基于沪皖豫三省市教师和校长的抽样调查》,《教师教育研究》2017 年第 5 期,第 14 ~18 页。

［34］ 胡咏梅、杜育红:《中国西部农村初级中学教育生产函数的实证研究》,《教育与经济》2008 年第 3 期。

［35］ 胡咏梅、卢珂:《教育资源投入对学生学业成绩的影响力评价——基于西部地区基础教育发展项目的研究》,《教育学报》2010 年第 6 期,第 67 ~76 页。

[36] 黄慧静、辛涛：《教师课堂教学行为对学生学业成绩的影响：一个跨文化研究》，《心理发展与教育》2007年第4期，第57~62页。

[37] 黄运坤、黎明强、秦景新等：《铁强化酱油改善少年儿童缺铁性贫血效果观察》，《应用预防医学》2007年第12期，第369~370页。

[38] 贾党全：《对中小学"蛋奶工程"的几点思考》，《陕西教育》（行政版）2010年第z1期，第24页。

[39] 贾康、苏京春：《论供给侧改革》，《管理世界》2016年第3期，第1~24页。

[40] 蒋萍、田成诗、尚红云：《人口健康与中国长期经济增长关系的实证研究》，《中国人口科学》2008年第5期，第44~51页。

[41] 教育部：《2004年中国教育事业发展状况报告》，2005。

[42] 教育部：《2010年全国教育事业发展统计公报》，2012。

[43] 教育部：《关于做好义务教育学校教师绩效考核工作的指导意见》，2008。

[44] 教育部：《国家中长期教育改革和发展规划纲要（2010—2020年）》，2010。

[45] 教育部：《教育部关于2010年全国学生体质与健康调研结果公告》，http://www.moe.edu.cn/publicfiles/business/htmlfiles/moe/s5948/201109/124202.html，2010。

[46] 教育部：《数据看变化·教育经费保障情况》，http://www.moe.gov.cn/jyb_xwfb/xw_fbh/moe_2069/xwfbh_2017n/xwfb_20170928/sfcl/201709/t20170928_315530.html，2017。

[47] 教育部：《温家宝主持召开国务院常务会议——决定启动实施农村义务教育学生营养改善计划》，http://old.moe.gov.cn/publicfiles/business/htmlfiles/moe/s6336/201110/125887.html，2011。

[48] 教育部：《乡村教师支持计划实施办法（2015—2020年）》，2016。

[49] 教育部：《中国农村义务教育发展报告》，2013。

［50］ 教育部、中央编办、国家发展改革委、财政部、人力资源和社会保障部：《关于大力推进农村义务教育教师队伍建设的意见》，2012。

［51］ 杰弗里·M. 伍德里奇：《计量经济学导论》，费剑平译，中国人民大学出版社，2010。

［52］ 金碚：《中国经济发展新常态研究》，《中国工业经济》2015 年第1 期，第 5 ~ 18 页。

［53］ 经济合作与发展组织（OECD）：《面向明日世界的学习——国际学生评估项目（PISA）2003 报告》，上海教育出版社，2008，第149 页。

［54］ 李翀：《论供给侧改革的理论依据和政策选择》，《经济社会体制比较》2016 年第 1 期，第 9 ~ 18 页。

［55］ 李海燕、李国：《义务教育学校教师绩效工资改革审视——基于公平理论的分析》，《当代教师教育》2011 年第 1 期，第 11 ~14 页。

［56］ 李立明、饶克勤、孔灵芝：《中国居民 2002 年营养与健康状况调查》，《中华流行病学杂志》2005 年第 7 期，第 478 ~ 484 页。

［57］ 李强：《里仁为美：论农村儿童成长环境对其人力资本的影响》，博士学位论文，西南财经大学，2012。

［58］ 李强、臧文斌：《父母外出对留守儿童健康的影响》，《经济学（季刊）》2010 年第 1 期，第 341 ~ 360 页。

［59］ 李唐宁：《人力资本红利将成发展新动力》，《经济参考报》2014年 12 月 15 日，第 2 版。

［60］ 李沿知：《美、英、澳三国基础教育教师绩效工资制度实施对办学质量的影响分析及启示》，《教师教育研究》2010 年第 4 期，第71 ~ 75 页。

［61］ 李扬、张晓晶：《"新常态"：经济发展的逻辑与前景》，《经济研究》2015 年第 5 期，第 4 ~ 19 页。

［62］ 联合国教科文组织总部：《教育——财富蕴藏其中》，联合国教科

文组织总部中文科译，教育科学出版社，1996，第1页。

[63] 梁文艳、杜育红：《基于学生学业成绩的教师质量评价——来自中国西部农村小学的证据》，《北京大学教育评论》2011年第3期，第105~120、第191页。

[64] 林晓明、王峙、沈小毅等：《北京山区学龄儿童铁营养状况及亚临床铁缺乏的干预效果》，《中华预防医学杂志》2003年第2期，第115~118页。

[65] 刘国恩、William H. Dow、傅正泓等：《中国的健康人力资本与收入增长》，《经济学（季刊）》2004年第1期，第101~118页。

[66] 刘淑杰、周晓红：《国外教师绩效工资实施效果评价的研究进展及其启示》，《外国教育研究》2013年第4期，第44~52页。

[67] 刘峥、郭欣、段佳丽等：《北京市2009-2010年度中小学生营养状况及健康行为分析》，《中国学校卫生》2012年第6期，第656~658页。

[68] 刘卓刚、胡荣：《我国不同人群缺铁性贫血的流行病学特点》，《中国实用乡村医生杂志》2008年第6期，第5~6页。

[69] 陇南市统计局：《2013年陇南市国民经济和社会发展统计公报》，2013。

[70] 马芝心：《浅析残疾中专生心理素质教育》，《中国残疾人》2000年第10期，第18页。

[71] 宁小春：《铁缺乏症对人体影响的研究进展》，《中国现代医生》2008年第16期，第50~52页。

[72] 葩丽泽·买买提、乔万成、王辉等：《营养教育对预防儿童青少年缺铁性贫血的效果评价》，《中国学校卫生》2009年第11期，第985~987页。

[73] 逄锦聚：《经济发展新常态中的主要矛盾和供给侧结构性改革》，《政治经济学评论》2016年第2期，第49~59页。

[74] 青海省统计局：《青海统计年鉴（2013）》，http://www.qhtjj.gov.

cn/nj/2013/indexch. htm，2013。

［75］全国妇联课题组：《全国农村留守儿童城乡流动儿童状况研究报告》，《中国妇运》2013 年第 6 期，第 30～34 页。

［76］全国人大常委会检查组：《农村教师队伍亟需加强》，新华网，2013。

［77］人力资源和社会保障部：《2010 年度人力资源和社会保障事业发展统计公报》，http://www. mohrss. gov. cn/page. do？ pa＝402880202405002801240882b84702d7&guid＝e60c0ef72ddd4e8eb968ac5f11900f59&og＝8a81f0842d0d556d012d111392900038，2011。

［78］人民网：《全球脱贫成果九成属中国：坚守贫困人口 6.6 亿》，http://finance. people. com. cn/n/2014/1015/c1004－25835714. html，2014。

［79］任春荣：《县域义务教育均衡发展评估指标的选择方法》，《中国教育学刊》2011 年第 9 期，第 5～7 页。

［80］任路忠：《安徽农村儿童贫血患病率现况》，《中国学校卫生》2004 年第 1 期，第 62 页。

［81］汝骅：《中小学生及家长营养态度》，《行为调查中国公共卫生》2007 年第 11 期，第 1337～1339 页。

［82］陕西省教育厅：《2013 年陕西省教育事业发展统计公报》，http://www. snedu. gov. cn/news/tongjinianjian/201412/05/9627. html，2014。

［83］陕西省统计局：《陕西统计年鉴（2012）》，2013。

［84］沈新：《儿童缺铁性贫血治疗新进展》，《安徽医药》2003 年第 3 期，第 231～232 页。

［85］沈秀华、孙建琴、程五凤等：《上海市儿童少年饮食行为及其影响因素调查》，《上海预防医学》2004 年第 11 期，第 506～508 页。

［86］史耀疆、王欢、罗仁福等：《营养干预对陕西贫困农村学生身心健康的影响研究》，《中国软科学》2013 年第 10 期，第 48～58 页。

［87］舒尔茨：《论人力资本投资》，吴珠华等译，北京经济学院出版社，1992。

［88］隋福民、巴斯·范鲁文、韩锋：《世界经济史的壮丽篇章——中国改革开放 40 年经济发展成果与世界主要经济体比较》，《紫光阁》2018 年第 5 期，第 14～16 页。

［89］孙建琴：《铁缺乏对健康的效应》，铁缺乏——健康效应与控制措施学术研讨会纪要，2003。

［90］孙建琴、沈莉、王惠群等：《上海儿童青少年铁缺乏及贫血与有关因素的研究》，《营养学报》2005 年第 4 期。

［91］孙思飞、张一英、彭慧等：《上海嘉定区中小学生营养知识健康教育干预效果评价》，《中国学校卫生》2012 年第 4 期，第 481～483 页。

［92］天水市统计局：《2012 年天水市国民经济和社会发展统计公报》，2013。

［93］天水市政府网：《天水市基本概况》，http：∥www. tianshui. gov. cn/News/get/xzqh/2017/516/175161707FI0GIBD624F46DG4409K. htm，2017。

［94］天水市政府网站：《走进天水》，http：∥www. tianshui. gov. cn/News/get/zjts. htm，2012。

［95］汪丁丁：《人力资本与教育》，《IT 经理世界》2010 年第 10 期，第 104 页。

［96］汪思顺、王锦喻、卢启良等：《贵州省中小学生及家长营养知识、态度及行为调查》，《预防医学情报杂志》2002 年第 1 期，第 57～58 页。

［97］王从军、钱海燕：《人力资本投资与公平的收入分配——一个基于经济发展兼顾公平的收入分配理论研究》，《求索》2005 年第 9 期，第 81～84、第 120 页。

［98］王聪：《绩效工资制度下义务教育教师管理现状与改革突破——基于北京市主要城区调研的思考》，《中国教育学刊》2017 年第 5 期，第 30～35 页。

［99］ 王光慈主编《食品营养学》，中国农业出版社，2001。

［100］ 王莉、段相林、王英泽等：《铁紊乱相关疾病的研究进展》，《生理科学进展》2007 年第 4 期，第 307～312 页。

［101］ 王丽媛：《浅谈我国家庭教育的城乡差异及原因》，《当代教育论坛》（教学版）2008 年第 2 期，第 37～39 页。

［102］ 王玲、冯翔、苏宜香等：《营养健康教育对小学学生及幼儿园儿童家长营养知识－态度－行为的影响》，《中国健康教育》2004 年第 7 期，第 626～628 页。

［103］ 王璐：《义务教育均衡发展视野下农村教师问题研究——基于纵向与横向实证调查和政策分析》，《中国人民大学教育学刊》2013 年第 3 期，第 64～83 页。

［104］ 王曲、刘民权：《健康的价值及若干决定因素：文献综述》，《经济学（季刊）》2005 年第 1 期，第 10 页。

［105］ 王如文、梅建、宋欣等：《强化营养午餐改善学生缺铁性贫血的作用观察》，载《儿童营养与健康学术研讨会论文集》，2005。

［106］ 王善迈：《教育投入与产出研究》，河北教育出版社，1996，第 36～38 页。

［107］ 王善迈、董俊燕、赵佳音：《义务教育县域内校际均衡发展评价指标体系》，《教育研究》2013 年第 2 期，第 65～69 页。

［108］ 王小鲁、樊纲、刘鹏：《中国经济增长方式转换和增长可持续性》，《经济研究》2009 年第 4 期。

［109］ 王茵、赵显峰、赖建强等：《补充微量营养素对儿童营养状况的影响》，《中国儿童保健杂志》2005 年第 3 期，第 205～208 页。

［110］ 王云峰、田一：《北京市义务教育阶段学生语文、数学、英语学科学业水平的城乡差异研究（2006～2009 年）》，《教育科学研究》2012 年第 7 期，第 51～55 页。

［111］ 魏众：《健康对非农就业及其工资决定的影响》，《经济研究》2004 年第 2 期，第 64～74 页。

［112］ 吴敬琏、刘鹤、樊纲等主编《中国经济新方位》，中信出版社，2017。

［113］ 武增海、李涛：《高新技术开发区综合绩效空间分布研究——基于自然断点法的分析》，《统计与信息论坛》2013年第3期，第82～88页。

［114］ 席小涛：《西北农村义务教育师资建设的困境及对策建议》，《河西学院学报》2010年第6期，第111～114页。

［115］ 肖辉、吴晓飞、冷爱枝等：《乌鲁木齐市汉族中学生家长营养知识水平及对中学生的影响》，《中国妇幼保健》2011年第34期，第5416～5418页。

［116］ 肖延风、王如文、梅建等：《铁强化营养午餐对改善学生缺铁性贫血的作用观察》，《中国儿童保健杂志》2009年第2期，第152～153页。

［117］ 新华网：《习近平在省部级主要领导干部学习贯彻党的十八届五中全会精神专题研讨班上的讲话》，http：∥www.xinhuanet.com/politics/2016－05/10/c_128972667.htm，2016。

［118］ 薛海平、闵维方：《中国西部教育生产函数研究》，《教育与经济》2008年第2期。

［119］ 薛海平、王蓉：《义务教育教师绩效奖金、教师激励与学生成绩》，《教育研究》2016年第5期，第21～33页。

［120］ 薛婧、王振林、张键等：《陕西某农村初中生贫血与智力状况调查》，《现代预防医学》2007年第9期。

［121］ 央视网：《习近平：落实教育扶贫，切断贫困代际传递》，http：∥news.cctv.com/2017/02/23/ARTIdHtbtRi3zpAATpvo50rF170223.shtml，2017。

［122］ 叶怀凡：《义务教育教师绩效工资政策的执行偏差与矫正》，《中国教育学刊》2016年第4期，第31～36页。

［123］ 叶敬忠等：《对留守儿童问题的研究综述》，《农业经济问题》

2005 年第 10 期，第 73 ~ 78 页。

[124] 叶青等：《营养教育对幼儿家长营养知识·态度·行为的影响》，《中国学校卫生》2004 年第 4 期，第 412 ~ 414 页。

[125] 一帆：《国际数学和科学趋势研究》，《教育测量与评论》（理论版）2011 年第 7 期，第 34 页。

[126] 榆林市人民政府：《榆林概况》，http：//www. yl. gov. cn/site/1/html/0/18/19/48. htm，2018。

[127] 袁加俊、翁律侃：《我国西部地区青少年健康及营养膳食知信行研究——基于西藏、云南、上海三地的比较分析》，《上海青年管理干部学院学报》2013 年第 3 期，第 37 ~ 39 页。

[128] 翟凤英等：《儿童型营养补充剂对学龄儿童生长发育和营养状况的影响》，《中国学校卫生》2007 年第 6 期，第 487 ~ 488 页。

[129] 詹姆斯·H. 斯托克、马克·W. 沃特森：《经济计量学》，王庆石译，东北财经大学出版社，2005，第 264 页。

[130] 张车伟：《营养，健康与效率——来自中国贫困农村的证据》，《经济研究》2003 年第 3 期。

[131] 张浩森：《印尼政府的社会救助计划》，《东南亚研究》2013 年第 5 期，第 11 ~ 17 页。

[132] 张厚粲：《韦氏儿童智力量表第四版（WISC - IV）中文版的修订》，《心理科学》2009 年第 5 期，第 1177 ~ 1179 页。

[133] 张华荣：《论劳动密集型产业在构建和谐社会中的作用》，《中华工商时报》2010 年 7 月 14 日，第 7 版。

[134] 张俊、葩丽泽、王辉：《新疆部分贫困地区农村 6 岁以下儿童贫血患病调查》，《疾病预防控制通报》2013 年第 1 期，第 29 页。

[135] 张林秀：《随机干预实验——影响评估的前沿方法》，《地理科学进展》2013 年第 6 期，第 843 ~ 851 页。

[136] 张鹏、王国成：《陕西省"蛋奶工程"项目实施问题研究》，《陕西农业科学》2013 年第 2 期，第 229 ~ 231 页。

［137］张小强：《对我国 14 - 17 岁青少年营养状况的分析与评价》，《南京体育学院学报》（自然科学版）2008 年第 3 期，第 6 ~ 11 页。

［138］张秀生、王鹏：《经济发展新常态与产业结构优化》，《经济问题》2015 年第 4 期，第 46 ~ 49、第 82 页。

［139］张银、李燕萍：《农民人力资本、农民学习及其绩效实证研究》，《管理世界》2010 年第 2 期，第 1 ~ 9 页。

［140］赵宏斌、惠祥凤、傅乘波：《我国义务教育教师绩效工资实施的现状研究——基于对 25 个省 77 个县 279 所学校的调查》，《教育理论与实践》2011 年第 28 期，第 24 ~ 27 页。

［141］赵峦、孙文凯：《农信社改革对改善金融支农的政策效应评估——基于全国农户调查面板数据的倍差法分析》，《金融研究》2010 年第 3 期，第 194 ~ 206 页。

［142］赵忠秀：《世界经济转型与中国》，《国际展望》2014 年第 5 期，第 3 页。

［143］中共中央对外联络部研究室编著《中共十八大：中国梦与世界》，外文出版社，2013。

［144］中国教育报：《调查显示：电脑辅助学习能显著提高学业表现》，http：//www. jyb. cn/basc/sd/201606/t20160622_663196. html，2016。

［145］中国教育新闻网：《袁贵仁：努力让全体人民享有更好更公平的教育》，http：//www. jyb. cn/china/gnxw/201310/t20131016 _ 555755. html，2013。

［146］中国统计年鉴，http：//www. stats. gov. cn/tjsj/ndsj/2012/indexch. htm，2012。

［147］周福林：《我国留守老人状况研究》，《西北人口》2006 年第 1 期，第 46 ~ 49 页。

［148］周福林、段成荣：《留守儿童研究综述》，《人口学刊》2006 年第 6 期，第 337 页。

［149］Aghion, P., P. Howitt, P. W. Howitt, et al., *Endogenous Growth*

Theory (MIT Press, 1998).

[150] Ahluwalia, N., "Intervention Strategies for Improving Iron Status of Young Children and Adolescents in India," *Nutrition Reviews*, 2002, 60 (S5): S115 – S117.

[151] Aikawa, R., N. C. Khan, S. Sasaki & C. W. Binns, "Risk Factors for Iron-deficiency Anaemia among Pregnant Women Living in rural Vietnam," *Public Health Nutrition*, 2006, 9 (4): 443 – 448.

[152] Alderman, H., J. R. Behrman and J. Hoddinott, "Economic and Nutritional Analyses Offer Substantial Synergies for Understanding Human Nutrition," *The Journal of Nutrition*, 2007, 137 (3): 537 – 544.

[153] Allen, L. H., "Anemia and Iron Deficiency: Effects on Pregnancy Outcome," *The American Journal of Clinical Nutrition*, 2000, 71 (5): 1280s – 1284s.

[154] Anderson, E. S., R. A. Winett and J. R. Wojcik, "Self-regulation, Self-efficacy, Outcome Expectations, and Social Support: Social Cognitive Theory and Nutrition Behavior," *Annals of Behavioral Medicine*, 2007, 34 (3): 304 – 312.

[155] Arora, S., "Health, Human Productivity, and Long-term Economic Growth," *The Journal of Economic History*, 2001, 61 (3): 699 – 749.

[156] Ashworth, A., M. Chopra, D. McCoy, et al., "WHO Guidelines for Management of Severe Malnutrition in Rural South African Hospitals: Effect on Case Fatality and the Influence of Operational Factors," *The Lancet*, 2004, 363 (9415): 1110 – 1115.

[157] Atkinson, A., S. Burgess, B. Croxson, et al., "Evaluating the Impact of Performance-related Pay for Teachers in England," *Labour Economics*, 2009, 16 (3): 251 – 261.

[158] Auvert, B., D. Taljaard, E. Lagarde, et al., "Randomized, Controlled Intervention Trial of Male Circumcision for Reduction of HIV Infection

Risk: the ANRS 1265 Trial," *PLoS Medicine*, 2005, 2 (11): e298.

[159] Ballot, D. E., A. P. MacPhail, T. H. Bothwell, et al., "Fortification of Curry Powder with NaFe (111) EDTA in An Iron-deficient Population: Report of a Controlled Iron-fortification Trial," *The American Journal of Clinical Nutrition*, 1989, 49 (1): 162 – 169.

[160] Barlevy, G. and D. Neal, "Pay for Percentile," *American Economic Review*, 2012, 102 (5): 1805 – 1831.

[161] Barro, R., "Health and Economic Growth," Organización Panamericana de la Salud. Anexo I de la Convocatoria Para Propuestas de Investigación Sobre Inversión en Saludy Crecimiento Económico de la Organización Panamericana de la Salud, Washington D. C.: OPS, 1996.

[162] Bartelink, H., J. -C. Horiot, P. P. Moortmans, et al., "Impact of a Higher Radiation Dose on Local Control and Survival in Breast-conserving therapy of Early Breast Cancer: 10-year Results of the Randomized Boost versus No Boost EORTC 22881 – 10882 Trial," *Journal of Clinical Oncology*, 2007, 25 (22): 3259 – 3265.

[163] Becker, G. S., *Human Capital Theory* (New York: Columbia University Press, 1964).

[164] Becker, G. S., *Human Capital: A Theoretical and Empirical Analysis, with Special Reference to Education* (University of Chicago Press, 2009).

[165] Benhabib J., M. M. Spiegel, "The Role of Human Capital in Economic Development Evidence from Aggregate Cross-country Data," *Journal of Monetary Economics*, 1994, 34 (2): 143 – 173.

[166] Berry, B., "Financial Transfers from Living Parents to Adult Children: Who is Helped and Why?" *American Journal of Economics and Sociology*, 2008, 67 (2): 207 – 239.

[167] Bhatia, D. and S. Seshadri, "Growth Performance in Anemia and

Following Iron Supplementation," *Indian Pediatrics*, 1993, 30 (2): 195 – 200.

[168] Bird, D. O., *Relationship between Teacher Effectiveness and Student Achievement: An Investigation of Teacher Quality* (Ball State University, 2017).

[169] Bliss, C. and N. Stern, "Productivity, Wages and Nutrition—Part I: The Theory," *Journal of Development Economics*, 1978, 5 (4): 331 – 362.

[170] Block, S. A., L. Kiess, P. Webb, et al., "Macro Shocks and Micro Outcomes: Child Nutrition during Indonesia's Crisis," *Economics & Human Biology*, 2004, 2 (1): 21 – 44.

[171] Bloom, D. E. and J. G. Williamson, "Demographic Transitions and Economic Miracles in Emerging Asia," *The World Bank Economic Review*, 1998, 12 (3): 419 – 455.

[172] Bloom, D. E., D. Canning, and J. Sevilla, "The Effect of Health on Economic Growth: A Production Function Approach," *World Development*, 2004, 32 (1): 1 – 13.

[173] Blundell, R., L. Dearden, C. Meghir, et al., "Human Capital Investment: The Returns from Education and Training to the Individual, the Firm and the Economy," *Fiscal Studies*, 1999, 20 (1): 1 – 23.

[174] Bobonis, G. J., E. Miguel and C. Puri-Sharma, "Anemia and School Participation," *Journal of Human Resources*, 2006, 41 (4): 692 – 721.

[175] Boyd, D., P. Grossman, H. Lankford, S. Loeb & J. Wyckoff, "How Changes in Entry Requirements Alter the Teacher Workforce and Affect Student Achievement," *Education Finance and Policy*, 2006, (1): 176 – 216.

[176] Brown, K., K. Dewey and L. Allen, "Complementary Feeding of Young Children in Developing Countries: A Review of Current Scien-

tific Knowledge," World Health Organization, 1998.

[177] Bryce, J., N. Terreri, C. G. Victora, et al., "Countdown to 2015: Tracking Intervention Coverage for Child Survival," *The Lancet*, 2006, 368 (9541): 1067 – 1076.

[178] Cameron, C., C. L. Craig, F. C. Bull, et al., "Canada's Physical Activity Guides: Has Their Release Had an Impact?" *Applied Physiology, Nutrition, and Metabolism*, 2007, 32 (S2E): S161 – S169.

[179] Campbell, S. M., D. Reeves, E. Kontopantelis, et al., "Effects of Pay for Performance on the Quality of Primary Care in England," *New England Journal of Medicine*, 2009, 361 (4): 368 – 378.

[180] Carletto, C., K. Covarrubias and J. A. Maluccio, "Migration and Child Growth in Rural Guatemala," *Food Policy*, 2011, 36 (1): 16 – 27.

[181] Castro, M., E. Expósito-Casas, E. López-Martín, et al., "Parental Involvement on Student Academic Achievement: A Meta-analysism," *Educational Research Review*, 2015, 14: 33 – 46.

[182] Caulfield, L. E., S. L. Huffman and E. G. Piwoz, "Interventions to Improve Intake of Complementary Foods by Infants 6 to 12 Months of Age in Developing Countries: Impact on Growth and on the Prevalence of Malnutrition and Potential Contribution to Child Survival," *Food & Nutrition Bulletin*, 1999, 20 (2): 183 – 200.

[183] Cochrane, S. H., J. Leslie and D. J. O'Hara, "Parental Education and Child Health: Intracountry Evidence," *Health Policy and Education*, 1982, 2 (3): 213 – 250.

[184] Coleman. J., "Equality of Educational Opportunity," Washington D. C.: U. S. GPO, 1966.

[185] Concato, J., N. Shah and R. I. Horwitz, "Randomized, Controlled Trials, Observational Studies, and the Hierarchy of Research Designs," *New England Journal of Medicine*, 2000, 342 (25): 1887 –

1892.

[186] Cotton, K. , "School Size, School Climate and Student Performance," Portland: Northwest Regional Educational Laboratory, 1996.

[187] Dah, L. G. , L. Lochner, "The Impact of Family Income on Child Achievement," NBER Working Papers, No. W11279, 2005.

[188] Deolalikar, A. B. , "Nutrition and Labor Productivity in Agriculture: Estimates for Rural South India," *The Review of Economics and Statistics*, 1988, 70 (3): 406 – 413.

[189] Dewey, K. G. , M. Domellöf, , R. J. Cohen, et al. , "Iron Supplementation Affects Growth and Morbidity of Breast-fed Infants: Results of a Randomized Trial in Sweden and Honduras," *The Journal of Nutrition*, 2002, 132 (11): 3249 – 3255.

[190] Domellöf, M., B. Lönnerdal, S. A. Abrams, et al. , "Iron Absorption in Breast-fed Infants: Effects of Age, Iron Status, Iron Supplements, and Complementary Foods," *The American Journal of Clinical Nutrition*, 2002, 76 (1): 198 – 204.

[191] Doran, T., C. Fullwood, H. Gravelle, et al. , "Pay-for-performance Programs in Family Practices in the United Kingdom," *New England Journal of Medicine*, 2006, 355 (4): 375 – 384.

[192] Duflo, E. , R. Glennerster, and M. Kremer, "Chapter 61 Using Randomization in Development Economics Research: A Toolkit," *Handbook of Development Economics*, 2007, 4: 3895 – 3962.

[193] Duflo, E. , R. Hanna, S. P. Ryan, "Incentives Work: Getting Teachers to Come to School," *American Economic Review*, 2012, 102 (4): 1241 – 1278.

[194] Ehrenberg, R. G. , D. J. Brewer, "Do School and Teacher Characteristics Matter? —Evidence from High School and Beyond," *Economics of Education Review*, 1994, 13 (1): 1 – 17.

［195］ Ehrenberg, R. G., R. S. Smith, *Modern Labor Economics*: *Theory and Public Policy* (Routledge, 2016).

［196］ Ehrlich, I. and F. Lui, "Intergenerational Trade, Longevity, and Economic Growth," *Journal of Political Economy*, 1991, 99 (5): 1029 – 1059.

［197］ Eide, E., D. Goldhaber, D. Brewer, "The Teacher Labour Market and Teacher Quality," *Oxford Review of Economic Policy*, 2004, 20 (2): 230 – 244.

［198］ Escobar, A., *Encountering Development*: *The Making and Unmaking of the Third World* (Princeton University Press, 2011).

［199］ Fang, Y. Z., Yang S. and Wu G., "Free Radicals, Antioxidants, and Nutrition," *Nutrition*, 2002, 18 (10): 872 – 879.

［200］ Ferraro, K. F. and M. M. Farmer, "Utility of Health Data from Social Surveys: Is There a Gold Standard for Measuring Morbidity?" *American Sociological Review*, 1999, 64 (2): 303 – 315.

［201］ Figlio, D. N., C. E. Rouse, "Do Accountability and Voucher Threats Improve Low – performing Schools?" *Journal of Public Economics*, 2006, 90 (1 – 2): 239 – 255.

［202］ Freiman, J. A., T. C. Chalmers, Jr. H. Smith, et al., "The Importance of Beta, the Type II Error and Sample Size in the Design and Interpretation ofthe Randomized Control Trial: Survey of 71 'Negative' Trials," *The New England Journal of Medicine*, 1978, 299 (13): 690 – 694.

［203］ Fryer, R. G., "Teacher Incentives and Student Achievement: Evidence from New York City Public Schools," *Journal of Labor Economics*, 2013, 31 (2): 373 – 407.

［204］ Galenson, W., H. Leibenstein, "Investment Criteria, Productivity, and Economic Development," *The Quarterly Journal of Economics*,

1955, 69 (3): 343 – 370.

[205] Gertler, P. and S. Boyce, "An Experiment in Incentive-based Welfare: The Impact of Progress on Health in Mexico," University of California, Berkeley, 2001, pp. 30 – 37.

[206] Giovannini, M., D. Sala, M. Usuelli, et al., " Double-blind, Placebo-controlled Trial Comparing Effects of Supplementation with Two Different Combinations of Micronutrients Delivered as Sprinkles on Growth, Anemia, and Iron Deficiency in Cambodian Infants," *Journal of Pediatric Gastroenterology and Nutrition*, 2006, 42 (3): 306 – 312.

[207] Gleason, G., N. S. Scrimshaw, K. Kraemer, et al., "An Overview of the Functional Significance of Iron Deficiency," *Nutritional Anemia*, 2007: 45.

[208] Glewwe, Paul, Michael Kremer, Sylvie Moulin and Eric Zitzewitz, "Retrospective vs. Prospective Analyses of School Inputs: The Case of Flip Charts in Kenya," *Journal of Development Economics*, 2004, 74 (1): 251 – 268.

[209] Glewwe, P., N. Ilias and M. Kremer, "Teacher Incentives," *American Economic Journal: Applied Economics*, 2010, 2 (3): 205 – 227.

[210] Goldhaber, D. D., "School Choice: An Examination of the Empirical Evidence on Achievement, Parental Decision Making, and Equity," *Educational Researcher*, 1999, 28 (9): 16 – 25.

[211] Greenwald, R., L. V. Hedges, R. D. Laine, "The Effect of School Resources on Student Achievement," *Review of Educational Research*, 1996, 66 (3): 361 – 396.

[212] Grossman, M., *The Demand for Health: A Theoretical and Empirical Investigation* (NBER Books, 1972).

[213] Grossman, M., "The Human Capital Model of the Demand for Health," National Bureau of Economic Research, 1999.

[214] Grossman, M., "The Human Capital Model," *Handbook of Health Economics*, 2000, 1 (1): 347 – 408.

[215] Halterman, J. S., J. M. Kaczorowski, C. A. Aligne, et al., "Iron Deficiency and Cognitive Achievement among School-aged Children and Adolescents in the United States," *Pediatrics*, 2001, 107 (6): 1381 – 1386.

[216] Hansen, W. L., *Education, Income, and Human Capital* (NBER Books, 1970).

[217] Hanushek, Eric A., "School Resources," in Hanushek, Eric A. and Finis Welch (eds.), *Handbook of the Economics of Education*, Volume 2 (North Holland: Amsterdam, 2006), pp. 865 – 908.

[218] Hanushek, E. A. D. D. Kimko, "Schooling, Labor-force Quality, and the Growth of Nations," *American Economic Review*, 2000, 90 (5): 1184 – 1208.

[219] He, Xinyue, "Cognitive Abilities, Non-Cognitive Skills, and Academic Performance: Evidence from Rural China," Working Paper, 2018.

[220] Hedges, L. V., R. D. Laine, R. Greenwald, "An Exchange Part I: Does Money Matter? — A Meta-analysis of Studies of the Effects of Differential School Inputs on Student Outcomes," *Educational Researcher*, 1994, 23 (3): 5 – 14.

[221] Hein, K., "Raises Fail, but Incentives Save the Day," *Incentive*, 1996, 170: 11.

[222] Heyneman, S. P. and W. A. Loxley, "The Effect of Primary-School Quality on Academic Achievement Across Twenty-nine High-and Low-income Countries," *American Journal of Sociology*, 1983, 88 (6): 1162 – 1194.

[223] Hoddinott, J., J. A. Maluccio, J. R. Behrman, et al., "Effect of a Nutrition Intervention during Early Childhood on Economic Productivity in Guatemalan Adults," *The Lancet*, 2008, 371 (9610): 411 – 416.

[224] Hoelscher, D. M., A. Evans, G. Parcel, et al., "Designing Effective Nutrition Interventions for Adolescents," *Journal of the American Dietetic Association*, 2002, 102 (3): S52 - S63.

[225] Hong, S. and Ho H. Z., "Direct and Indirect Longitudinal Effects of Parental Involvement on Student Achievement: Second-Order Latent Growth Modeling Across Ethnic Groups," *Journal of Educational Psychology*, 2005, 97 (1): 32.

[226] Kalantar-Zadeh, K., C. J. McAllister, R. S. Lehn, et al., "Effect of Malnutrition-inflammation Complex Syndrome on EPO Hyporesponsiveness in Maintenance Hemodialysis Patients," *American Journal of Kidney Disea*ses, 2003, 42 (4): 761 - 773.

[227] Kapur Mehta, A. and A. Shah, "Chronic Poverty in India: Incidence, Causes and Policies," *World Development*, 2003, 31 (3): 491 - 511.

[228] Koscik, R. L., P. M. Farrell, M. R. Kosorok, et al., "Cognitive Function of Children with Cystic Fibrosis: Deleterious Effect of Early Malnutrition," *Pediatrics*, 2004, 113 (6): 1549 - 1558.

[229] Kraemer, Klaus and Michael B. Zimmermann, (eds.), *Nutritional Anemia* (Basel: Sight and Life Press, 2007).

[230] Krueger, A. B., M. Lindahl, "Education for Growth: Why and for Whom?" *Journal of Economic Literature*, 2001, 39 (4): 1101 - 1136.

[231] Langworthy, B., "The Effects of Parental Migration on Child Nutrition," *Economics Honors Projects*, https://digitalcommons.macalester.edu/economics_honors_projects/39, 2011.

[232] Lavy, V., "Evaluating the Effect of Teachers' Group Performance Incentives on Pupil Achievement," *Journal of Political Economy*, 2002, 110 (6): 1286 - 1317.

[233] Lavy, V., "Performance Pay and Teachers' Effort, Productivity,

and Grading Ethics," *American Economic Review*, 2009, 99 (5): 1979 – 2011.

[234] Lavy, V., "Using Performance-based Pay to Improve the Quality of Teachers," *The Future of Children*, 2007, 17 (1): 87 – 109.

[235] Lazear, E. P., "Teacher Incentives," Swedish Economic Policy Review, 2003, 10 (2): 179 – 214.

[236] Lindenauer, P. K., D. Remus, S. Roman, et al., "Public Reporting and Pay for Performance in Hospital Quality Improvement," *New England Journal of Medicine*, 2007, 356 (5): 486 – 496.

[237] Liu, Chengfang, Zhang Linxiu, Luo Renfu, et al., "The Effect of Primary School Mergers on Academic Performance of Students in Rural China," *International Journal of Educational Development*, 2010, 30 (6): 570 – 585.

[238] Locatelli, F., J. Olivares, R. Walker, et al., "Novel erythropoiesis Stimulating Protein for Treatment of Anemia in Chronic Renal Insufficiency," *Kidney International*, 2001, 60 (2): 741 – 747.

[239] Lochner, L, E. Moretti, "The Effect of Education on Crime: Evidence from Prison Inmates, Arrests, and Self-Reports," *American Economic Review*, 2004, 94 (1): 155 – 189.

[240] Loevinsohn, B. and A. Harding, "Buying Results? —Contracting for Health Service Delivery in Developing Countries," *The Lancet*, 2005, 366 (9486): 676 – 681.

[241] Loevinsohn, B., *Performance-based Contracting for Health Services in Developing Countries: A Toolkit* (World Bank Publications, 2008).

[242] Looker, A. C., P. R. Dallman, , M. D. Carroll, et al., "Prevalence of Iron Deficiency in the United States," *Jama*, 1997, 277 (12): 973 – 976.

[243] Lucas, R. E., "On the Mechanics of Economic Development," *E-*

conometric Society Monographs, 1998, 29: 61 - 70.

[244] Luo, R., Shi Y., Zhang L., et al., "Malnutrition in China's Rural Boarding Schools: The Case of Primary Schools in Shaanxi Province," *Asia Pacific Journal of Education*, 2009, 29 (4): 481 - 501.

[245] Luo, R., Shi Y., Zhang L., et al., "Nutrition and Educational Performance in Rural China's Elementary Schools: Results of a Randomized Control Trial in Shaanxi Province," *Economic Development and Cultural Change*, 2012a, 60 (4): 735 - 772.

[246] Luo, R., Shi Y., Zhang L., et al., "The Limits of Health and Nutrition Education: Evidence from Three Randomized-controlled Trials in Rural China," *CESifo Economic Studies*, 2012b, 58 (2): 385 - 404.

[247] Maclure, M., M. S. Bryant, P. L. Skipper, et al., "Decline of the Hemoglobin Adduct of 4-aminobiphenyl during Withdrawal from Smoking," *Cancer Research*, 1990, 50 (1): 181 - 184.

[248] Mankiw, N. G., D. Romer, D. N. Weil, "A Contribution to the Empirics of Economic Growth," *The Quarterly Journal of Economics*, 1992, 107 (2): 407 - 437.

[249] Manning, W. G., E. B. Keeler, J. P. Newhouse, et al. , *The Costs of Poor Health Habits* (Harvard University Press, 1991).

[250] Marks, P. W., "Anemia: Clinical Approach," *Concise Guide to Hematology*, 2011: 24 - 34.

[251] Marshall, A., M. P. Marshall, *The Economics of Industry* (Macmillan, 1920).

[252] Mayer, D., "The Long-term Impact of Health on Economic Growth in Latin America," *World Development*, 2001, 29 (6): 1025 - 1033.

[253] Menon, P., M. T. Ruel, C. U. Loechl, et al., "Micronutrient Sprinkles Reduce Anemia among 9-to 24-mo-old Children When Delivered through an Integrated Health and Nutrition Program in Rural Haiti,"

The Journal of Nutrition, 2007, 137 (4): 1023 – 1030.

［254］ Miller, G., Luo R., Zhang L., et al., "Effectiveness of Provider Incentives for Anaemia Reduction in Rural China: A Cluster Randomised Trial," *British Medical Journal*, 2012, 345: e4809.

［255］ Milligan, K., E. Moretti, P. Oreopoulos, "Does Education Improve Citizenship? —Evidence from the United States and the United Kingdom," *Journal of Public Economics*, 2004, 88 (9 – 10): 1667 – 1695.

［256］ Milman, N., "Postpartum Anemia II: Prevention and Treatment," *Annals of Hematology*, 2012, 91 (2): 143 – 154.

［257］ Mincer, J., "Investment in Human Capital and Personal Income Distribution," *Journal of Political Economy*, 1958, 66 (4): 281 – 302.

［258］ Moenikia, M., A. Zahed-Babelan, "A Study of Simple and Multiple Relations between Mathematics Attitude, Academic Motivation and Intelligence Quotient with Mathematics Achievement," *Procedia-Social and Behavioral Sciences*, 2010, 2 (2): 1537 – 1542.

［259］ Mora, J. O., "Iron Supplementation: Overcoming Technical and Practical Barriers," *The Journal of Nutrition*, 2002, 132 (4): S 853 – S 855.

［260］ Morrell, C. J., H. Spiby, P. Stewart, et al., "Costs and Effectiveness of Community Postnatal Support Workers: Randomised Controlled Trial," *British Medical Journal*, 2000, 321 (7261): 593.

［261］ Morris, S. S., M. T. Ruel, R. J. Cohen, et al., "Precision, Accuracy, and Reliability of Hemoglobin Assessment with Use of Capillary Blood," *The American Journal of Clinical Nutrition*, 1999, 69 (6): 1243 – 1248.

［262］ Muralidharan, K., "Long-term Effects of Teacher Performance Pay: Experimental Evidence from India," *Society for Research on Educational Effectiveness*, 2012, 119 (1): 39 – 77.

[263] Murname, R. J., "The Case for Performance-base Licensing," *Phi Delta Kappan*, 1991, 73 (2): 137 – 142.

[264] Murnane, R., D. Cohen, "Merit Pay and the Evaluation Problem: Why Most Merit Pay Plans Fail and a Few Survive," *Harvard Educational Review*, 1986, 56 (1): 1 – 18.

[265] Muysken, J., I. H. Yetkiner and T. H. Ziesemer, "Health, Labour Productivity and Growth," Maastricht Economic Research Institute on Innovation and Technology, 1999.

[266] Müller, O. and M. Krawinkel, "Malnutrition and Health in Developing Countries," *Canadian Medical Association Journal*, 2005, 173 (3): 279 – 286.

[267] Nadiger, H., K. Krishnamachari, A. N. Naidu, et al., "The Use of Common Salt (Sodium Chloride) Fortified with Iron to Control Anaemia: Results of a Preliminary Study," *British Journal of Nutrition*, 1980, 43 (1): 45 – 51.

[268] Nelson, R. R., E. S. Phelps, "Investment in Humans, Technological Diffusion, and Economic Growth," *The American Economic Review*, 1966, 56 (1/2): 69 – 75.

[269] Nye, B., S. Konstantopoulos and L. V. Hedges, "How Large Are Teacher Effects?" *Educational Evaluation and Policy Analysis*, 2004, 26 (3): 237 – 257.

[270] Olivares, M., F. Pizarro, "Bioavailability of Iron Bis – glycinate Chelate in Water," *Archivos Latinoamericanos de Nutricion*, 2001, 51 (1): 22 – 25.

[271] Palermo, C., R. Hughes and L. McCall, "A Qualitative Evaluation of an Australian Public Health Nutrition Workforce Development Intervention Involving Mentoring Circles," *Public Health Nutrition*, 2011, 14 (8): 1458 – 1465.

[272] Park, A., E. Hannum, "Do Teachers Affect Learning in Developing Countries? —Evidence from Matched Student-Teacher Data from China," Paper Prepared for the Conference "Rethinking Social Science Reseach on the Developing World in the 21st Century", Social Science Research Council, Park City Utah, June7 – 11, 2001.

[273] Peduzzi, P., W. Henderson, P. Hartigan, et al., "Analysis of Randomized Controlled Trials," *Epidemiologic Reviews*, 2002, 24 (1): 26.

[274] Psacharopoulos, G., H. Patrinos, "Returns to Investment in Education: A Further Update World Bank Policy Research Working Paper 2881," World Bank: Washington, 2002.

[275] Ramakrishnan, U., P. Nguyen and R. Martorell, "Effects of Micronutrients on Growth of Children Under 5y of Age: Meta-analyses of Single and Multiple Nutrient Interventions," *The American Journal of Clinical Nutrition*, 2009, 89 (1): 191 – 203.

[276] Rivkin, S. G., E. A. Hanushek, J. F. Kain, "Teachers, Schools, And Academic Achievement," *Econometrica*, 2005, 73 (2): 417 –458.

[277] Robertson, M. C., N. Devlin, M. M. Gardner, et al., "Effectiveness and Economic Evaluation of a Nurse Delivered Home Exercise Programme to Prevent Falls: Randomised Controlled Trial," *British Medical Journal*, 2001, 322 (7288): 697.

[278] Rockoff, J. E., "The Impact of Individual Teachers on Student Achievement: Evidence from Panel Data," *American Economic Review*, 2004, 94 (2): 247 – 252.

[279] Rodrik, D., *The New Development Economics: We Shall Experiment, but How Shall We Learn?* (John F. Kennedy School of Government, Harvard University, 2008).

[280] Romer, P. M., "Endogenous Technological Change," *Journal of Political Economy*, 1990, 98 (5): S71 – S102.

[281] Rosenthal, M. B. and R. A. Dudley, "Pay-for-performance: Will the Latest Payment Trend Improve Care?" *Jama*, 2007, 297 (7): 740 – 744.

[282] Rothschild, M. L., "Carrots, Sticks, and Promises: A Conceptual Framework for the Management of Public Health and Social Issue Behaviors," *Journal of Marketing*, 1999, 63 (4) .

[283] Rowe, J. W., "Pay-for-performance and Accountability: Related Themes in Improving Health Care," *Annals of Internal Medicine*, 2006, 145 (9): 695 – 699.

[284] Ryan, A. M., J. Blustein and L. P. Casalino, "Medicare's Flagship Test of Pay-for-performance Did Not Spur More Rapid Quality Improvement among Low-performing Hospitals," *Health Affairs*, 2012, 31 (4): 797 – 805.

[285] Ryan, M. D. and S. A. Reid, "Impact of the Flipped Classroom on Student Performance and Retention: A Parallel Controlled Study in General Chemistry," *Journal of Chemical Education*, 2015, 93 (1): 13 – 23.

[286] Sanders, W. L., S. P. Wright and S. P. Horn, "Teacher and Classroom Context Effects on Student Achievement: Implications for Teacher Evaluation," *Journal of Personnel Evaluation in Education*, 1997, 11 (1): 57 – 67.

[287] Sazawal, S., U. Dhingra and P. Dhingra, et al., "Effects of Fortified Milk on Morbidity in Young Children in North India: Community Based, Randomised, Double Masked Placebo Controlled Trial," *British Medical Journal*, 2007, 334 (7585): 140.

[288] Schultz, T. W., "Investment in Human Capital," *The American Economic Review*, 1961, 51 (1): 1 – 17.

[289] Schulz, K. F. and D. A. Grimes, "Generation of Allocation Sequences

in Randomised Trials: Chance, Not Choice," *The Lancet*, 2002, 359
(9305): 515 – 519.

[290] Shi, Y., Chang F., Su X., et al., "Parental Training, Anemia and
the Impact on the Nutrition of Female Students in China's Poor Rural
Elementary Schools," *China Agricultural Economic Review*, 2012, 4
(2): 151 – 167.

[291] Sirin, S. R., "Socioeconomic Status and Academic Achievement: A
Meta-analytic Review of Research," *Review of Educational Research*,
Fall, 2005, (3).

[292] Soemantri, A. G., E. Pollitt, I. Kim, "Iron Deficiency Anemia and
Educational Achievement," *The American Journal of Clinical Nutri-
tion*, 1985, 42 (6): 1221 – 1228.

[293] Soemantri, A. G., "Preliminary Findings on Iron Supplementation
and Learning Achievement of Rural Indonesian Children," *The Amer-
ican Journal of Clinical Nutrition*, 1989, 50 (3): 698 – 702.

[294] Soeters, R. and F. Griffiths, "Improving Government Health Serv-
ices through Contract Management: A Case from Cambodia," *Health
Policy and Planning*, 2003, 18 (1): 74 – 83.

[295] Soeters, R., C. Habineza, and P. B. Peerenboom, "Performance-
based Financing and Changing the District Health System: Experience
from Rwanda," *Bulletin of the World Health Organization*, 2006, 84
(11): 884 – 889.

[296] Springer, M. G., L. Hamilton, D. F. Mccaffrey, et al., "Teacher
Pay for Performance: Experimental Evidence from the Project on In-
centives in Teaching," *Society for Research on Educational Effective-
ness*, 2011, 86.

[297] Stoltzfus, R. J., M. L. Dreyfuss, *Guidelines for the Use of Iron Sup-
plements to Prevent and Treat Iron Deficiency Anemia* (Washington D.

C. : ILSI Press, 1998）.

[298] Strauss, J. and D. Thomas, "Human Resources: Empirical Modeling of Household and Family Decisions," *Handbook of Development Economics*, 1995, 3.

[299] Strauss, J., "Does Better Nutrition Raise Farm Productivity?" *The Journal of Political Economy*, 1986, 94 (2): 297 – 320.

[300] Sungthong, R., L. Mosuwan, V. Chongsuvivatwong, "Effects of Haemoglobin and Serum Ferritin on Cognitive Function in School Children," *Asia Pacific Journal of Clinical Nutrition*, 2002, 11 (2): 117 – 122.

[301] Sylvia, S., Luo R., Zhang L., et al., "Do You Get What You Pay for with school-based Health Programs? — Evidence from a Child Nutrition Experiment in Rural China," *Economics of Education Review*, 2013, 37: 1 – 12.

[302] Thomas, D. and J. Strauss, "Health and Wages: Evidence on Men and Women in Urban Brazil," *Journal of Econometrics*, 1997, 77 (1): 159 – 185.

[303] UNICEF, V., "United Nations Special Session On Children: A World Fit for Children," UNICEF: New York, 2002.

[304] van Cauwenberghe, E., L. Maes, H. Spittaels, et al., "Effectiveness of School-based Interventions in Europe to Promote Healthy Nutrition in Children and Adolescents: Systematic Review of Published and 'Grey' Literature," *British Journal of Nutrition*, 2010, 103 (6): 781 – 797.

[305] van Herck, P., D. de Smedt, , L. Annemans, et al., "Systematic Review: Effects, Design Choices, and Context of Pay-for-performance in Health Care," *BMC Health Services Research*, 2010, 10 (1): 247.

[306] van Stuijvenberg, M. E., C. M. Smuts, P. Wolmarans, et al., "The

Efficacy of Ferrous Bisglycinate and Electrolytic Iron as Fortificants in Bread in Iron-deficient School Children," *British Journal of Nutrition*, 2006, 95 (3): 532 – 538.

[307] van Thuy, P., J. Berger, L. Davidsson, et al., "Regular Consumption of NaFeEDTA-fortified Fish Sauce Improves Iron Status and Reduces the Prevalence of Anemia in Anemic Vietnamese Women," *The American Journal of Clinical Nutrition*, 2003, 78 (2): 284 – 290.

[308] van Thuy, P., J. Berger, Y. Nakanishi, et al., "The Use of NaFeEDTA-fortified Fish Sauce Is an Effective Tool for Controlling Iron Deficiency in Women of Childbearing Age in Rural Vietnam," *The Journal of Nutrition*, 2005, 135 (11): 2596 – 2601.

[309] van Zon, A. and J. Muysken, *Health as a Principal Determinant of Economic Growth* (Maastricht Economic Research Institute on Innovation and Technology, 2003).

[310] van Zon, A. and J. Muysken, "Health and Endogenous Growth," *Journal of Health Economics*, 2001, 20 (2): 169 – 185.

[311] Verma, M., J. Chhatwal and G. Kaur, "Prevalence of Anemia among Urban School Children of Punjab," *Indian Pediatrics*, 1998, 35 (12): 1181 – 1186.

[312] Wagner, J., "Exports and Productivity: A Survey of the Evidence from Firm-level Data," *The World Economy*, 2007, 30 (1): 60 – 82.

[313] Walter, T., E. Hertrampf, F. Pizarro, et al., "Effect of Bovine-hemoglobin-fortified Cookies on Iron Status of Schoolchildren: A Nationwide Program in Chile," *The American Journal of Clinical Nutrition*, 1993, 57 (2): 190 – 194.

[314] Wang, H., Zhang L., W. Yip, et al., "An Experiment in Payment Reform for Doctors in Rural China Reduced Some Unnecessary Care But Did Not Lower Total Costs," *Health Affairs*, 2011, 30 (12):

2427 – 2436.

[315] Wang, W., "Nutrition Status Quo of School-aged Children in Rural Shaanxi," School of Public Health, Xi'an Jiaotong University Manuscript, 2007.

[316] Wechsler, D., *Wechsler Intelligence Scale for Children-WISC-IV* (Psychological Corporation, 2003).

[317] West, K. P., "Extent of Vitamin: A Deficiency among Preschool Children and Women of Reproductive Age," *The Journal of Nutrition*, 2002, 132 (9): 2857S – 2866S.

[318] White, H. and Phillips, D., "Addressing Attribution of Cause and Effect in Small N Impact Evaluations: Towards An Integrated Framework," New Delhi: International Initiative for Impact Evaluation, 2012.

[319] WHO, Presented at the Preamble to the Constitution of the World Health Organization as Adopted by the International Health Conference, New York, 1946.

[320] WHO, "Battling Iron Deficiency Anaemia," http://www. who. int/nut/ida. Htm, 2003。

[321] WHO, *The World Health Report* 2005: *Make Every Mother and Child Count* (World Health Organization, 2005).

[322] WHO, "Iron Deficiency Anaemia: Assessment, Prevention and Control: A Guide for Programme Managers," 2001.

[323] WHO, "The Ottawa Charter for Health Promition," http://www. who. int/healthpromotion/conferences/previous/ottawa/en/, 1986.

[324] WHO, "WHO: From Small Beginnings," http://whqlibdoc. who. int/analytics/WHForum_1988_9 (1) _29 – 34. pdf, 1948.

[325] Wind, M., *The Development, Implementation and Evaluation of a School-based Intervention to Promote Fruit and Vegetable Intake among 10-13 Year-old European Schoolchildren* (Erasmus University Rotter-

dam, 2006).

[326] Woessmann, L., "Cross-country Evidence on Teacher Performance Pay," *Economics of Education Review*, 2011, 30 (3): 404 – 418.

[327] Wooldridge, J. M., *Econometric Analysis of Cross Section and Panel Data* (MIT Press, 2010).

[328] World Health Organization (WHO) and UNICEF., *Global Strategy for Infant and Young Child Feeding* (World Health Organization, 2003).

[329] Yip, R. "Iron Deficiency and Anemia," in Semba, R. D. and M. W. Bloem (eds.), *Nutrition and Health in Developing Countries* (Humana Press, 2001), pp. 327 – 342.

[330] Young, S., A. Fink, S. Geiger, et al., "Community Blood Donors' Knowledge of Anemia and Design of a Literacy-appropriate Educational Intervention," *Transfusion*, 2010, 50 (1): 75 – 79.

[331] Ziegler, E. E. and Jr. L. Filer, *Present Knowledge of Nutrition* (International Life Sciences Institute : ILSI Press, 1996).

[332] Zlotkin, S., "More Proof that Home Fortification Is of Value in Children with Iron Deficiency Anemia," *Archives of Pediatrics & Adolescent Medicine*, 2012, 166 (9): 869 – 870.

图书在版编目（CIP）数据

激励与中国农村教育 / 常芳著. －－ 北京：社会科
学文献出版社，2018.10
ISBN 978 - 7 - 5201 - 3632 - 7

Ⅰ.①激…　Ⅱ.①常…　Ⅲ.①乡村教育 - 研究 - 中国
Ⅳ.①G725

中国版本图书馆 CIP 数据核字（2018）第 227367 号

激励与中国农村教育

著　　者 / 常　芳

出 版 人 / 谢寿光
项目统筹 / 陈凤玲　田　康
责任编辑 / 陈凤玲　田　康

出　　版 / 社会科学文献出版社·经济与管理分社 （010 ）59367226
　　　　　　地址：北京市北三环中路甲 29 号院华龙大厦　邮编：100029
　　　　　　网址：www. ssap. com. cn
发　　行 / 市场营销中心（010 ）59367081　59367018
印　　装 / 三河市龙林印务有限公司

规　　格 / 开　本：787mm × 1092mm　1/16
　　　　　　印　张：15.5　字　数：222 千字
版　　次 / 2018 年 10 月第 1 版　2018 年 10 月第 1 次印刷
书　　号 / ISBN 978 - 7 - 5201 - 3632 - 7
定　　价 / 79.00 元

本书如有印装质量问题，请与读者服务中心（010 - 59367028 ）联系